윤회의 세계와 해탈

- 『반야경』을 중심으로 -

김 형 희

우리출판사

서언(序言)

불교신자라면 가정에서나 절에서 모두가 반야심경을 독송하고 외운다. 우리는 반야심경을 독송하면서 현세에서 행복하고 생사 윤회에서 해탈하여 성불하기를 염원한다. 반야심경은 거의 부처의 경지에 이른 8지(八地)의 대보살인 관자재보살(=관세음보살)이 지혜가 제일 탁월한 석가모니 부처님의 제자인 사리자(=사리불)에게 주는 법문으로, 반야바라밀을 의지하여 수행하면 윤회의 고통에서 해탈하고 부처의 아뇩다라삼먁삼보리[無上正等覺]를 얻는다는 소식을 전해 준다.

불교 신자들에게 반야심경에 나오는 '오온(五蘊)'이 무엇이냐고 물어보면 대답을 못한다고 한탄하는 한 스님의 말씀을 들은 적이 있다. 과연 반야부 경전을 읽어 보면 '오온(五蘊)', '오음(五陰)', '색수상행식(色受想行識)'이라는 용어가 싫증이 나도록 많이 나온다.

방대한 반야부의 경전을 단지 260자의 한자로 압축한 반야심경은 소승과 대승불교의 뜻이 모두 갖추어진 오묘한 경전이다. 반야심경에는 윤회 세계를 지칭하는 5온, 6근, 6처, 6식, 윤회의 세계가 굴러가는 12지(支) 연기(緣起: 無明에서 老死까지), 윤회 세계의 진실을 보고 해탈로 이끄는 사성제(四聖諦: 苦集滅道), 수행에서 얻은 지혜, 득과(得果), 보살의 행각, 부처의 아뇩다라삼먁삼보리를 생기게 하는 반야바라밀 등등, 주로 법명(法名)이 나열되어 있다. 반야심경의 앞부분은 '空'과 '無'를 사용한 부정문으로 되어 있고 뒷부분은 반야바라밀을 의지하여 부처의 아뇩다라삼먁삼보리를 얻는다는 긍정문으로 되어 있다.

이 간략한 반야심경에는 인도 소승불교와 대승불교의 주류를 이루었던 학파인 설일체유부(說一切有部)와 중관학파(中觀學派) 사상이 모두 포함되어 있다. 반야심경은 소승불교가 이분한 범부의 경지부터 소승의 성인, 대승의 보살, 제불의 경지까지 보여준다.

범부는 모든 것이 실재로 존재한다고 생각하기 때문에 일체고로부터 해탈하지 못한다. 다시 말하자면 오온의 공함을 보지 못하기 때문에 해탈하지 못한다.

반야심경의 앞부분에서 '空'과 '無'라는 글자를 삭제하고 문장을 만들어 보면 범부의 경지와 소승 성인의 경지가 나오며, 뒷부분은 대승보살·제불의 경지이다. 필자는 이것을 다음과 같이 편집해 보았다.

범부의 경지[凡夫地]:

범부는 반야바라밀을 수행하지 않고 오온을 공으로 보지 않아 일체고로부터 해탈하지 못한다. 범부는 색이 공과 같지 않고 공은 색과 같지 않으며, 색이 바로 공이고 공이 바로 색인 것을 보지 못한다. 수·상·행·식도 마찬가지이다.

범부는 제법의 상을 태어남과 멸함, 더러움과 깨끗함, 증가함과 감소함으로 분별한다.

범부는 공을 보지 못하므로 색·수·상·행·식이 있고, 안·이·비·설·신이 있으며 색·성·향·미·촉·법이 있다. 보는 경계[眼界]가 있고 계속해서 의식의 경계[意識界]가 있다. 무명이 있고 계속해서 노사가 있다.

소승 성인(聖人)의 경지 :

무명이 다함[盡]이 있고 노사가 다함이 있다.

사성제인 고·집·멸·도를 이해하고 증득하여 지혜가 있어 사과[四果: 수다원과·사다함과·아나함과·아라한과]를 얻는다[得].

대승보살의 경지 :

얻는 것이 없으므로[以無所得故] 보리살타(=보살)는 반야바라밀을 의지하기 때문에 마음에 걸림이 없다. 마음에 걸림이 없으므로 두려움이 없으며 전도된 견해, 망상을 여의고 마침내 열반에 도달한다.

제불(諸佛)의 길 :

과거, 미래, 현재의 모든 부처님은 반야바라밀을 의지하기 때문에 아뇩다라삼먁삼보리(=무상정등각)를 증득한다.

반야심경에서 소개된 법명 중에서 12지 연기와 사성제는 소승불교 사상이고 반야바라밀은 대승불교 사상이다. 12지 연기와 사성제, 반야바라밀의 설명으로 불교의 소·대승사상을 포괄할 수 있는 것이다. 그리하여 필자는 반야심경에 나오는 법명을 중심으로 일종의 불교학 개론으로서 우리 범부가 윤회하는 세계와 불교의 목적인 윤회로부터 해탈하는 과정을 『윤회의 세계와 해탈』이라는 제목으로 자유롭게 설명해 보았다.

이 책은 오온으로 구성된 중생이 윤회하는 세계와 사성제와 반야바라밀을 방편으로 해탈하는 불교 성인의 세계를 다섯 단계로 나누어서 다음과 같이 설명한다.

첫 번째 단계: 인간의 육체와 정신은 어떻게 구성되어 있는가

제1장은 우리 인간의 육체와 정신을 구성하는 5온(또는 5음)과 번뇌[심적-정신적 요소]에 대해 설명한다.

두 번째 단계: 십선도(十善道)의 계율과 육도윤회에 대해

제2장은 중생이 윤회하는 삼계 중 욕계(欲界)를 구성하는 지옥·아귀·축생·인간·아수라·육욕천(六欲天)의 천상 세계를 설명한다. 그리고 삼악도(三惡道)의 고통을 피하고 인간 갈래, 천상 갈래로 향하는 길, 나아가 성인의 길을 성취할 수 있는 근본적인 열 가지 계율인 십선도(十善道)에 대해 설명한다.

**세 번째 단계: 색계와 무색계는 어떻게 구성되었으며 어떻게
성인이 될 수 있는가**

제3장은 욕계를 초월하고 명상과 선(禪, dhyāna) 수행의 과보로 존재하는 색계와 무색계의 천상 세계를 설명한다. 그리고 범부의 길과 윤회에서 해탈한 자인 불교적 성인이 되는 길에 대해 설명한다.

네 번째 단계: 12지 연기와 윤회는 어떤 관계가 있는가

제4장은 석가모니불의 전기(傳記) 중에서 깨달음을 성취하고 12지 연기를 보는 장면을 뽑아 소개한다. 그리고 석가모니불이 깨달은 12지 연기에 따른 윤회의 과정에 대해 설명한다.

다섯 번째 단계: 공과 반야바라밀에 대해

제5장은 대승불교의 핵심적인 사상인 모든 존재[諸法]의 진

성(眞性)인 공성(空性), 실상(實相)인 공상(空相=無相)과 부처의 무상정등각을 생기게 하는 반야바라밀에 대해 설명한다. - 이 책에서 제일 많은 부분을 차지한다 -

제5장 마지막 부분에는 1700년의 불교 역사를 가지고 있는 한국불교에서 수좌(首座 또는 般若行者)들이 수행하는 전통적인 수선(修禪) 방법, 즉 활구참선(活句參禪)인 간화선(看話禪: 화두를 사용하는 수선)의 수행법을 소개한다. 왜냐하면 활구참선은 바로 반야바라밀의 연습으로 생사 윤회의 근본 원인인 무명(無明), 전도(顚倒), 몽상(夢想=分別心)을 깨기 위한 첩경이기 때문이다.

끝으로 부록에는 한국 간화선을 중흥시킨 경허(鏡虛) 선사가 지은 「참선곡(參禪曲)」과 「반야심경」의 한역본 및 범어 원본을 수록하였다.

우리 모두가 반야바라밀을 수습하여 마음의 근원을 통찰하여 견성하고 성불하여 윤회의 세계에서 해탈의 세계로 가기를 바란다.

2017년(불기 2561년) 9월
스위스 로잔에서 無住性 合掌

일러두기 ───
불교용어는 한문과 산스끄리뜨어(梵語)를 첨가했으며 현대적인 한글 용어로
자유롭게 번역하였다.
T는 『대정신수대장경(大正新修大藏經)』을 가리키며 경전의 번호를 첨가했다.

차 례

세 번째 단계 : 색계와 무색계는 어떻게 구성되었으며, 어떻게 성인이 될 수 있는가
제3장 색계와 무색계 그리고 범부, 성인의 길

네 번째 단계 : 12지 연기와 윤회는 어떤 관계가 있는가
제4장 12지 연기와 윤회

부 록

서 론

제1장은 불교 심리학이라고 명명할 수 있는 구사학(俱舍學)과 유식학(唯識學)에서 취급하는 5온과 번뇌[심적-정신적 요소]에 대한 설명이다.

삼계 육도에서 윤회하는 우리 인간들의 육체적, 심적-정신적 구성요소인 오온(五蘊 또는 五陰, 다섯 더미) 중에서 물질[色]은 육체적인 요소를 구성하고 나머지 감각[受], 개념[想], 행위[行], 의식[識]의 더미[蘊, 陰]는 모든 심적-정신적인 요소와 22종류의 감각적, 지능적인 기능[根]을 구성한다. 인간의 심리에는 부정적인 좋지 않은 심적 요소와 긍정적인 착한 심적 요소가 병행한다. 이 부정적인 좋지 않은 심적 요소를 번뇌라고 부르며 이것이 그 정도에 따라 우리의 육체적, 정신적인 고통[苦], 인생고(人生苦)를 불러 일으키는 원인이다. 부정적인 좋지 않은 심적 요소를 줄이고 긍정적인 착한 심적 요소를 높이기 위한 대치 방법으로 6바라밀과 4무량심을 제시한다. 그중에 선정(禪定) 바라밀의 연습을 위해 수선(修禪)에 대한 입문을 설명한다.

반야심경에 나오는 법명 (法名)

5온(蘊=五陰) ; 색(色), 수(受), 상(想), 행(行), 식(識).

6근(根) ; 안(眼), 이(耳), 비(鼻), 설(舌), 신(身), 의(意).

6입(入=6處) ; 색(色), 성(聲), 향(香), 미(味), 촉(觸), 법(法).

6계(界) ; 안계(眼界) 내지(乃至) 의식계(意識界).

일체고액(一切苦厄), 제법(諸法), 일체고(一切苦=生死苦).
⇒ 주제는 사성제 중 고제(苦諦)와 집제(集諦).

제2장은 불교 우주학이라고 명명할 수 있는 중생이 윤회하는 삼계(三界) 중에서 욕계의 지옥·아귀·축생·인간·아수라·천상의 육도를 설명한다. 그리고 지옥·아귀·축생의 삼악도(三惡道)의 세 갈래 고통을 피하고 인간 갈래, 천상 갈래로 향하는 길, 나아가 성인(聖人)의 길을 성취할 수 있는 근본적인 열 가지 계율, 십선도(十善道)에 대해 설명한다.

존재들[衆生]의 마음에서 투사된 혹은 창조된 모든 우주, 세계는 삼계(三界)로 구분할 수 있다. 삼계는 욕계(欲界), 색계(色界), 무색계(無色界)로 욕계의 존재들은 다섯 가지 욕망 [五欲]으로 생을 유지한다. 지옥·아귀·축생·인간·아수라와 오욕락(五欲樂)을 즐기는 여섯 종류의 천상 갈래의 신들[六欲天]은 욕계에 속한다.

우리 인간은 열 가지 행위[十業]를 행한다. 몸으로 짓는 세 가지 신업(身業), 언어로 짓는 네 가지 구업(口業), 마음으로 짓는 세 가지 의업(意業)이다. 현재의 생애[現生 혹은 今生]와 미래의 생애[後生]의 행복과 고통은 이 10종류의 좋고 나쁜 업이 지은 과보에서 나온 것이다. 과거 전생에서 지은 행위[業]의 결과로서 현생의 즐겁고 괴로운 생의 결과가 있으며, 현생의 좋고 나쁜 행위는 미래의 좋고 나쁜 생을 결정할 것이다. 여기서 도덕적인 계율[戒]의 문제가 제시된다. 계를 지킴[持戒]이란 열 가지 좋은 길[十善道]을 지키고 반대되는 열 가지 좋지 않은 행위[不善業]를 하지 않는 것으로 불선업에서 야기되는 육체적, 정신적 고통과 질환, 나아가 삼악도의 고통을 피하는 길이다. 그러므로 제2장은 10업(十業)에서 야기되는 욕계에 대한 설명이다.

반야심경에 나오는 법명
일체고액(一切苦厄), 일체고(一切苦=生死苦).
⇒ 주제는 사성제 중 고제(苦諦)와 집제(集諦)

제3장은 삼계 중에서 욕계를 초월하고 명상과 선(禪) 수행의 과보로 존재하는 색계와 무색계, 그리고 범부의 위치에서 윤회에서 해탈한 자인 불교적 성인(聖人)이 되는 길에 대한 설명이다.

색계와 무색계의 존재들은 명상으로 생을 유지한다. 수선(修禪)의 과보로 식욕과 성욕을 없애 버리고 미묘하고 찬란한 모양[色]을 갖춘 천상 갈래의 신(神)들은 색계에 속하며, 수선으로 식욕과 성욕뿐만 아니라 색의 개념까지 떨쳐 버린 형이상학적인 천상 갈래의 신들은 무색계에 속한다.

색계에 존재하는 신들은 사선(四禪)을 수행함으로서 태어나는데 수행의 수준에 따라 18종류의 색계가 존재한다. 무색계는 사선의 수행을 초월하여 사무색정(四無色定)을 수행함으로서 태어나는데 이 세계도 또한 수행의 수준에 따라 4종류의 무색계가 존재한다. 수선에는 범부선(凡夫禪) 혹은 외도선(外道禪)과 여래선(如來禪) 혹은 조사선(祖師禪)의 두 종류가 있다. 범부선과 외도선은 수선의 목적이 색계와 무색계의 신의 세계에 태어나는 데에 있으며, 여래선과 조사선의 목적은 견성성불, 생사해탈에 있다. 그러므로 명상과 선을 수행하는 데에 있어 같은 노력을 할지라도 그 목적하는 바에 따라 결과는 땅과 하늘의 차이가 난다.

무색계의 최고봉 꼭대기[有頂]에 존재하는 형이상학적인 신들도 윤회를 피할 수 없는데 왜냐하면 제법의 진성(眞性)을 깨닫지 못했기 때문이다. 다시 말하자면 견성을 못했기 때문이다. 제법의 진성을 깨달으면[見性] 누구를 막론하고 생사의 윤회에서 해탈하여 각(覺=菩提)을 이루어, 즉 성불하여 성인이 된다. 이것이 불교 선 수행의 목적이다. 그러므로 범부의 수준에도 욕계・색계・무색계의 차이가 있으며 성인에게도 깨달은 각(覺)의 차이에 따라 성문(聲聞), 독각(獨覺), 원만불(圓滿佛)의 차이가 있다. 제3장은 색계, 무색계의 범부와 불교 성인에 대한 설명이다.

반야심경에 나오는 법명
고집멸도(苦, 集, 滅, 道)

(一切)智 : 11智 ; 법지(法智), 비지(比智), 타심지(他心智), 세지(世智), 고지(苦智), 집지(集智), 멸지(滅智), 도지(道智), 진지(盡智), 무생지(無生智), 여실지(如實智).

得(果) : 사다함(果), 수다원(果), 아나함(果), 아라한(果), 보살의 10지, 불(果).

⇒ 주제는 사성제 중 도제(道諦)와 멸제(滅諦)

제4장은 12지 연기에 따른 윤회의 과정에 대한 설명이다. 12지 연기는 석가모니불이 무상정등각(無上正等覺=아뇩다라삼먁삼보리)을 성취했을 때 인류 사상 처음으로 깨달은 법이다. 연기란 모든 법은 원인과 조건에 따라 생긴다는 원리이다. 이것을 인간사에 적용을 하자면 인간의 나고 죽는 생사가 이 12지 연기에 따라 굴러간다. 이것이 고통에 대한 진리인 고제(苦諦)이다. 12지 가운데

에 처음의 가지는 생사 윤회의 최초 원인인 무명(無明)이다. 무명으로 인하여 생로병사가 존재한다. 무명이 소멸되면 생사 윤회는 소멸된다. 그러므로 우리가 태어나고 죽는 문제를 해결하려면, 다시 말해서 생사 윤회에서 해탈하려면 이 무명을 소멸해야 한다.

12지 가운데에서 무명은 존재들[衆生]이 감수하는 생사고의 근본 원인이다. 이것이 원인에 대한 진리인 집제(集諦)이다. 그런데 무명을 소멸하려면 선각자의 가르침에 따라 수행을 해야 한다. 이것이 수행에 대한 진리인 도제(道諦)이며, 수행을 완수함으로써 생사고에서 해탈하는 것이 멸제(滅諦)이다. 이 12지 연기와 사성제는 불교의 근본적인 교리로 불교의 심리학이며 현상학이다. 제4장에서는 석가모니불의 전기(傳記) 중에서 특히 이 12지 연기와 사성제를 깨닫는 장면을 서술한 부분을 삽입했다.

반야심경에 나오는 법명
12지 연기 ; 무명(無明) 내지 노사(老死).
고집멸도(苦, 集, 滅, 道).
⇒ 주제는 사성제 중 고제(苦諦), 집제(集諦), 멸제(滅諦).

제5장은 대승불교철학의 핵심적인 사상인 모든 존재[諸法]의 진성(眞性)인 공성(空性)과 반야바라밀에 대한 설명이다. 우선 이 공성, 공을 허무[無]와 혼동해서는 안된다. 무[없음, 비존재]가 유[있음, 존재]의 반대적인, 대립적인 개념이라면 공은 대립적인 것을 초월한 유가 아니며 무도 아니다[非有非無]. 공은 연기와 등식으로서 空=緣起, 연기=공이다. 그러므로 연기를 통해 공을 보고 공을 통해 연기를 보아야 한다. 공은 또한 무아(無我)의 동의어로

서 모든 사물, 존재는 본체적으로 존재하는 어떤 영원한 자성(自性)이 없음을 의미한다[無自性]. 무아에는 인무아[人無我, 또는 인법공(人我空), 중생공(衆生空)]와 법무아[法無我, 또는 법공(法空)]가 있다.

공은 스스로가 수선하고 경험함으로서 내적으로 깨달아야 한다. 공에 대해 사유하고 희론(戱論)하는 것은 스스로 깨달은 내증(內證)의 경계가 아니어서 생사해탈을 할 수 없다. 우리는 무아를 실현함으로써, 다시 말하자면 자아, 자만을 없앰으로써 사물의 진성(眞性)인 공성(空性)을 깨달을 수 있다. 그러기 위해서는 많은 수행법 가운데 반야바라밀의 수행이 제일 수승하고 빠른 방법이다. 반야바라밀을 수행함으로써 공성을 깨달아 모든 번뇌와 습기(習氣)를 없애야 원만불이 된다. 반야바라밀은 세속제(世俗諦)와 제일의제[第一義諦, 또는 승의제(勝義諦), 진제(眞諦)]의 이제(二諦)로 설명할 수 있다. 유소득(有所得)은 세속제이고 무소득(無所得)은 제일의제이다. 무소득이 바로 반야바라밀의 성취이며 부처의 아뇩다라삼먁삼보리이다.

반야 지혜(智慧)의 수준에는 세 가지가 있다. 첫 번째, 문혜(聞慧)로 듣고 읽음으로써 얻는 지혜이다. 이것은 다른 이로부터 배우고 스스로 독서함으로써 얻는 지혜이다. 두 번째, 사혜(思慧)로 사유하고 논리적으로 추론함으로써 얻는 지혜이다. 이것은 철학과 논리, 연구, 사색으로 얻는 지혜이다. 세 번째, 수혜(修慧)로 수선으로써 얻는 지혜이다. 이것은 몸과 마음의 자세를 올바른 방법에 따라 고정시켜 한 주제를 명상 혹은 참구하여 스스로가 내적 경험을 함으로써 얻는 지혜이다. 이 세 번째 지혜가 제일 수승한 지혜로 사물에 대한 진성(眞性=法性, 空性)을 깨닫는 것으로, 생사해탈하기 위해서는 필요불가결한 지혜이다. 이 세 가지 지혜는 각자 능력과 노력에 따라서 얻어질 수 있다.

반야심경에 나오는 법명
공(空). 제법(諸法). 공상(空相).

불생불멸(不生不滅). 불구부정(不垢不淨). 부증불감(不增不減).

무(無), 무소득(無所得). 보리살타(菩提薩埵). 반야바라밀다(般若波羅蜜多).

심(心). (장)애(碍), 공포(恐怖), 전도(顚倒), 몽상(夢想).

열반(涅槃). 제불(諸佛). 아뇩다라삼먁삼보리(阿褥多羅三邈三菩提).

⇒ 주제는 사성제는 없음[無苦集滅道].

첫 번째 단계

인간의 육체와 정신은 어떻게 구성되어 있는가

제1장 오온과 번뇌 [심적-정신적 요소]

1. 5온(五蘊, pañca-skandha)

인간의 육체와 정신은 5온(五蘊) 또는 5음(五陰, 다섯 더미)이라고 부르는 물질적인 요소와 심적-정신적 요소로 구성된 복잡한 집합체이다. 5온은 물질[色], 감각[受], 개념[想], 행위[行], 의식[識]으로 이 5가지가 쌓여 진 것[蘊]이 바로 모든 존재들[衆生]인 것이다. 우리는 이 5온을 실질적인 자아 혹은 자기로 생각하고 이것이 죽은 후에도 영원히 계속되리라고 상상하고 집착한다. 그러면 육체와 정신을 구성하는 5온이란 무엇인가 살펴보기로 하자.

※ '온(蘊)'은 산스끄리뜨어의 skandha에 해당하는 단어로 한글로는 '쌓음', '더미'라는 뜻이다. 蘊은 현장의 역어이며 쿠바라지바는 '陰'으로 한역했다.

1) 색(色: 물질, rūpa)

물질[色]은 흙[地], 물[水], 불[火], 바람[風]의 네 가지 요소[四大]로 구성되는데, 인간의 물질적인 육신은 5근[根, 또는 5관(五官)], 오장육부, 골격, 혈맥, 골수 등등으로 형성된다. 물질을 구성하는 네 가지 요소 중에서 흙의 요소[地大]는 견고한 성질을 가지고 있고, 물의 요소[水大]는 흐르는 유연한 성질을 가지고 있으며, 불의 요소[火大]는 더운 성질인 열기(熱氣), 바람의 요소[風大]는 움직이는 성질을 가지고 있다.

물질[色]의 더미[蘊 또는 陰]에는 우리의 육신 중 다섯 가지 감각기관[五根]인 눈[眼]·귀[耳]·코[鼻]·혀[舌]·몸[身]과 그 대상인 보는 것[色]·듣는 것[聲]·냄새맡는 것[香]·맛보는 것[味]·촉감[觸]을 포함한다.

지·수·화·풍의 네 가지 요소로 구성된 물질의 더미에는 눈으로 볼 수 없는 미세한 물질의 요소가 있다. 예를 들면 인간 육체 내부에 있는 경맥(經脈)이나 경혈(經穴) 그리고 세균, 또한 인간세계보다 수승한 천상에 존재하는 신들의 미묘하고 미세한 육신이 그러하다.

5온 중에서 물질을 제외한 나머지 감각·개념·행위·의식의 더미가 우리의 감정이나 이성, 심적-정신적 요소를 구성하는 것으로써 이것들은 우리의 육체를 구성하는 물질의 더미[色蘊, 色陰]와 밀접한 관계를 가지고 상호작용을 한다.

2) 수(受: 감각, vedanā)

감각[受]에는 즐거운 감각[樂], 괴로운 감각[苦], 즐겁지도 괴롭지도 않은[非苦非樂] 중간적인 감각 등 세 종류가 있다. 우리는 즐거운 감각이 생길 때는 좋아하여 집착하고 괴로운 감각이 생길 때는 싫어하여 없어지기를 원하며, 즐겁지도 괴롭지도 않은 감각에는 무감각하다.

3) 상(想: 개념, saṃjñā)

개념[想]이란 외적인 대상의 모양과 성질을 포착하고 지각하여 예를 들면 이것은 흰색, 노랑색, 네모, 세모, 동물, 인간, 여자, 남자, 즐거운 것, 괴로운 것 등등 그 대상에 대해 판단하고 상상하는 것이다.

4) 행(行: 행위, saṃskāra)

물질의 더미[色蘊, 色陰]가 육체적인 요소를 구성하는 것에 비하여 행위의 더미[行蘊, 行陰]는 심적-정신적인 요소를 구성한다. 행위의 더미는 46종류의 심적-정신적 요소[心數法]가 우리의 의식에 쌓인 것으로 부정적인 좋지 않은 심적 요소와 긍정적인 좋은 심적 요소가 있다. 행위의 더미는 의식의 더미[識蘊, 識陰]와 상호작용을 한다.

부정적인 좋지 않은 심적 요소를 번뇌라고 부른다. 그것은 3가지, 20가지, 108가지 더 나아가 8만 4천 가지의 번뇌로 세분하기도 하며 이것을 모두 합하여 행위의 복수, 제행(諸行) 또는 유위법(有爲法)이라고 부른다.

5) 식(識: 의식, vijñāna)

의식의 더미[識蘊]는 전5식(前五識), 제6식, 제7식, 제8식의 네 가지 심층(心層)으로 쌓여 있다.

① **전5식** 전5식이란 눈으로 보는 안식(眼識), 귀로 듣는 이식(耳識), 코로 맡는 후식(嗅識), 혀로 맛보는 설식(舌識), 몸으로 느끼는 촉식(觸識)을 말한다. 눈[眼]·귀[耳]·코[鼻]·혀[舌]·몸[身]의 다섯 기관[五根]이 외부의 대상과 접촉할 때 여섯 번째 기관

인 의근(意根)이 다섯 기관에게 외부의 대상인 모양[色]·소리[聲]·향기[香]·맛[味]·감촉[觸]에 대한 정보를 준다. 그때에 전5식이 생기면서 대상의 구체적인 내용, 즉 노랑색, 흰색, 네모, 세모 등등을 인식한다.

② 제6식 여섯 번째 기관인 의근(意根)이 외부적으로나 내부적으로나 모든 물질적-심적인 요소[諸法]와 접촉할 때 여섯 번째인 의식이 생기는데 이것이 바로 제6식인 의식(意識)으로 우리는 이 것을 보통 생각이라고 말한다. 전5식과 생각인 이 6식이 우리들의 모든 일상생활을 지배한다. 그러므로 제6식은 감각의식인 전5식 과 연결되어 세 가지 감각[三受]인 좋아하거나 싫어하거나 좋지도 않고 싫지도 않은 감각을 인식하고 우리들의 심적, 정신적인 활동 을 하는 데 역할을 한다.

전5식과 제6식, 이 두 수준의 의식은 우리가 아침부터 잠잘 때 까지 깨어있을 때 활동을 한다. 우리가 잠자는 동안은 제7식이 활 동하는데 이것은 꿈으로 나타난다.

③ 제7식 제7식의 역할은 특별하다. 제7식을 우리는 자아(自我, ātman)라고 생각한다. 제7식은 제8아뢰야식을 대상으로 삼고, 허 망한 자아의 주체로서 육체적이나 정신적의 모든 대상을 자기 것 [我所]으로 취하는 강력한 역할을 한다. 제7식은 육도(六道)에서 생사 윤회를 하는 허망한 자아라는 에너지를 유지시키지만 한 존 재의 일생이 끝날 때, 즉 죽을 때 전5식, 제6식과 함께 사라진다.

④ 제8식 제8식은 아뢰야식(阿賴耶識)이라고 하며. 산스끄리 트어 ālaya-vijñāna로, 어원은 감추다, 쌓다, 집착하다는 뜻의 동 사 'ā-Lī'와, 집, 창고를 의미하는 명사 'ālaya'의 합성어이다. 한문 으로는 장식(藏識) 또는 종자식(種子識)으로 번역한다. 제8식은 우

리들이 현재, 금생에 행동하고 말하고 생각하는 모든 신·구·의 업을 집합할 뿐만 아니라 과거 생애의 모든 습관[習氣], 모든 종자를 간직하고 있는 창고[藏]와 같은 의식[識]이다. 제8식을 간단하게 줄여 '마음[心]'이라고 하는 데 왜냐하면 이 마음에 모든 심적, 정신적인 종자가 쌓여 있고 이것이 또한 우리들의 잠재의식, 무의식을 형성하며 후에 제7식, 6식, 5식으로 나타나기 때문이다.

이 모든 의식을 가리켜 심의식(心意識)이라고 부른다. 이것을 분별하자면 전5식과 제6식은 '식(識, vijñāna)', 제7식은 '의(意, manas)', 제8식은 '심(心, citta)'이라고 한다. 우리들의 모든 습기와 종자를 간직하고 있는 제8아뢰야식이 제7식을 거쳐 제6식, 전5식으로 나타나 우리들의 육체적, 정신적인 생활을 유지시킨다. 하지만 각각 개인의 인격을 형성하는 근본은 아니다. 다시 말하자면 제8식은 한 개인의 주체가 아니라 순간적으로 변하고 계속되는 의식의 상속(相續)이다. 이 계속되는 상속이 영원한 자아라는 착각을 주는 것으로, 이것이 윤회에서 태어남과 죽음을 끝없이 되풀이하는 한 존재의 생애가 형성되는 것이다. 그러므로 중생의 숫자만큼 아뢰야식의 숫자도 그만큼 존재하는 것이다.

제8아뢰야식은 우리가 인생에서 경험한 모든 것의 영향을 받아 변화되어 가며, 이 변화된 제8식이 다음 생애의 갈래와 존재를 결정한다. 우리가 죽은 후 이 변화된 제8식은 우리가 행한 행위[業]의 과보(果報)에 따라 중간 생애[中陰]를 거쳐 다음 생애로 계속된다. 우리의 한 인생이 끝난 후 변화된 이 제8식을 중음신(中陰身) 또는 간달바(Gandharva)라고 부른다. 이것이 우리의 다음 생애에서 부모가 될 성(性)의 유희를 엿보고 있는 것이다. 중음신의 형태인 제8아뢰야식은 다음 생애의 부모가 성의 유희를 할 때 남성이 될 경우 어머니에게, 여성이 될 경우 아버지에게 탐욕심을 일으켜 함께 유희한다. 그리하여 제8아뢰야식은 새롭게 모태에서 태어날 때까지 안주한다.

그러므로 불교의 목적은 생사 윤회의 근본 뿌리인 제8식으로서의 '마음[心]'을 관찰하고 이 뿌리를 제거하여 해탈에 이르는 방법을 제시하는 것이다. 부처님은 생존 당시에 이미 이 마음의 중요성에 대해 설명하여 말씀하시기를, "세계는 마음에 의해 이끌어지며 조정된다. 모든 것은 한 여건인 이 마음"이라며. 수행의 면에서 말씀하시기를, "마음이 더러우면 중생은 더럽고 마음이 깨끗하면 중생은 깨끗하다."고 말했다(쌍윳따니까야).

부처님은 수행으로 자신의 마음을 습기까지 완전히 정화하여 깨달음[覺]을 성취했다. 깨달음을 성취할 때 이 네 수준의 의식[전5식, 제6식, 제7식, 제8식)은 네 가지 지혜[四智]로 변화된다. 즉 분별심은 의식인 의지점의 변화[轉依]로 의해 무분별지(無分別智)로 변한다. 의식의 전의(轉依)로 얻는 4지(四智)는 10지(地)의 보살행으로서만 가능하다. 다시 말하자면 보살행의 결과로 제8아뢰야식에 쌓여 있는 종자식이 대원경지(大圓鏡智)로 변하고 우리가 자아로 착각하는 제7식은 평등성지(平等性智)로 변하며, 제법을 분별하는 제6식은 묘관찰지(妙觀察智)로 변하고 감각의식인 전5식은 성소작지(成所作智)로 변한다. 전의의 순서는 제일 깊은 마음의 심층에 깔려있는 제8식으로 시작하여 표면에 나타나는 감각의식인 전5식의 전의로 성취된다.

4지(四智)는 다음과 같다.

가) 대원경지(大圓鏡智, ādarśa-jñāna): 이 지혜는 부처님의

일체종지(一切種智)로서 티끌이 없는 거울이나 파도가 없는 대해(大海)에 일체의 영상이 나타나는 것과 같다.

나) 평등성지(平等性智, samatā-jñāna): 자아로 착각하고 있는 제7식이 자타(自他)가 없는 평등한 무아지(無我智)로 변한 것으로 사물의 진성(眞性)인 공성(空性), 사물이 있는 그대로의 진여(眞如)를 깨달은 지혜이다.

다) 묘관찰지(妙觀察智, pratyavekṣaṇa-jñāna): 다양한 현상세계, 다양한 중생들의 근기 등등을 있는 그대로 관찰하는 지혜로 제법을 더 이상 실체(實體)로 보지 않는다.

라) 성소작지(成所作智, kṛtyānuṣṭāna-jñāna) : 이 지혜는 깨달음이 대비심(大悲心)으로 나타나 부처님이 중생교화를 위해 세간에서 행동으로 보여주는 구체적인 지혜이다. 석가모니불이 정각을 이룬 후 45년 동안 중생을 위해 여러 가지 방편을 사용한 지혜이다. 부처님은 세간에서 중생과 함께 활동하지만 물들음[染汚]이 없다.

4지(四智) 중에서 두 번째와 세 번째인 평등성지와 묘관찰지는 돈오(頓悟) 보살일 경우 처음 견도(見道)가 성취될 때 얻어지며, 첫 번째와 네 번째의 대원경지와 성소작지는 처음 무상정등각(無上正等覺)이 성취될 때 얻어진다.

2. 6종류의 큰 번뇌와 부정적인 좋지 않은 심적 요소[隨煩惱]

불교 심리학이라고 부를 수 있는 구사학(俱舍學)과 유식학(唯識學)에서는 우리들의 심리를 46요소로서 분석하고 있는데, 이것은 5음 중에서 네 번째인 행온(行蘊)에 속한다. 46심적 요소를 심수법(心數法)이라고 부르며 이 요소들은 각자 전생부터 습관된 행위, 업(業)의 습기(習氣)에 따라 선천적인 성격으로 나타난다. 그러나 이 심적 요소들은 일생 동안 우리가 살아가는 동안 주위 환경과 개인의 의지에 따라 어느 정도 변화시킬 수 있다.

46심적 요소[心數法]에는 부정적인 좋지 않은 심적 요소[不善法]와 긍정적인 좋은 심적 요소[善法]가 있다. 부정적인 좋지 않은 심적 요소들은 여섯 종류의 근본적인 큰 번뇌에 뿌리를 잡고 있다. 여섯 종류의 근본적인 큰 번뇌는 각자 정도의 차이는 있지만 세상에 태어난 이상 모든 중생이 가지고 태어난다. 그중에서 세 종류의 큰 번뇌는 욕망 또는 탐심[貪心, 貪], 성내는 마음[瞋心], 어리석은 마음[癡心]으로 모든 불선법의 뿌리이다. 이것을 세 가지 독[三毒]이라 부르며 이 삼독에 이어 또 다른 세 종류의 큰 번뇌가 생긴다. 그것은 견해[見], 의심[疑], 아만심[慢]이다. 그러므로 삼독인 욕심[貪] · 진심[瞋] · 치심[癡]의 세 종류의 번뇌에서 견해[見] · 의심[疑] · 만심[慢]이 생겨 여섯 종류의 근본적인 대번뇌를 형성하는 것이다.

다음은 6종류의 대번뇌와 거기서 나오는 20종류의 부차적인 부정적인 좋지 않은 심적 요소[隨煩惱]에 대해 세친(世親) 보살이 짓고 현장법사가 한역한 『대승오온론(大乘五蘊論)』에 따라 설명해 보자.

1) 6종류의 큰 번뇌[大煩惱]

① 욕망[貪, rāga] 욕심, 탐심, 집착심이라고도 부르며 5온인 자기[我], 자기 것[我所]에 대해 강하게 집착하며 자신을 즐겁게 해주는 것을 추구하고 갈망한다. 식욕(食欲), 수면욕(睡眠欲), 성욕(性欲)은 선천적이고 본능적인 욕망이며 재욕(財欲), 명예욕(名譽欲), 좋은 모양을 탐하는 색욕(色欲)은 후천적인 것으로 상상적인 욕망이다.

⇒ 욕망을 퇴치하는 방법: 욕심을 적게 갖거나 갖지 말기[少欲知足, 無欲]. 남에게 주는 것을 연습하기[布施]. 애착을 버리기[放下着].

② 성내는 마음[瞋, dveṣa] 욕망의 반대적인 반응으로 욕구가 만족되지 않을 때 나타나는 심적 요소이다. 자신과 상대방을 괴롭히는 성질로서 나타난다.

⇒ 성내는 마음을 퇴치하는 방법: 참을성[忍辱心]과 자애로운 마음[慈心], 불쌍히 여기는 마음[悲心]을 키우기.

③ 어리석은 마음[癡, moha] 무명(無明)의 동의어로 행위(業)에 대한 과보인 인과법칙(因果法則), 불법승(佛法僧)인 삼보, 사물에 대한 진성(眞性, 眞諦)에 대해 도무지 알지 못하는 무지(無智)의 심적 상태이다.

⇒ 치심이나 무명을 퇴치하기 위해서는 불교의 교학과 선학을 배움이 필요하다.

이 세 가지 번뇌 중 탐심과 성내는 마음의 심적 요소는 욕계에 존재하는 중생들, 즉 지옥·아귀·축생과 우리 인간들, 아수라와 육욕천의 신들이 갖는 공통적인 심적 요소로 윤회하는 육도(六道)의 갈래[道 또는 趣]에 따라 강약의 차이는 있다. 색계와 무색계의 신들은 이 두 가지 심적 요소, 탐심과 성내는 마음은 없지만 세 번째의 치심(癡心)인 무명(無明)이 그들의 심리 상태이다. 이 세 가지 근본적인 큰 번뇌는 악의 근원으로 3악(三惡)이라고도 한다. 이것은 또한 모든 존재, 중생들이 감수하는 육도윤회의 원인이다.

탐·진·치에서 야기되는 다음의 세 가지 대번뇌는 치심인 무명과 관련된 개념적인 번뇌들이다.

④ 견해[見] 견해에는 다섯 종류가 있다.

㉠ 자아를 믿는 견해[身見] : 5음을 '자아, 자기 것'으로 믿고 5음에 집착하는 오염된 개념이다.

㉡ 극단에 집착하는 견해[邊執見] : 신견(身見)에서 사유된 모든 존재가 '영원하다든가' 혹은 '끊어져 없어진다든가'라고 생각하는 오염된 개념이다. 모든 존재가 원인과 조건에서 생기한다는 연기에 대한 무지에서 나온 개념이다.

㉢ 옳지 못한 견해[邪見] : 인과법칙을 무시하거나 업에 대한 과보를 부정하는 착한 근본[善根]을 파괴하는 오염된 개념이다.

㉣ 어떤 개념들을 과대평가하는 견해[見取見] : 어떤 자가 생각한 어떤 개념 또는 이상(理想)에 대해 다른 것보다 수승하고 우월하다고 주장하는 오염된 견해이다. - 이러한 견취견이 종교전쟁이나 주의(主義) 전쟁의 원인이 됨을 상기하자.

㉤ 어떤 계율이나 도덕, 금욕(禁欲)에 대해 과대평가하는 견해[戒禁取見] : 어떤 종교들이 주장하는 계율이나 도덕, 금욕 또는 의식이 다른 것들보다 더 청정하며 우월하고 효력이 있다고 주장하는 오염된 개념이다. - 세계의 많은 종교가들이 이러한 견해를 가지고 있음을 고려하자.

⑤ **의심[疑]** 사성제나 사물의 진성인 진제(眞諦)에 대해 오해하고 의심하는 오염된 개념이다.

⑥ **만심[慢]** 어떤 자가 다른 자와 비교하여 우월하다든가, 동등하다든가, 비열하다고 생각하는 오염된 개념이다. 아만심에는 여섯 종류가 있다.

㉠ 과만(過慢) : 자기보다 열등한 자와 비교하여 자기는 우월하다는 심리.

㉡ 만과만(慢過慢) : 자기보다 우월한 자와 비교하여 자기도 같다는 심리.

㉢ 비만(卑慢) : 자기보다 우월한 자와 비교하는 열등의식.

㉣ 아만(我慢) : 자기는 우월하다고 생각하는 자가 가지는 자기도취적인 심리.

㉤ 증상만(增上慢) : 자기가 얻은 약간의 수승한 공덕을 과장하는 외곡된 심리.

㉥ 사만(邪慢) : 자기가 조금도 얻지 못한 수승한 공덕을 가지고 있다는 외곡된 심리.

만심은 욕계의 존재들 뿐만 아니라 색계와 무색계의 신들도 버리지 못하는 심적 요소로서 사물의 진성인 공성(空性)을 올바로 이해하고 체득할 때만 사라진다.

탐 · 진 · 치 · 신견 · 변집견 · 사견 · 견취견 · 계금취견 · 의 · 만 등 열 가지 번뇌들을 10혹(惑) 또는 10수면(睡眠)이라고 부른다. 이 가운데에 탐심[貪] · 진심[瞋] · 우치심[癡]의 삼독과 다섯 종류의 견해 중 자아를 믿는 견해[身見], 극단에 집착하는 견해[邊執見], 아만심[慢]은 선천적으로 모든 인간들이 가지고 태어나지만, 네 가지 견해인 옳지 못한 견해[邪見], 어떤 개념들을 과

대평가하는 견해[見取見], 어떤 계율이나 도덕, 금욕에 대해 과대 평가하는 견해[戒禁取見], 의심[疑]은 올바른 견해[正見]를 가지면 금생에 소멸할 수 있다.

2) 20종류의 부정적인 좋지 않은 심적 요소

여섯 종류의 근본적인 큰 번뇌에서 20종류의 부정적인 좋지 않은 심적요소가 흘러나온다. 이것을 수번뇌(隨煩惱; 부차적인 번뇌) 또는 불선법(不善法)이라고 부른다.

20종류의 부정적인 좋지 않은 심적 요소[隨煩惱]는 다음과 같다.

① **질투[嫉]** 자신의 이익과 명예를 구하여 타인의 명예와 부귀를 볼 때 화가 나고 참지 못하는 성질.

② **인색[慳]** 자기가 소유한 재산이나 지식에 대해 타인에게 줄 생각을 하지 않는 성질.

③ **분노[忿]** 자기에게 이익이 되지 않는 대상에 대해 분노하며 타인에게 과격한 언어나 폭력을 가하는 성질.

④ **폭력[害]** 자비한 마음이 결핍되어 타인이나 동물들에게 해로운 일을 하는 성질.

⑤ **원한[恨]** 분노로 인하여 자기 마음에 상처를 받아 마음에 깊이 간직하고 복수할 마음을 갖는 성질.

⑥ **위선[諂]** 자신의 이익과 명예를 위해 거짓 수단을 꾸미는 성질.

⑦ **속임수[誑]** 자신의 이익과 명예를 위해 타인을 속이는 성질.

⑧ **감춤[覆]** 자기가 한 잘못에 대해 타인이 알 것이 두려워서 감추는 성질.

⑨ **예의 없음[無慙]** 세속의 법규를 지키지 않고 현명한 자와 착한 법을 멸시하는 성질.

⑩ **수치심 없음[無愧]**　세속의 법규를 무시하고 악한 자와 악한 법을 숭상하는 성질. - 예의 없음과 수치심 없음, 이 두 가지 심적 요소는 사회에 문제를 일으키는 행동을 가져온다.

⑪ **게으름[懈怠]**　선행을 발전시키고 악행을 끊는 것에 대해 게을러서 정진을 하지 않는 성질.

⑫ **동요[棹擧]**　어떤 대상에 대해 마음이 고요하지 않고 들떠 있는 성질.

⑬ **우울[昏沈]**　어떤 대상에 대해 마음이 가볍지 않고 무겁게 가라앉는 성질 - 동요와 우울의 심적 요소는 삼매[定]의 수선(修禪)에 장애를 가져온다.

⑭ **산란(散亂)**　마음이 안정되지 않아 대상에 대해 마음이 끊임없이 흔들리는 성질.

⑮ **방탕[放逸]**　마음이 방탕하여 선행에는 소홀하고 악행에 끌리는 성질.

⑯ **번민[惱]** : 분노로 인하여 자기 마음에 상처를 받아 간직하고 잊지 않는 성질.

⑰ **의심[不信]**　어떤 일이나 자신 또는 타인에 대해 믿지 않는 성질.

⑱ **잘알지 못함[不正知]**　사물에 대해 잘못 판단하여 그릇되게 알고 행동하는 성질.

⑲ **잊어버림[失念]**　이미 행한 일이나 할 일에 대해 기억하지 못하는 성질.

⑳ **교만[驕]**　자기 일이 잘된 것에 대해 집착하고 심취되어 타인에 대해 오만함을 보이는 성질.

이 20종류의 부정적인 좋지 않은 심적 요소를 탐·진·치의 3 독과 견(見)·의(疑)·만(慢)을 합친 6종류의 대번뇌와 관련해 보자면 :

1] 욕망[貪]이란 번뇌에서 인색한 성질, 질투하는 성질, 위선적인 성질, 속이는 성질, 감추는 성질, 잘난 체하는 성질이 나온다.

2] 증오심[瞋]이란 번뇌에서 분노하는 성질, 질투하는 성질, 폭력적인 성질, 원한을 품는 성질, 집착하는 성질, 동요하는 성질, 잘난 체하는 성질이 나온다.

3] 우치심[癡]이란 번뇌에서 게으른 성질, 가라앉는 성질, 동요하는 성질, 산만스러운 성질, 방탕한 성질, 잊어버리는 성질, 그릇되게 아는 성질, 잘난 체하는 성질이 나온다.

4] 견해[見]란 번뇌에서 예의가 없는 성질, 수치심 없는 뻔뻔한 성질, 그릇되게 아는 성질, 의심하는 성질, 잘난 체하는 성질이 나온다.

5] 의심[疑]이란 번뇌에서 의심하는 성질, 잊어버리는 성질, 그릇되게 아는 성질, 잘난 체하는 성질이 나온다.

6] 만심[慢]이란 번뇌에서 집착하는 성질, 의심하는 성질, 잘난 체하는 성질이 나온다.

20종류의 부정적인 좋지 않은 심적 요소들은 그 강, 중, 약의 정도에 따라 우리에게 또한 강, 중, 약의 심적 고통과 생활에 장애를 가져온다. 이 강, 중, 약의 정도를 세분하여 강-강, 강-중, 강-약 ; 중-강, 중-중, 중-약 ; 약-강, 약-중, 약-약의 아홉 단계로 나눈다. 그리하여 다양하고 강하거나 약한 번뇌들이 우리의 심리상태를 지배하는 것이다.

위에서 살펴 본 20종류의 부정적인 좋지 않은 심적 요소 중에서 방일(放逸), 해태(懈怠), 불신(不信), 도거(掉擧), 혼침(昏沈), 산란(散亂), 부정지(不正知), 실념(失念)의 8종류는 특히 수행에 장애가 되는 번뇌이기 때문에 '대수혹(大隨惑)'이라고 부르고 무참(無慚)과 무괴(無愧)는 불선의 행위를 일으키기 때문에 '중수혹(中隨惑)'이라고 부르며 나머지 10종류는 살아가는 동안 우리의 마음에서 흔히 일어나기 때문에 '소수혹(小隨惑)'이라고 부른다.

이외에 4종류의 도덕적으로 정해지지 않은[不定], 좋지 않은[不善] 것도 아니고 좋은[善] 것도 아닌 심적 상태가 있다.

① **후회[悔 또는 惡作]** 지나간 일을 기억하면서 미워하거나 싫어하는 성질.

② **무기력[眠]** 잠잘 때에 일어나는 심적 상태로서 신체는 자유롭지 않고 의식은 어두운 성질.

③ **관찰[尋]** 어떤 사물에 대해 의식이 지능적으로 대강 관찰하는 성질.

④ **사유[伺]** 어떤 사물에 대해 의식이 지능적으로 자세하게 관찰하는 성질.

이 4종류의 심적 요소는 특히 삼매정(三昧定)을 수행[修禪]하는 데에 장애를 가져온다.

3. 16종류의 긍정적인 좋은 심적 요소[善法]

1) 5종류의 수승한 심적 요소[별경(別境)]

우리의 마음, 의식, 심리에는 위에서 설명한 번뇌라고 부르는 부정적인 좋지 않은 심적 요소뿐만 아니라 이것들을 대치할 수 있는 긍정적인 착한 심적 요소가 함께 존재한다. 이것을 선법(善法)이라고 부른다. 그것은 5종류의 특별히 수승한 심적 요소와 11종류의 긍정적인 착한 심적 요소이다. 이 긍정적인 착한 심적 요소들은 우리들이 가정에서나 사회에서 심적 안정을 위해서나 정신적인 수행, 나아가 생사해탈을 위한 필요한 마음가짐이다. 그러므로 우리는 이것들을 여러 가지 방법으로 발전시켜야 한다.

그 가운데 5종류의 특별히 수승한 심적 요소[別境]를 열거하면 다음과 같다.

① 희망[欲] 원하는 대상에 강하게 희망하는 성질로 도덕적으로는 착한 일이나 악한 일 또는 착하지도 악하지도 않은 일들을 소원할 수 있다. 착한 일을 소원할 때는 올바른 노력[正勤]이 된다.

② 결심[勝解] 어떤 이념이나 철학-종교적 교리, 수행, 증득에 대해 타인에게 배우고 자신의 지능으로 판단하고 얻은 가치에 대해 견고하게 결정하는 성질로, 타인의 가치판단에 대항하는 능력과 자신의 굳은 의지를 갖게 한다.

③ 기억[念] 자신이 일찍이 배운 것이나 한 일에 대해 잊지 않는 성질로 집중력과 관계가 있다.

④ 집중[定 또는 三昧] 어떤 경계에 대해 마음이 산란하지 않고 집중하는 성질로 지혜를 생기게 하는 능력이 있다.

⑤ 지혜[慧] 어떤 일에 대해 얻음과 잃음[得失], 옳고 그름[是

非] 등등을 판단하는 성질로 지혜를 추구함에 의하여 결심[勝解]
이 생기면 '의심'이라는 번뇌는 사라진다. 올바른 지혜로 인하여
모든 부정적인 심적 요소, 번뇌들은 사라진다. 지혜는 세 가지 종
류가 있다. 첫째는 남에게 듣고 또는 독서로 얻는 지혜[聞慧], 둘째
는 철학적이고 논리적으로 사유해서 얻는 지혜[思慧], 셋째는 선
(禪)을 수행하여 얻는 지혜[修慧]이다.

이 다섯 종류의 특별한 심적 요소 중에서 기억[念], 집중[定], 지
혜[慧]는 상호적인 관계가 있다. 예를 들면 기억력이 강할수록 집
중력이 올라가 어떤 일에 대해 지혜로운 판단을 할 수 있다.

2) 11종류의 긍정적인 착한 심적 요소[善法]

긍정적인 착한 심적 요소는 11종류가 있으며 이것들은 대부분
위에서 설명한 부정적인 좋지 않은 심적 요소들과 반대되는 성질
이다. 11종류의 긍정적인 착한 심적 요소[善法]는 다음과 같다.

① **욕심이 없음[無貪]** 욕망[貪]의 반대적인 성질로 집착없는 성
질로 나타난다. 어떤 일을 할 때 이익을 너무 바라지 않고 집착 없
이 할 수 있기 때문에 이 성질은 보시, 자선의 행위로 나타난다.

② **증오심이 없음[無瞋]** 성냄, 증오심[瞋]의 반대적인 성질로
자애로운 성질[慈]로 나타나 자신이나 타인들에게 편안한 마음을
준다.

③ **우치심이 없음[無癡]** 우치심[癡]이나 무명의 반대적인 성질
로 올바른 견해[正見], 올바른 생각[正思惟]을 갖게 하는 지혜[慧]
와 같은 성질이 있다.

④ **비폭력[不害]** 폭력[害]의 반대적인 성질로 자비의 성질로 나
타난다.

⑤ **평정[捨]** 동요[掉擧]나 산란의 반대적인 성질로 평등하고 올바름의 성질로 나타난다. 평정의 마음은 좋아하고 싫어하는 마음[憎愛心]을 초월한 마음으로 감정의 찌거기를 정화함으로써 얻어진다. 이 심적 요소는 수승한 삼매를 수습함으로써 나타나는 가장 고귀한 감정이다.

⑥ **쾌활함[輕安]** 우울[昏沈]의 반대적인 성질로 신심의 유연성을 가져와 기쁨[喜]의 성질로 나타난다.

⑦ **노력[勤]** 게으름[懈怠]의 반대적인 성질로 하고자 하는 일에 대한 굳은 의지의 성질로 나타난다. - 노력 없이 되는 일이 없음을 상기하자.

⑧ **믿음[信]** 의심[不信]의 반대적인 성질로 어떤 대상이나 진실에 대해 마음이 깨끗함으로써 나타난다. - 믿음은 유신론자들에 있어 제일 중요한 조건임을 알아두자.

⑨ **예의 바름[慙]** 예의 없음[無慙]의 반대적인 성질로 자신이 행한 잘못에 대해 반성하고 선법을 수행하고 선우(善友)를 존중하는 성질로 나타난다.

⑩ **수치심[愧]** 수치심 없음[無愧]의 반대적인 성질로 자신이 행한 잘못에 대해 반성하고 악법을 여의고 악우(惡友)를 가까이하지 않는 성질로 나타난다.

⑩ **방일함이 없음[不放逸]** 방탕[放逸]의 반대적인 성질로 악행을 여의고 선행을 수행하는 성질로 나타난다.

3) 22근(根)

우리의 감각, 감정, 지능의 기관[根]은 22근으로 이루어져 있으며 이것들은 위에서 설명한 5온과 서로 통한다. 22근은 9가지 감각적인 기관, 5가지 감정적인 기관, 5가지 착한 지능적인 기관, 3가지 불교 수행으로 얻어지는 청정한 출세간적인 기관이다.

산스끄리뜨어 indriya는 '기관' 또는 '능력'이라는 두 가지 의미가 있다. 예를 들면 안근(眼根)은 '눈'이라는 기관과 '보는 능력'을 의미한다. 22근은 다음과 같다.

① 9종류의 감각 내지 의식 기관 6근인 눈[眼根], 귀[耳根], 코[鼻根], 혀[舌根], 몸[身根], 의식[意根]과 남녀를 구별하는 남근(男根)과 여근(女根), 그리고 수명을 어느 기간 동안 유지시키는 명근(命根).

② 5종류의 감정적인 기관 행복한 감정[樂根], 괴로운 감정[苦根], 기쁜 감정[喜根], 슬픈 감정[悲根], 평등한 감정[捨根].

③ 5종류의 착한 지능적인 기관[五根) 믿는 능력[信根], 노력하는 능력[進根], 기억하는 능력[念根], 집중하는 능력[定根], 사물(또는 법)을 분별하는 능력[慧根].

④ 3종류의 청정한[無漏] 출세간적인 기관인 3무루근(三無漏根) 자신이 알지 못한 생사해탈의 도를 알고자 하는 기관[未知欲知根], 생사해탈의 도를 아는 기관[知根], 생사해탈의 도를 이미 깨달은 기관[知己根].

22근 가운데에 처음 5종류의 감각기관과 남근, 여근은 5음 중 물질의 더미[色蘊, 色陰]에 속하고 6번째 의근(意根)은 개념의 더미[想蘊, 想陰]와 의식의 더미[識蘊, 識陰]에 속한다. 5종류의 감정적인 기관은 감각의 더미[受蘊, 受陰]에 속하며 명근(命根), 5종류의 착한 지능적인 기관, 그리고 나머지 3종류의 청정한 출세간적인 기관은 행위의 더미[行蘊, 行陰]에 속한다.

22근 가운데에 9종류의 감각적인 기관과 5종류의 감정적인 기관은 우리 모두가 평등하게 구비하고 있다. 5종류의 착한 지능적인 기관[=五根]은 전생에서 습관된 행위의 결과에 따라 그 능력은 각 개인에 따라 다양하다. 이 5근은 세속적인 사회 생활이나 출세간적인 종교 생활을 성공시키는 필요 불가결한 능력으로 자신을 개선하려는 의지를 갖고 수선(修禪)을 함으로써 개인적으로 발전시킬 수가 있다. - 감각기관인 안·이·비·설·신의 5근과 착한 지능적인 기관인 신(信), 진(進), 염(念), 정(定), 혜(慧)의 5근은 이름은 같지만 그 내용은 다름을 상기하자.

나머지 3무루근은 오로지 불교 수행을 할 때 얻어지는 능력으로 불교 수행자들이 세 수준에 따라 사성제를 완전히 이해하는 능력이다. 이 3무루근은 불교에 입문하여 착한 지능적인 5근을 강화시킴으로써 얻어진다. 『반야경』에 따른 3무루근의 정의는 다음과 같다.

「내가 깨닫지 못한 것을 깨닫기 원하는 근[未知欲知根]은 사성제를 수행하지만 아직 그것을 깨닫지 못한 자의 신근, 진근, 염근, 정근, 혜근이다. 깨달은 근[知根]은 아직 수행하는 자이지만 이미 진리에 대한 깨달음을 가진 자의 신근, 진근, 염근, 정근, 혜근이다. 이미 깨달은 근[知已根]은 더 이상 수행하지 않는 자[=수행이 완성된 자], 즉 성인인 아라한, 벽지불, 보살과 아라한이시며 완전히 깨달으신 여래의 신근, 진근, 염근, 정근, 혜근이다.」

우리는 수행으로 22근 중 착한 지능적인 5근과 감정기관인 기쁜 감정[喜], 평등한 감정[捨]을 강화시키면 7각분의 조건이 구비되어 성인의 근기인 3무루근을 성취할 수 있다. 깨달음[覺]에 도달하기 위한 조건인 7각분(覺分)은 바로 이 착한 지능적인 5근에 해당하는 ①노력[精進] ②기억[念] ③집중[定] ④법을 분별하는 능력[擇法: 택법은 慧의 동의어이다]과 즐거운 감각인 ⑤기쁨[喜] 그리고 긍정적인 착한 심적 요소인 ⑥안락[輕安] ⑦평정[捨] 각분이다.

이것을 다시 설명하자면 부처님의 가르침을 기억하면[=염각분] 지혜[=택법각분]가 생겨 열심히 수행을 한다[=정진각분]. 수행의 결과로 마음과 몸은 기쁘고[=희각분] 경쾌하여[=경안각분] 쉽게 선정[=정각분]에 들어간다. 선정의 결과로 마음은 증애심을 버린[=사각분] 곧고 평정한 성인의 마음이 되어 깨달음을 성취하고 생사고에서 해탈할 수 있다.

이상으로 5온과 22근을 토대로 우리 인간의 육체와 정신을 구성하는 요소들을 살펴 보았다. 마음, 생각, 의식, 정신, 감정, 정서 등등을 이루는 모든 요소들을 통틀어 '번뇌'라고 부르며 이것이 우리로 하여금 육도를 윤회하게 하는 고제(苦諦)의 장본인인 원인이다. 육도윤회의 '고통[苦]'을 일으키는 원인[集諦]인 번뇌의 성질과 모양[性相]을 연구하고 해탈방법을 제시하는 것[=道諦]이 유식학(Vijñānavāda)이다. 현대적인 용어로는 '불교심리학'이라고 말할 수 있다. 불교심리학인 유식학은 이미 4세기경에 인도에서 아상가(Asaṅga, 無着)와 바수반두(Vasubandhu, 世親), 두 스님에 의해 창설된 학파로 인간의 심리를 근원까지 완전히 규명했다. 아상가의 『유가사지론』 100권, 바수반두의 『아비달마구사론』 30권은 유식학의 대표적인 저서이다.

불교심리학에 비해 현대 심리학은 유럽의 첫 심리학자인 지그

문트 프로이드(Sigmund Freud; 1896-1939)가 창설한 인간의 심리를 병리학적인 차원에서 연구하는 정신의학이다. 현대심리학이란 프로이드 이후 서양에서 연구된 서양심리학으로 그 목적은 주로 정신 질환이나 정서 불안의 원인을 찾아내고 치료하는 데 있다. 프로이드는 그 원인을 성적인 욕구에 문제가 있는 성욕(libido)에 있다고 보는 데 요즈음 그의 학설에는 많은 의문을 제시하고 있다.

불교심리학은 인간뿐만 아니라 모든 존재의 문제를 마음[心]에 있다고 보고 마음 자체를 연구하는 과학이다.[마음, 생각, 의(意), 식(識), 심리, 정신, 영혼 등의 용어들은 동의어이다.] 그러므로 불교심리학을 연구하면 현대심리학에서 제시되는 모든 문제점을 해결할 수 있다. 마음은 각자가 행하는 그 행위[業]에 따라 시시각각으로 변하는 일종의 에너지의 흐름이며 5온인 것이다.

불교에서 말하는 수행[사성제 중 도제(道諦)에 해당]이란 우리가 가지고 있는 바로 이 마음을 올바르게 수행함으로써 마음의 근원을 보아[見性], 생사에서 해탈하고 깨달음을 이루어[成佛: 사성제 중 멸제(滅諦)에 해당], 다른 이들을 도와줌[利他]에 있다. 그러므로 마음을 수행하면 정신질환이나 정서불안은 자연적으로 치유된다.

마음을 수행하면 지혜가 생긴다. 지혜에는 세속적인 지혜와 출세간적인 지혜가 있다. 출세간적인 지혜는 세속적인 지혜를 초월한다. 현대심리학은 세속적인 지혜로 정신 질환이나 정서 불안을 치료하는 데 공헌하지만 불교심리학은 출세간적인 지혜를 얻게 함으로써 인간의 근본적인 문제인 태어남[生], 늙음[老], 질환[病], 죽음[死]의 문제를 해결해 준다.

4) 6바라밀(六波羅蜜)과 4무량심(四無量心)

위에서 부정적인 좋지 않은 심적 요소와 긍정적인 착한 심적 요소들을 살펴 보았다. 우리의 심적 상태는 정도의 차이는 있지만 모두 이 두 가지 요소들을 포함하고 있다. 우리는 각자 자신의 심리를 파악하여 부정적인 요소들은 줄이고 긍정적인 요소는 발전시킬 여지가 있다. 그러기 위하여 대승불교가 권유하는 여섯 가지 덕행(德行)인 6바라밀의 연습이 바람직하다[=道諦]. 그것은 ①주는 연습[보시바라밀] ②계율을 지키는 연습[지계바라밀] ③참는 연습[인욕바라밀] ④노력하는 연습[정진바라밀] ⑤명상이나 선을 닦는 연습[선정바라밀] ⑥지혜를 밝히는 연습[반야바라밀]이다.

이 6바라밀의 연습은 부정적인 좋지 않은 심적 요소들을 퇴치하고 긍정적인 착한 심적 요소들을 증가시킨다. 즉,

㉠ 주는 연습인 보시바라밀은 인색, 위선, 속임수, 감춤의 성질을 감소시키고 욕심 없음[無貪]의 성질을 증가시킨다.

㉡ 계율을 지키는 연습인 지계바라밀은 예의 없음, 수치심 없음의 성질을 감소시킨다.

㉢ 참는 연습인 인욕바라밀은 질투, 분노, 폭력, 원한, 번민의 성질을 감소시키고 증오심 없음[無瞋]의 성질을 증가시킨다..

㉣ 노력하는 연습인 정진바라밀은 게으름, 방탕의 성질을 감소시킨다.

㉤ 명상이나 선을 닦는 연습인 선정바라밀은 동요, 우울, 산란, 잊어버림의 성질을 감소시킨다.

㉥ 지혜를 밝히는 연습인 반야바라밀은 의심, 잘 알지 못함, 교만의 성질을 감소시키고 우치심 없음[無癡]의 성질을 증가시킨다.

6바라밀은 대승불교에서 보살이 부처가 되기 위해 필요한 수행

이다. 우리는 이 연습을 발전시킴으로써 심적 상태를 긍정적인 착한 심적 요소인 무탐(無貪), 무진(無瞋), 무치(無癡)의 상태로 전환시켜야 한다. 그러면 색계 천신들의 마음과 같이 될 것이다. 색계 천신들은 자애로운 마음[慈], 불쌍히 여기는 마음[悲], 기쁜 마음[喜], 평정의 마음[捨]을 타고난 성질로 가지고 있다. 이것을 4무량심(四無量心)이라고 부른다. 이 4가지 마음은 자신을 포함한 모든 존재들[衆生]에게 무량한 이익을 주기 때문에 '무량(無量)'이라고 부르는 것이다. 이 4무량심은 6바라밀 중 특히 선정바라밀을 열심히 수행하면 쉽게 얻어질 수 있다.

바라밀(波羅蜜)은 산스끄리뜨어 pāramitā의 표음으로 '완성 또는 도피안(到彼岸)'이라는 뜻이다. 여섯 가지 덕행의 연습이 '완성'[바라밀]의 상태로 도달하기 위해서는 반야바라밀을 바탕으로 나머지 다섯 바라밀을 연습해야 한다. 반야바라밀에 대해서는 다섯 번째 단계에서 설명할 것이다.

4. 수선(修禪)에 대한 입문

긍정적인 착한 심적 요소는 모든 것을 긍정적인 관점에서 보는 긍정적인 태도를 가져와 모든 일을 긍정적으로 할 수 있다. 긍정적인 착한 심적 요소들을 증가시키기 위한 방법은 여러 가지가 있겠지만 쉬우면서도 효과적인 방법은 명상, 선을 연습하는 것이다. 명상, 수선(修禪)의 목적은 개인의 희망에 따라 가지각색이다. 일반적으로 명상이나 수선의 목적은 요즈음 서양에서 유행하는 것처럼 신심의 안정, 스트레스 해결이라든가 질병의 예방이나 치료라든가 또는 개인의 사회적, 종교적, 정신적인 발전을 위해 수행할 수 있다. 왜냐하면 명상, 선을 수행하면 심리적으로 수승한 심적 요소가 증가되기 때문에 이러한 목적을 성공시킬 수 있기 때문이다. 이러한 목적으로 수행하는 명상이나 선을 필자는 '일반적인 수선(修禪)'이라고 명명하겠다. 서양에서 명상, 선을 수행하는 자들에게 한 과학적인 실험에 의하면 일주일에 두 번, 30분씩 정규적으로 연습하면 질병의 예방, 침해증, 우울증, 자살, 스트레스 등등의 불행을 예방할 수 있다고 한다.

명상법에는 인도의 요가(yoga) 수행의 일부분인 브라만-힌두교 계통의 '초월적인 명상', 동남아시아 불교의 명상인 '사념처의 관법'(vipaśyanā), 대승불교권인 중국, 한국, 일본, 베트남에서 수행하는 '선(禪)'(dhyāna), 티베트 불교에서 부처님이나 보살을 관(觀)하는 관법이 있다. 명상이나 선을 수행하는 데에 있어 수행하는 자의 목적에 따라 그 결과나 효과는 다양하다.

그러나 불교에서 진정한 수선의 목적은 존재들이 태어나고 죽는 일을 반복하는 윤회에서 해탈[生死解脫]하는 것이다. 더 적극적으로 말하자면 자기 마음의 본성을 깨달아 각자(覺者: Buddha)가 되어[=見性成佛] 깨닫지 못한 중생을 도와주는 일이다. 이러한 목적을 가지고 수행하는 명상이나 선을 필자는 불교적인 '특별한 수선(修禪)'이라고 명명하겠다. 한국불교에서 전통적으로 내려오는 선승(禪僧)들이 수행하는 이른바 '참선(參禪)' 수행은 특별한 수선으로 그 목적은 '疑團獨露 見性成佛 生死解脫 廣度衆生'이다.

1) 수선(修禪)의 조건

목적이 어떠하든 간에 명상, 선을 연습할 마음이 일어나면 행동으로 나아가야 그 효과를 볼 수 있다. 그러므로 내부적인 마음의 준비가 첫 조건이다. 다음은 외부적인 조건을 설명해 보자.

① **장소** 자기가 거주하는 밝고 공기가 잘 통하는 조용한 장소
도 좋지만 산수(山水)가 좋은 자연에 마련한 장소라면 더욱 이상적
이다.

② **앉아서 연습하는 좌선의 자세** 방석 위에서 오른발을 왼발에
놓는 반가부좌의 자세로 앉는다. 등은 곧바로 세우고 혀는 입천장
에 놓는다. 오른손은 왼손 아래에 놓고 두 엄지 손가락을 맞붙여
손을 동그스름하게 하고 눈은 평상으로 뜨고 3미터 앞 정도에 시
선을 둔다. 처음에 숨은 코로 힘껏 마시고 입으로 토해 기(氣)를 깨
끗이 한 다음에 평상으로 숨을 마시어 아랫배에 놓고 3초쯤 머물
렀다 천천히 내쉬는 단전(丹田) 호흡 또는 복식(腹式) 호흡 연습을
한다.

③ **누워서 연습하는 복식 호흡** 먼저 천장을 향해 조용히 몸을 눕
힌다. 베개의 높이와 부드러움 등은 각자 자신이 기분이 좋게 느껴
지는 것을 사용한다. 눈은 가볍게 감고 양발과 양팔을 적당히 펼쳐
힘을 뺀다. 목, 어깨, 등, 허리, 다리의 힘도 완전하게 뺀다. 입은
조금 벌리고 항문과 생식기의 근육도 부드럽게 하고 내장의 힘도
완화시켜 몸의 어느 곳도 힘이 모이지 않도록 하고 이불 위에 모든
것을 맡기고 죽은 시신과 같이 눕는다.

다음에 두 손발을 길게 펴서 강하게 허리부터 아래로 힘을 넣어
조용하고 가볍게 호흡을 하고 기(氣)가 안정되기 시작하면 좀 더
깊게 천천히 호흡한다. 호흡 방법은 우선 숨을 깊게 들이마신 뒤
거의 숨을 멈춘 다음 조용히 내뱉는다. 내뱉는 요령은 들이마셔 거
의 멈춘 숨을 아랫배 쪽으로 들여보내는 듯한 느낌으로 세세하고
천천히 내뱉는다. 그렇게 하면 아랫배에 힘이 차는 듯한 느낌을 받

는다. 이 아랫배에 찬 힘을 그대로 가볍게 유지하여 다시 코를 통해 공기를 조용히 들이마신다. 아랫배에 천천히 힘을 조금씩 넣어가면 아랫배는 부푼 듯한 느낌이 되어 간다. 이와 같이 아랫배에 힘을 조금씩 넣어 하반신에 원기를 채우면서 조용히 복식호흡을 계속한다. 누워서 하는 복식호흡 연습이 숙달되면 앉아서 좌선을 할 때에도 힘을 들이지 않고 자연스럽게 할 수 있다.

④ 선우(善友) 수선할 때 혼자하는 것보다 이미 경험을 가진 선우(또는 선지식)의 가르침을 따라 같은 뜻을 가진 선우들과 수행하면 더욱 효과적이며 문제가 생길 때 조언을 받을 수 있다.

⑤ 호흡[息], 기운[氣], 마음[心]의 조화 방석 위에 가부좌하고 등을 곧바로 하고 앉으면 자신의 호흡과 몸의 기운, 마음, 이 세 가지가 조화되어야 명상에 집중할 수 있다. 몸의 기운이 약할 때 좌선을 하면 더욱 쇠약해지므로 보류해야 한다. 그러한 경우 우선 몸의 기운을 강화시켜야 한다. 복식호흡을 익히고 몸의 기운이 원만하여 가부좌하고 앉아 있으면 마음에는 잡다한 생각과 감정들이 떠오른다. 과거, 미래, 현재의 생각, 좋아하는 사람, 미운 사람, 주로 부정적인 감정인 욕심, 분노, 질투, 불만 등등이 꼬리를 물고 일어난다. 이러한 마음들을 어떻게 대치할 것인가?

부정적인 심적 요소, 감정이 떠오를 때 그것을 객관화시키는 것이 대치하는 방법이다. 예를 들면 분노의 감정이 떠오를 때 이와 같이 생각해 보자 일시적으로 '돌쇠'라고 부르는 '나'에게 '분노'라는 감정이 나타난다. 허공과 같은 나의 마음에 구름과 같은 분노가 나타난다. 이렇게 객관적으로 심정을 관찰하면 구름이 사라지듯이 떠오른 감정들은 사라진다. 이 방법을 계속 연습하면 자신의 신심(身心)이나 타인에 대한 주의력[念]이 생긴다. 주의력이 발전하면 지혜[般若]는 자연적으로 생긴다.

⑥ 부정적인 심적 요소가 어느 정도 퇴치되면 4무량심을 연습한다. 사무량심은 자애로운 마음[慈], 불쌍히 여기는 마음[悲], 기쁜 마음[喜], 평정의 마음[捨]으로 이 마음들을 자신과 타인, 모든 생물에 적용시킨다.

부정적인 심적 요소들이 어느 정도 퇴치되고 4무량심이 어느 정도 발전되면 가정이나 사회생활이 원만해지고 자신이 하는 일에 대해 자신(自信)이 생기며 타인의 말을 들을 수 있는 능력이 생겨 하고자 하는 일들을 곤란없이 성취할 수 있다. 이 정도에 이르면 일반적인 수선의 목적은 달성한 것이다.

2) 불교적인 수선[道諦]

선(禪)을 수행하여 유위법의 세 가지 성질을 스스로 경험하여 참된 지혜를 얻으면 열반에 도달하여 생사에서 해탈할 수 있다. 생사해탈이란 5음의 무거운 짐에서 벗어난 경계를 표현한 것으로 그렇게 되기 위해서는 행음(行陰)에 포함되어 있는 부정적인 오염된 심리 상태를 정화해야 한다.

불교적인 특별한 수선은 고·집·멸·도의 4성제 중 도제(道諦)에 해당한다. 그것은 사물에 대한 진성(眞性)을 관찰함으로써 윤회에서 해탈하게 하는 길이다. 즉, 현상적인 세계는 세 가지 필연적인 성질을 가지고 있다는 것[三法印]을 관찰하는 것이다. 삼법인이란 :

① 일체개고(一切皆苦) 모든 것은 고통이다[=苦諦]

그러면 고통이란 무엇인가? 인간을 포함한 모든 중생은 5음에 포함되어 있다. 5음에 대해 요약하지면 그것은 12처

(處 또는 入)와 18계(界)이다. 12처는 우리가 위에서 설명한 안·이·비·설·신·의의 신체적, 심적인 내부의 6근과 외부의 경계인 색(色)·성(聲)·향(香)·미(味)·촉(觸)·법(法)이다. 18계는 이 12처에 6식인 안식(眼識)·이식(耳識)·비식(嗅識)·설식(舌識)·촉식(觸識)·의식(意識)이 포함된 것이다. 즉 내부의 안·이·비·설·신·의 6근과 외부의 색·성·향·미·촉·법의 6경(境)이 합하여 12처(處)가 되며 12처가 6식과 합하여 18계가 된다.

5음, 12처, 18계를 종합해서 '일체(一切) 또는 제법(諸法)', '세간(世間)'이라고 부르며 이것이 유위법(有爲法)을 형성한다. 이 유위법이 모두 고통[苦]인 것이다. 왜 고통인가?

② **제행무상(諸行無常)** 모든 행[=有爲法]은 영원함이 아니다[無常]

모든 것, 유위법은 영원함이 아닌 덧없는 일시적인 것이기 때문에 고통이다. 어떠한 부귀영화나 신과 같은 권력, 아름다움[美貌]일지라도 영원하게 항상 계속되는 것이 아니기 때문에 언젠가는 퇴락이 있다. 이 덧없는 현상세계가 영원하다든가 또는 단멸하여 없어진다든가 생각하고 집착하기 때문에 고통이 생긴다[=集諦]. 영원함, 항상함이 아닌 것이 무상(無常)이다. 무상을 깨달으면 영원한 천국이나 지옥이란 존재하지 않는다는 것을 깨닫는다. 왜 무상인가?

③ **제법무아(諸法無我)** 모든 법은 자아가 없다[無我]

모든 법은 고정된 성질인 실체, 본체, 자아(Ātman)가 없으며 원인과 조건[因緣]으로 이루어져 있기 때문에 무상인 것이다. 모든 사물[諸法]의 진실한 성질[眞性]은 공한 성질[空性]이기 때문에 무아이다. 그러므로 공성이란 무아의 동의어이다.

④ 무아를 깨달으면 제법은 본래 열반의 성질인 적정(寂靜)이다. 이것이 유위법의 반대인 무위법(無爲法)의 성질이다. 열반이란 우리들의 심적-정신적 요소를 구성하는 근본 원인인 삼독의 탐·진·치가 소멸된 상태인 마음의 평화, 적정의 상태이다. 이 열반적정의 상태에 도달함이 윤회에서 해탈하는 것이며 불교 성인인 깨달은 자[覺者]가 되는 것[=滅諦]이다.

다시 복습하자면 삼법인은 모든 것은 고통이다[一切皆苦], 모든 것은 무상이다[諸行無常], 모든 것은 무아이다[諸法無我] : 이 삼법인에 열반적정(涅槃寂靜)을 첨가하여 4법인(法印)이라고 한다. 삼법인은 우리가 살고 있는 현상세계, 즉 윤회의 세계를 객관적인 진실로 표현한 것[=苦諦]으로 그 원인은 영원함[常]과 자아[我]의 집착[=集諦]에 있다. 불교적인 선수행[修禪]을 하면 올바른 지혜가 생겨[=道諦] 윤회에서 해탈된 상태인 '열반적정'에 분명히 도달할 수 있다[=滅諦].

간단하게 말하자면 제법무아를 깨달아 열반적정에 이르는 것이 불교적인 수선의 목적이다. 그러나 수선하는 자의 지혜의 수준에 따라 성문승(聲聞乘 또는 小乘), 독각승(獨覺乘=辟支佛乘 또는 中乘), 보살승(菩薩乘 또는 大乘), 불승(佛乘 또는 最上乘)의 차이가 있다.

두 번째 단계

십선도(十善道)의 계율과 육도윤회에 대해

제2장 십선도와 욕계의 육도윤회

생명을 가진 모든 존재들은 삼계(三界)에 거주하며 육도(六道 또는 六趣)를 윤회한다. 삼계는 욕계(欲界), 색계(色界), 무색계(無色界)이다. 욕계의 존재들은 다섯 가지 욕망[五欲], 특히 식욕과 성욕으로 생을 유지한다. 육도란 지옥·아귀·축생·인간·아수라·천상(또는 天國)의 갈래로 나뉘며, 지옥·아귀·축생·인간·아수라 갈래의 존재들과 5욕락을 즐기는 여섯 종류의 천상 갈래의 신들은 욕계에 거주한다. 수선(수선)의 과보로 식욕과 성욕을 없애 버리고 미묘하고 찬란한 모양[色]을 갖춘 천상 갈래의 신들은 색계에 거주하며, 식욕과 성욕뿐만 아니라 색(色)의 개념까지 떨쳐 버린 천상 갈래의 신들은 무색계에 거주한다.

육도를 윤회하는 존재들은 각자 행한 행위[業]에 따라 즐겁거나 또는 괴로운 과보의 열매를 먹고 산다. 인간 갈래에 사는 우리들은 세 가지 행위[三業]를 행한다. 즉 몸으로 짓는 행[身業], 말로 짓는 행[口業], 마음으로 짓는 행[意業]이다. 이 삼업을 잘 운전하는가, 잘못하는가에 따라서 과보의 열매는 다양하다. 여기서 도덕, 계율의 문제가 제기되는 것이다. 도덕, 계율이란 인간들이 인간답게 사는 길을 제시해주는 이정표이다. 모든 철학이나 종교는 이러한 이정표를 제시한다. 철학은 인간이 사유할 수 있는 지혜를 제시하고 종교는 현생(現生 또는 今生)에서 지켜야 할 도덕과 계율, 나아가 다음 생애[來生, 來世]에 태어날 이정표까지 제시한다. 계율은 어느 종교를 막론하고 금지 사항으로 표현된다. 모든 종교가 제시하는 계율을 수행하면 내생에 적어도 세 가지 나쁜 갈래[三惡道 또는 三惡趣]인 지옥·아귀·축생의 갈래에는 떨어지지 않는다. 도덕이나 계율을 잘 지키는 것은 노력, 정진의 수행으로서 내생에 욕계의 좋은 갈래[善趣]인 인간·아수라·천상의 갈래에 태어날 수 있는 과보를 가져온다.

불교는 오계(五戒)와 십선계(十善戒)를 제시한다. 오계는 ①산목숨을 죽이지 말 것[不殺生], ②남의 물건을 훔치지 말 것[不偸盜], ③잘못된 성행위를 하지 말 것[不邪淫], ④거짓말을 하지 말 것[不妄語], ⑤술에 취하지 말 것[不醉酒] 등으로 보통의 인간이면 이 오계는 쉽게 지킬 수 있다. 오계가 인간이 지켜야 할 소극적인 최소한의 계율이라면 십선계는 적극적인 계율로 열 가지 착한 행위의 도[十善業道 또는 줄여서 十善道]를 닦는 수행이다.

1. 10종류의 착한 행위[十善業]

십선도는 특히 우리의 심적 요소인 마음으로 짓는 의업(意業)의 계율을 제시하는데, 삼업을 잘 운전할 수 있는 열 가지 착한 계율을 지키는 것이 열 가지 착한 도[十善道]를 닦는 것이다. 십선도는 우리가 몸으로, 말로, 뜻으로 짓는 삼업을 열 가지로 나누어 설명한 것이다. 즉 몸으로 짓는 세 가지 착한 행위, 말로 짓는 네 가지 착한 행위, 뜻으로 짓는 세 가지 착한 행위를 합한 열 가지 착한 행위[十善業]이다. 이 열 가지 착한 행위는 먼저 금지(禁止) 행위로서 표현된다. 왜냐하면 우리가 행복해지기 위해서는 먼저 남에게 고통을 주는 해로운 행위를 삼가해야 하기 때문이다.

　다음은 소극적인 금지 행위인 열 가지 계율과 더 나아가 적극적인 열 가지 덕행(德行)인 십선도에 대한 설명이다.

　1) 몸으로 짓는 3종류의 착한 행위[三善身業]

　① 산 생명을 죽이지 말 것[不殺生]　산 생명을 죽이지 않을 뿐만 아니라 모든 생명을 어머니와 같은 자애로운 마음으로 사랑한다.

　② 남의 물건을 훔치지 말 것[不偸盜]　남의 물건을 훔치지 않을 뿐만 아니라 자기의 부(富)를 가난하고 불쌍한 자에게 보시한다.

　③ 잘못된 성행위를 하지 말 것[不邪淫]　간음을 하지 않을 뿐만 아니라 자기의 부인이나 남편에 대해 예의와 순결함을 지키고 억제를 가지고 방탕함이나 게으름을 삼가한다.

　2) 말로 짓는 4종류의 착한 행위[四善口業]

　④ 거짓말을 하지 말 것[不妄語]　남에게 거짓말을 하지 않을 뿐만 아니라 진실한 말, 정당한 말, 남의 고통을 위로해 주는 말을 사용한다.

　⑤ 이간질하는 두 가지 말을 하지 말 것[不兩語]　자기의 이익을 위해 또는 남들 사이에 불화를 일으키기 위해 두 가지 말로 이간질하지 않을 뿐만 아니라 집단 생활에 평화를 가져오는 능변을 사용한다.

　⑥ 욕지거리하지 말 것[不惡口]　추잡하고 거친 언어나 남에게 상처를 주는 언어를 삼가할 뿐만 아니라 남을 즐겁게 해 주는 말을 사용한다.

⑦ 간사한 말을 하지 말 것[不綺語] 마음에도 없는 말이나 쓸데없는 말을 하지 않을 뿐만 아니라 남에게 이익을 주는 법어(法語)를 사용한다.

3) 마음으로 짓는 3종류의 착한 행위[三善, 意業]

⑧ 욕심을 내지 말 것[不貪] 재물이나 명예에 욕심을 내지 않고 애써 구하지도 않으며 적은 것으로 만족한다[少欲知足].

⑨ 성내는 마음을 내지 말 것[不瞋] 산 생명이나 남들에게 악한 미움을 내지 않고 자비로운 마음으로 상대한다.

⑩ 어리석은 잘못된 견해를 내지 말 것[不癡 또는 不邪見] 어리석은 잘못된 견해[邪見]나 혼잡스런 마음을 내지 않고 명석한 정신으로 지혜를 발전시킨다.

이와 같은 열 가지 착한 행위[十善業]에 위배되는 것은 열 가지 좋지 못한 행위[十不善業 또는 十惡業]로 그것은 위에서 설명한 금지 사항을 스스로 행하는 것이다. 계율의 의미는 이 금지 사항을 지키는 소극적인 착한 행위이고, 그것을 스스로 행하는 것은 계율을 파하는 좋지 못한 행위에 속한다. 그러나 인간의 심리는 매우 복잡하기 때문에 계율이라는 것은 인간이 대면한 문화적, 기후적, 시대적 상황의 등등을 고려해야 하며 또한 상황에 따라 계율의 의미도 달라진다. 그러므로 소극적인 착한 행위에 속하는 계율은 진리에 도달하기 위한 절대적인 수행은 아니다.

4) 도덕적, 심리적 입장에서 본 육도윤회

우리가 살아 가면서 뿌리는 열 가지 행위의 씨는 그 정도에 따라 그 열매인 과보(果報)를 가져온다. 착한 행위는 즐거운 과보, 악한 행위는 괴로운 과보를 가져온다. 이것을 인과율(因果律) 또는 인과법칙(因果法則)이라고 한다. 그것은 우리 모두가 아는 바와 같이 콩 심은 데는 콩 나고 팥 심은 데는 팥 나는 것과 같다. 우리가 짓는 이 열 가지 행위의 과보가 무겁고 가벼운 정도에 따라서 이 생애에서 저 생애로 흐르는 육도를 윤회하는 것이다.

『화엄경』(華嚴經) 「십지품(十地品)」에서는 열 가지 착한 행위[十善業]와 열 가지 좋지 못한 행위의 길[十不善業道]을 가는 중생의 과보를 다음과 같이 자세히 설명한다. 우선 십불선업도의 과보를 살펴 보자.

「열 가지 좋지 못한 행위를 상급으로 많이 행한 자는 지옥에 태어나는 원인이 된다. 중급으로 중간치로 행한 자는 동물로 태어나는 원인이 된다. 하급으로 다소간 행한 자는 아귀로 태어나는 원인이 된다.

열 가지 좋지 못한 행위 중에서 살생의 죄는 중생으로 하여금 지옥・축생・아귀 갈래에 떨어지게 한다. 만약 인간으로 태어나면 두 종류의 과보를 받는다. 첫째는 수명이 짧고 둘째는 병이 많다. 도둑질의 죄는 중생으로 하여금 세 가지 나쁜 갈래에 떨어지게 한다. 만약 인간으로 태어나면 두 종류의 과보를 받는다. 첫째는 가난하고 둘째는 재물을 마음대로 얻지 못한다. 사음의 죄는 중생으로 하여금 세 가지 나쁜 갈래에 떨어지게 한다. 만약 인간으로 태어나면 두 종류의 과보를 받는다. 첫째는 처가 정숙하지 않고 둘째는 가족을 마음대로 얻지 못한다.

거짓말의 죄는 중생으로 하여금 세 가지 나쁜 갈래에 떨어지게 한다. 만약 인간으로 태어나면 두 종류의 과보를 받는다. 첫째는 남의 비방을 많이 받고 둘째는 남에게 속임을 당한다. 두 가지 말의 죄는 중생으로 하여금 세 가지 나쁜 갈래에 떨어지게 한다. 만약 인간으로 태어나면 두 종류의 과보를 받는다. 첫째는 가족이 헤어지고 둘째는 친척들이 폐악하다. 욕지거리하는 죄는 중생으로 하여금 세 가지 나쁜 갈래에 떨어지게 한다. 만약 인간으로 태어나면 두 종류의 과보를 받는다. 첫째는 항상 나쁜 소문을 듣고 둘째는 재판소의 판결을 많이 받는다. 간사한 말을 하는 죄는 중생으로 하여금 세 가지 나쁜 갈래에 떨어지게 한다. 만약 인간으로 태어나면 두 종류의 과보를 받는다. 첫째는 자기가 하는 말을 남이 믿지 않는다. 둘째는 언어의 표현이 분명하지 않다.

　욕심의 죄는 중생으로 하여금 세 가지 나쁜 갈래에 떨어지게 한다. 만약 인간으로 태어나면 두 종류의 과보를 받는다. 첫째는 마음에 만족함이 없고 둘째는 욕심이 많아 실증냄이 없다. 성내는 죄는 중생으로 하여금 세 가지 나쁜 갈래에 떨어지게 한다. 만약 인간으로 태어나면 두 종류의 과보를 받는다. 첫째는 항상 타인의 장단점을 찾고 둘째는 타인의 괴롭힘을 당한다. 사견의 죄는 중생으로 하여금 세 가지 나쁜 갈래에 떨어지게 한다. 만약 인간으로 태어나면 두 종류의 과보를 받는다. 첫째는 사견의 가족에 태어나고 둘째는 그 마음이 올바르지 못하다.」

　十不善業道 上者地獄因 中者畜生因 下者餓鬼因 於中殺生之罪 能令衆生墮於地獄畜生餓鬼 若生人中 得二種果報 一者短命 二者多病 偸盜之罪 亦令衆生 墮三惡道 若生人中 得二種果報 一者貧窮 二者共財不得自在 邪淫之罪 亦令衆生 墮三惡道 若生人

中 得二種果報 一者妻不貞良 二者不得隨意眷屬 妄語之罪 亦令
衆生 墮三惡道 若生人中 得二種果報 一者多彼誹謗 二者爲他所
誑 兩舌之罪 亦令衆生 墮三惡道 若生人中 得二種果報 一者眷屬
乖離 二者親族弊惡 惡口之罪 亦令衆生 墮三惡道 若生人中 得二
種果報 一者常聞惡聲 二者言多諍訟 綺語之罪 亦令衆生 墮三惡
道 若生人中 得二種果報 一者言無人受 二者語不明了 貪欲之罪
亦令衆生 墮三惡道 若生人中 得二種果報 一者心不知足 二者多
欲無厭 瞋애之罪 亦令衆生 墮三惡道 若生人中 得二種果報 一者
常彼他人求其長短 二者 恒彼於他之所惱害 邪見之罪 亦令衆生
墮三惡道 若生人中 得二種果報 一者生邪見家 二者其心諂曲.

(『화엄경』「십지품」)

다음은 열 가지 착한 행위의 길[十善業道]을 가는 중생의 과보
를 설명한다.

「열 가지 좋지 못한 행위의 길은 지옥·축생·아귀의 생을 받는
원인이다. 열 가지 착한 행위의 길은 인간이나 천상부터 (무색계의)
존재의 꼭대기[有頂=非有想非無想處]에 태어나는 원인이다.

또한 열 가지 착한 행위를 상급으로 닦는 자가 마음이 좁고 삼
계를 무서워하고 대비심이 적지만 지혜를 닦기 위하여 남으로부
터 배워 이해하기 때문에 성문승을 이룬다.

또한 열 가지 착한 행위를 상급으로 닦는 자가 스스로 깨닫기
위하여 청정함을 닦고 남의 가르침을 받지 않지만 대비심과 방편
을 구족하지 못하기 때문에 심오한 인과법칙을 깨닫고 이해하여
독각승을 이룬다.

또한 열 가지 착한 행위를 상급으로 닦는 자가 청정함을 닦고, 마음이 광대하기 때문에 불쌍한 마음을 구족하고 방편을 알며 큰 서원을 일으키기 때문에 중생을 버리지 않는다. 그러기 위하여 모든 부처의 큰 지혜를 구하고, 보살의 십지를 다스리고, 모든 바라밀을 닦아 보살의 광대한 수행을 성취한다.

또한 열 가지 착한 행위를 상급의 상급으로 닦는 자가 모든 종류의 법을 청정하게 닦고 부처님의 십력, 사무외까지 모든 불법을 완전히 성취한다.」

十不善業道 是地獄畜生餓鬼受生因 十善業道 是人天乃至有頂處受生因 又此上品 十善業道 以智慧修習 心狹劣故 怖三界故 闕大悲故 從他聞聲而解了故 成聲聞乘 又此上品 十善業道 修治淸淨 不從他敎 自覺悟故 大悲方便 不具足故 悟解甚深 因緣法故 成獨覺乘 又此上品 十善業道 修治淸淨 心廣無量故 具足悲愍故 方便所攝故 發生大願故 不捨衆生故 希求諸佛大智故 淨治菩薩諸地故 淨修一切諸度故 成菩薩廣大行 又此上上 十善業道 一切種淸淨故 乃至十力四無畏故 一切佛法 皆得成就. (『화엄경』「십지품」)

십선도는 육도윤회에서 좋은 갈래인 인간이나 천상에 태어나게 하는 과보를 낳게 할 뿐만 아니라 더 나아가 성문(聲聞), 독각(獨覺 또는 緣覺), 보살, 원만불(圓滿佛)의 깨달음[覺, 菩提]을 가져오는 근본이 된다.

우리가 짓는 열 가지 행위[十業]는 착한 행위이든 악한 행위이든 무거운 것으로부터 가벼운 것으로 나아가는 단계적인 것이다. 이를테면 첫 번째 몸으로 짓는 살생의 행위가 제일 무거운 나쁜 업이며 마지막 마음으로 짓는 어리석은 마음이 보이지 않는 가장 가벼운 미세한 업이다. 그러나 어떤 행위가 눈에 보이게 나타나기 위해서는 의식적이든 무의식적이든 우선 마음의 의지가 작용한다. 그런 의미에서 신·구·의 삼업 중에서 마음으로 짓는 의업이 모든 행위의 기초가 되기 때문에 우리는 특히 마음을 다스리는 데에 노력을 해야 한다.

심의식(心意識)의 심리가 작용하여 말과 행동의 작용이 나타난다. 육도윤회란 모든 존재들의 의식, 언어, 행동이 심리적 육체적인 에너지로 구체화되어 굴러가는 현상이라고 말할 수 있다. 구체화된 여섯 갈래[六道, 六趣]의 근본은 심의식인 마음이다. 그러므로 심리적으로 볼 때 우리 인간은 일상생활에서 육도(六道)의 심리상태를 윤회하는 것이다. 즉 지옥의 증오심, 아귀의 탐욕심, 축생의 우치심, 인간의 착한 마음과 악한 마음의 두 갈래 마음, 아수라의 투쟁적인 착한 마음, 천상의 순수한 착한 마음이다. 이것은 우리의 경험에서도 살펴볼 수 있다.

예를 들어 지옥의 심리란 격심한 육체적 정신적인 고통, 범죄, 전쟁, 잔인한 고문, 분쟁 등등으로 진에심이 기본을 이루고 있다. 아귀의 심리란 사랑이나 재물, 권력, 명예의 굶주림으로 인하여 남의 재물을 탈취하거나 기(氣)를 흡수하는 심한 탐욕이 기본을 이룬다. 동물의 심리란 식욕이나 성욕인 본능의 욕망을 심하게 추구하거나 피해망상증인 공포 등등 근거 없는 우치한 마음이 기본을 이룬다.

인간의 심리는 선과 악, 행복과 불행, 선행과 악행이 서로 얽혀진 복잡한 심리이다. 아수라의 심리는 착한 행위를 남에게 보이기 위해 나타나며, 목적을 위해서는 거짓을 사용하기도 하고 병적으

로 신을 숭상하는 투쟁적인 심리이다. 천상의 심리는 착한 행위를
정직한 마음으로 거짓 없이 하는 심적 태도이다. 이러한 여섯 갈래
의 심리 상태가 일생을 통해 생멸하는 것이다.

2. 윤회하는 존재[=衆生]로서 4단계의 존재 과정

생명을 가진 존재들은 육도윤회를 하는 중에 태어나서 얼마만
큼의 생을 살고 죽음에 이른다. 그리고 한 죽음으로 존재가 끝나는
것이 아니라 그들이 행한 신·구·의 삼업은 다음 생애[後生, 來
生]에서 감수할 과보를 야기하기 때문에 다시 태어날 준비를 하게
된다. 죽음[死]이란 영원히 없어지는 단멸(斷滅)이 아니기 때문에
이러한 존재 과정을 네 단계로 구분한다. 1)죽음의 존재[死有] 2)
죽음과 다시 태어나는 사이에 있는 중간적인 존재[中有], 3)태어나
는 탄생으로서의 존재[生有] 4)태어나서 지금 생애에서 사는 삶 자
체[今有]가 그것이다.
　이 네 단계의 존재 과정을 4세기 경 인도의 두 형제 스님인 아
상가(Asaṅga, 無着)의 『유가사지론(瑜伽師地論)』과 바수반두
(Vasubandhu, 世親)의 『아비달마구사론(阿毘達磨俱舍論)』을 통
해 살펴보자.

1) 죽음의 존재[死有]
한 인간이 죽을 때 그가 일생동안 지은 행위인 업(業)이 그의 의
식을 가리고 있는 것이, 마치 해가 질 때 큰 산의 그림자가 그 주위
의 사물들을 가리고 있는 것 같다고 경전은 말하고 있다. 우리가
지은 행위는 좋거나 나쁘거나 그것은 모두 심의식으로서의 제8식

인 아뢰야식[藏識]에 쌓여진다. 이 8식에 쌓여진 종자(鍾子)들이 다음 생애에 생길 5음(五陰 또는 五蘊)인 육체와 정신의 자료가 되는 것이다. 죽을 때[死時, 臨終時] 인간의 의식은 분산되고 혼란해져 마침내는 의식을 잃고 죽는다.

죽음[死]에는 세 가지 원인이 있다.

① 과보로 결정된 명근(命根)의 기간이 끝났기 때문에 죽는 것.

② 좋은 과보가 다했기 때문에 죽는 것.

이 두 종류의 죽음은 정당한 적시(適時)의 죽음이다.

③ 세 번째는 부당한 불시(不時)의 죽음으로 주위의 나쁜 조건으로 인하여 죽는 것이다. 예를 들면 교통사고로 죽는 것, 음식이나 성행위가 잘못되어 죽는 것, 치료를 못 받아 죽는 것, 전쟁이나 기아, 전염병으로 죽는 것 등등이다.

세 종류의 죽음이 있다.

① **좋은 생각을 가지고 죽는 죽음** 긍적적인 착한 심적 요소들을 가지고 있는 인간은 죽을 때 그가 일생동안 행한 좋은 행위인 보시, 자선, 믿음 등등을 기억하므로 그의 마음은 편해진다. 그리하여 좋은 형상을 보고 죽음의 괴로운 감각을 느끼지 않으며 편안하고 즐거운 마음으로 죽는다.

② **나쁜 생각을 가지고 죽는 죽음** 첫 번째와는 반대로 부정적이고 좋지 않은 심적 요소들을 가지고 있는 인간은 죽을 때 그가 일생동안 행한 좋지 않은 행위인 탐욕, 성냄, 폭력 등등을 기억하므로 그의 마음은 괴로움을 당한다. 그리하여 흉악한 형상을 보고 고문을 당하는 듯한 괴로움을 느껴 괴로운 상태에서 죽는다.

③ **좋지도 않고 니쁘지도 않은 생각을 가지고 죽는 죽음** 이 경우 죽어가는 자는 그의 생애에서 마지막 부분의 일들은 기억하지만

나머지는 잊어 버린다. 그의 의식은 희미하고 감각은 즐겁지도 괴롭지도 않은 상태이다. 그러나 일반적으로 각자 행한 좋은 행위나 좋지 않은 행위의 정도에 따라 감각의 상태도 다양하다.

또한 종교적이나 정신적으로 수행이 높은 자가 죽어가는 자에게 좋은 일들이나 법문(法門)을 해 주면 죽는 고통을 완화시킬 수 있다.

죽음에는 단번에 죽는 급사와 천천히 죽는 자연사가 있다. 단번에 죽는 급사는 신체의 기관 중에서 촉감의 기관과 제6식(識)의 작용이 몇 순간에 멎는다. 예를 들면 교통사고로 죽는 것이나 심장마비 등등이다. 천천히 죽는 자연사는 대부분 죽어가는 자는 신체의 마디 마디가 부서지는 감각으로 고통을 느낀다. 그리하여 마지막 임종시에 촉감의 기관이 점차적으로 멎으면서 신체의 어떤 부분이 마지막으로 사라진다.

일생을 살면서 좋지 않은 행위를 많이 한 사람은 죽을 때 그의 의식이 몸의 윗부분부터 내려와서 심장에서 멎는다. 다시 말하자면 그의 몸은 머리부터 심장까지는 차겁고 아랫 부분은 온기를 유지하면서 점차로 온몸 전체가 차가워진다.

반대로 일생동안 좋은 행위를 많이 한 사람은 죽을 때 그의 몸은 아랫 부분부터 차가와져서 심장까지 올라와 몸의 윗 부분이 온기를 유지하면서 점차로 온몸 전체가 차가와진다. 그러므로 모든 사람은 죽을 때 의식은 마지막까지 심장에 머물다가 육신을 하직한다. 그리하여 의학적으로도 죽음은 심장이 멈춤으로서 결정되는 것이다.

죽는 자가 신체의 어느 부분이 오랫동안 온기를 유지하는 가를 살펴보아 그가 태어날 다음 생[來生]의 갈래를 알 수 있다 : 성인

(聖人 또는 聖者)은 머리 부분, 천상 갈래[趣]는 눈[眼], 인간 갈래는 심장(心臟), 아귀 갈래는 사타구니[鼠蹊部], 지옥 갈래는 발[足]이다.

인간은 죽을 때 무시(無始) 이래로 쌓아온 자기에 대한 애착[我愛]이 격심하게 치솟는다. 이 자기(自己 또는 自我)에 대한 애착으로 인하여 일생동안 사랑한 이 육신이 죽음과 함께 사라진다고 생각한다. 그리하여 죽음으로부터 내생으로 이어지는 중유(中有)의 중음신(中陰身)을 구성하는 원인이 된다. 자아(自我)와 자기 것[我所]에 대한 집착, 쓸 데 없는 언어[戱論]의 습관[習氣]과 착하거나 착하지 않은 행위[業], 이러한 것들이 우리 존재들[衆生]로 하여금 이생에서 저생으로 흘러다니는 윤회를 재생산하는 것이다.

죽을 때 자아에 대한 애착은 일반적인 범부는 물론이지만 수다원(須陀洹=入流)이나 사다함(斯陀含=一往來) 등 성인의 과[聖果]를 얻은 자에게도 일어난다. 일반적인 범부는 그가 행한 업에 끌려 애착을 끊을 수 없지만 성인의 과를 얻은 자는 그가 수행한 지혜의 힘으로 애착을 끊을 수 있다. 수승한 성인인 아나함(阿那含=不來)이나 아라한(阿羅漢=應供), 벽지불(僻支佛), 불퇴지(不退地)에 이른 보살(菩薩), 부처님(圓滿佛)은 죽을 때 자아에 대한 애착이 전혀 없다.

2) 현생의 죽음과 내생의 중간적인 존재[中有]

의식을 가진 존재가 죽을 때 네 가지 요소[四大: 지·수·화·풍]로 이루어진 그의 육신은 각각 흩어져 버리지만 의식은 다음 생애로 가기 위한 중간적인 존재[中有]를 형성한다. 그러므로 중유의 존재는 구체적인 육신은 없지만 그가 전생에 행한 착하거나 착하지 못한 업에 따라서 그의 의식은 밝은 모양이나 어두운 모양으로 나타난다. 중유의 존재는 어떠한 것을 보거나 어떠한 장소에 가는 것에 장애가 없다. 그러나 그의 의식은 그가 행한 업에 따라 보고 간다. 좋은 업을 행한 중유의 존재는 천상에 가기 위해 그의 머리는 위를 향해 가며 반대로 좋지 않은 업을 행한 중유의 존재는 악도로 가기 위해 아래를 향해 가며 그 중간인 인간에 태어나기 위한 중유의 존재는 옆을 향해 간다.

중유의 존재들은 같은 종류의 업을 가진 존재들을 보며 그들과 합류하기 위해 그들이 태어날 장소를 향해 간다. 중유의 존재들은 음식의 냄새로 생명을 유지한다. 그리하여 그들을 'Gandharva', 즉 '향기를 찾는 자' 또는 '향기를 먹는 자'라고 부른다. 중유의 기간은 적으면 일주일 많으면 7주간인 49일 동안 계속된다. 죽은 자는 결국 49일만에 중유를 거쳐 다음 생애[後生]에 태어나게 되며 내생의 갈래는 항상 존재들이 행한 업의 과보에 따라 변한다. 중유를 중심으로 죽은 자가 이미 마친 생을 전생이라고 부르며, 그가 다시 태어난 생은 금생 또는 현생이라고 부르는 것이다. 금생의 생을 마치고 다시 중유를 거쳐 태어날 생은 내생이다. 이와 같이 전생, 금생, 후생의 3생을 계속 되풀이하는 것이 생사 윤회인 것이다. 이 생사 윤회는 업의 과보라고 하는 인과법칙에 따라서 펼쳐지는 거대한 우주의 유희인 것이다.

존재들[衆生]의 태어남은 네 가지 형태가 있다. ①축축한 습기에서 태어나는 습생(濕生) ②알에서 태어나는 난생(卵生) ③태로 태어나는 태생(胎生) ④갑자기 태어나는 화생(化生)이다. 다음 생애에 습생이나 난생으로 태어날 중유의 존재들은 향기를 갈망하고 화생으로 태어날 중유의 존재들은 그들의 거주지를 갈망하여 태어날 장소를 향해 간다. 태생으로 태어날 중유의 존재들은 사랑하고 싫어하는 마음[憎愛心]으로 동요되어 내생에 부모가 될 태(胎)에 들어간다.

화탕지옥에 태어날 중유의 존재들은 비바람의 추위를 느끼어 그것을 피하고자 지옥의 열기를 보고는 그 속으로 들어간다. 반대로 뜨거운 태양의 열기를 느끼는 중유의 존재들은 그것을 피하고자 냉혈지옥의 차거움을 보고는 그 속에 들어간다. 그리하여 지옥의 업을 지은 존재들은 그들이 지은 업에 따라 그 과보를 감수하기 위해 스스로 그 장소로 향해 가는 것이다. 천상에 태어날 중유의 존재들은 마치 의자에서 일어나는 것같이 위를 행해 가며, 아귀·동물·인간으로 태어날 중유의 존재들은 마치 인간이 걸어가는 것처럼 그들이 태어날 내생의 장소로 가서 새로운 육신을 받는 것이다.

모태(母胎)에 들어갈 중유의 존재들 중에서 복덕이 적은 존재들은 '비바람이 몰려오고 날씨가 춥군. 폭풍이 불어 사람들이 요동을 치는군'이라고 생각하여, 피할 장소를 구하기 위해 동굴이나 나무의 뿌리 사이나 잎 사이로 들어가며, 복덕이 많은 존재들은 정원이나 정자, 궁전을 보아 살 장소로 생각하고 들어간다.

육도의 존재들은 그들이 지은 행위의 과보에 따라 업이라는 의식이 이와 같이 상상하여 내생에 태어날 갈래를 향해 모태로 들어가거나 지옥이나 천상에 태어난다. 이 존재들은 태어날 때에 의식의 상태가 전혀 없기 때문에 하늘에서 돌이 떨어지듯이 단지 태어날 뿐이다.

그러나 깨끗하고 큰[大] 복덕을 갖추거나 큰 지혜[智]를 수행한 세 종류의 존재들은 모태에 들어갈 때[入胎], 주할 때[住胎], 모태에서 나올 때[出胎] 또렷한 의식을 가지고 있다. 그들은 ①전륜성왕(轉輪聖王) ②독각불(獨覺佛 또는 벽지불) ③원만불이다.

전륜성왕은 또렷한 의식을 가지고 모태에 들어가지만 모태에 주할 때나 모태에서 나올 때는 그렇지 않다. 독각불은 모태에 들어갈 때나 주할 때에는 의식이 또렷하지만 나올 때는 그렇지 않다. 원만불은 모태에 들어갈 때나 주할 때나 나올 때에 모두 또렷한 의식을 가지고 있다. 전륜성왕은 깨끗하고 큰 복덕을 쌓은 존재이며 독각불은 사유와 수선(修禪)으로 큰 지혜를 갖춘 존재이고, 원만불은 큰 복덕과 큰 지혜를 모두 완전히 갖춘 존재[兩足尊]이다. 그러나 일반 범부는 큰 복덕도 큰 지혜도 갖추지 못한 존재들이다. 그런 의미에서 우리들은 범부의 상황[凡夫地]을 벗어나기 위해서 큰 복덕과 큰 지혜를 열심히 수행해야 할 것이다. 그러나 모든 수행은 우리들의 마음가짐부터 시작된다는 것을 기억하자.

3) 탄생으로서의 존재[生有]

위에서 설명한 바와 같이 존재의 태어남, 탄생은 네 가지 형태가 있다. 우선 지옥 갈래[地獄道]와 천상 갈래[天道]의 존재들은 갑자기 순간에 태어나는 화생(化生)으로서 죽은 후 중유를 거치지 않고 바로 내생의 갈래에 태어날 수 있다. 그들은 태어날 때 그 갈래에 맞는 완전한 기관[根]을 갖춘 육신을 가지고 태어난다.

동물 갈래[畜生道]와 아귀 갈래[餓鬼道]의 존재들은 다양하게 습기에서 태어나는 습생(濕生), 알에서 태어나는 난생(卵生), 태로 태어나는 태생(胎生)의 종류가 있다.

인간 갈래[人道]의 존재들은 태로 태어나는 태생이다. 여기에서는 인간들의 탄생으로서의 삶인 생유(生有)에 대해 살펴보자.

인간 갈래로 태어나는 탄생으로서의 삶[生有]은 수태(受胎)될 때부터 태어날 때까지의 기간이다. 중유의 존재(Gandharva)가 모태에 정착하는 순간 탄생으로서의 삶이 시작되는 것이다. 중유의 존재가 모태에 들어가기 위해서는 세 가지 조건이 필요하다.

①어머니가 임신될 수 있는 시기(時期)이어야 한다. ②부모가 될 존재가 성행위를 해야 한다. ③중유의 존재가 부모의 성행위에 참가해야 한다. 다음에 세 가지 장애가 없어야 한다. ①어머니의 자궁(子宮)에 결함이 없어야 한다. ②아버지의 정자에 결함이 없어야 한다. ③부모의 전생에 아이를 가질 수 없는 과보의 결함이 없어야 한다. 이러한 조건들이 갖추어지면 인간 갈래에 들어갈 수 있는 중유의 존재는 탄생으로서의 새로운 삶이 보장되는 것이다.

그러면 중유의 존재는 어떻게 탄생으로서의 새로운 삶을 위하여 모태에 들어가 정착하는가? 전생에 쌓은 모든 심적 요소의 종자(種子)를 갖춘 8식(八識)인 중유의 존재들은 그들의 업에 따라 내생에 부모가 될 존재를 보고 의식한다. 다시 말하자면 한 중유의 존재와 내생의 부모는 공통적인 업[共業]을 가지고 있다. 공덕이 적은 중유의 존재는 공덕이 적은 부모에게 태어나며 반대로 공덕이 많은 중유는 공덕이 많은 부모에 태어난다. 중유의 존재가 남성일 경우에는 어머니에게 정욕을 일으켜 아버지를 적대자로 생각하고, 여성일 경우 아버지에게 정욕을 일으켜 어머니를 적대자로 생각한다.

중유의 존재는 내생의 부모가 성행위를 할 때 정욕의 번뇌로 인하여 그의 의식은 남성일 경우에는 어머니와 그리고 여성일 경우에는 아버지와 성유희를 한다. 부모가 성유희 극치의 쾌감을 느낄 때 중유의 존재도 또한 쾌감을 느끼면서 부모의 성기(性器)에 부착하여 모태로 들어가는 것이다. 중유의 존재가 모태에 정착하여 오음(五陰, 五蘊)이 형성되는 순간 중유의 존재는 사라지고 다시 말해서 죽어버리고 새로운 탄생으로서의 삶이 시작되는 것이다. 이것을 '환생(還生)'이라고 부른다.

아버지의 정자와 어머니의 난자가 결합하여 어머니의 자궁에 정착할 때 새로 형성된 오음의 존재가 아들일 경우 자궁의 오른쪽에 마치 어머니를 포용하듯이 웅크리고 앉고, 딸일 경우에는 왼쪽에 앞을 향하여 마치 어머니를 거절하듯이 웅크리고 앉는다. 태아(胎兒)는 다섯 단계인 ①칼라라(kalala) ②아르부다(arbuda) ③페신(peśin) ④가나(ghana) ⑤프라사카(praśakhā)를 거쳐 형성된다.

'칼라라(kalala)'라고 부르는 첫 단계는 아버지의 백색의 정자와 어머니의 적색인 난자가 응결되는 일주일 동안의 기간으로 제일 먼저 심장이 형성된다. 이런 이유로 죽을 때는 심장이 마지막으로 멎는 것이다. 점차적으로 다섯 단계를 거쳐 완전한 육신과 의식을 형성하는 데는 10개월(정확히 만 9개월)이 걸린다. 그러나 여러 가지 부당한 조건, 예를 들어 음식이나 약물 중독, 업의 과보 등등으로 인하여 태아는 어머니 뱃속에서 죽을 수도 있다. 태아가 어머니 뱃속에서 나오기 전에 죽을 경우 태아는 다시 중유의 존재가 되어 다음의 환생을 엿보고 있다.

어머니 뱃속에서 10개월 동안 완전한 육체와 정신, 즉 새로운 오음을 갖추고 어머니가 무사히 해산할 때 한 인간이 태어나는 것이다. 갓난아이를 봄에 가족은 즐거워하고 친척, 친구들은 축하를 하며 그때부터 어머니는 젖을 먹여 아이를 키우기 시작하는 것이다.

4) 현생의 존재[今有, pūrvakāla-bhava]

금생 또는 현생의 삶이란 태어날 때부터 죽을 때까지의 삶이다. 산스크리뜨어 'pūrva'는 '전에, ~을 구비한', 'kāla'는 '시간[時]'을 의미하는데, 그 뜻은 지금 현생의 전에 중유(中有)와 생유(生有)를 구비한 때가 있었다는 것을 의미한다.

각각의 아이는 태어날 때에 이미 전생에 행한 업의 종자를 가지고 태어나기 때문에 같은 부모에서 태어난 형제일지라도 각자의 일생은 달리 전개된다. 각자의 일생은 전생에 행한 개인의 업이라는 원인[因]과 부모, 형제, 사회, 국가, 세계와 관계된 공통적인 업[共業]이라는 조건[緣]에 의해 전개되는 다양하고 복잡한 흐름이다.

그리하여 새롭게 태어난 한 인간은 다시 신·구·의의 삼업을 행하면서 윤회의 한 기간을 돌게 된다. 일생 동안 한 인간은 한편으로는 자기가 전생에 뿌린 업의 종자가 맺은 열매라는 과보에 따라 달콤하거나 쓴 열매를 맛보며, 또 다른 한편으로는 올바르거나 삿된 또는 착하거나 좋지 않은 행위를 하면서 내생에 가져올 업의 종자를 열심히 뿌리는 것이다.

결국 윤회란 육체적인 색음(色陰)과 심적·정신적인 요소인 수음(受陰)·상음(想陰)·행음(行陰)·식음(識陰)인 5음(五陰)으로 구성된 존재들이 그들의 번뇌로 인하여 다양하게 짓는 행위[業]의 과보가 이 생애에서 삶을 마치고 중유를 거쳐 다시 저 생애로 흘러가는 상속(相續)인 것이다. 이러한 상속, 다시 말하자면 시작이 없는 [無始] 윤회는 존재들이 열반(Nirvāṇa)에 들어갈 때까지 계속된다.

3. 욕계(欲界)에서 벌어지는 존재들의 삶

1) 육도(六道)의 장소와 환경

존재들[衆生 또는 有情]이 사는 장소를 기세간(器世間)이라고 부른다. 이것은 중생들의 업의 힘[業力]으로 이루어진다. 이 기세간은 4대(四大) 요소인 지·수·화·풍으로 구성된 대우주(大宇宙)이며 대우주에 상응되는 존재, 즉 중생은 소우주(小宇宙)라고 한다.

대우주인 기세간은 소우주인 중생세간(衆生世間)과 함께 짝을 이룬다. 그러므로 중생세간을 구성하는 육체적인 요소는 대우주와 마찬가지로 지·수·화·풍의 사대인 물질적인 요소인 색음(色陰)으로 이루어지고, 심적·정신적인 요소는 나머지 네 가지 더미[蘊, 陰]인 수(受)·상(想)·행(行)·식(識)의 더미로 이루어지는 것이다. 대우주와 소우주는 모두 중생들의 업력으로 이루어진다.

불교적인 우주학에서 보면 중생들이 살고 있는 기세간인 대우주는 제일 먼저 허공(虛空)에 의지하는 풍륜(風輪)이 지탱한다. 풍륜 위에 수륜(水輪)이 있고 수륜 위에는 금(金)으로 된 둥근 땅[地輪]이 있다. 그리하여 지륜은 거대한 바다[大洋]에 둘러쌓여 있으며 여덟 개의 거대한 산을 형성하는데 제일 높은 산을 수미산(須彌山)이라고 부른다. 거대한 산 사이에는 내부의 바다[內洋]가 있다. 이것이 기세간의 한 우주를 이룬다.

육도(六道)의 장소는 제일 높은 수미산과 나머지 일곱 개의 산의 지평과 측면 그리고 산 사이의 내양을 중심으로 펼쳐진다. 욕계(欲界)를 구성하는 육도인 지옥·아귀·축생·인간·아수라·천상은 모두 36부류[群]의 장소를 이룬다. 지옥부터 올라가는 순서로 장소를 열거해 보자.

　가) 지옥 갈래의 장소 : 인간들이 사는 땅[염부제] 밑에는 8개의 대지옥인 팔열(八熱)지옥과 8개의 팔한(八寒)지옥 그리고 16개의 부속 지옥이 있다.

　팔열지옥을 제일 무거운 죄를 범한 자가 가는 순서부터 보면 다음과 같다.

　①아비지옥[無間, 고통이 끊임 없음] ②극열지옥[極熱, 극심하게 뜨거움] ③열지옥[熱, 뜨거움] ④대규지옥[大叫, 크게 울부짖음] ⑤호규지옥[號叫, 울부짖음] ⑥중합지옥[衆合, 돌벽이 합쳐져 으스러짐] ⑦흑승지옥[黑繩, 검은 줄로 묶임] ⑧등활지옥[等活, 다시 살아남] 등.

　팔한지옥의 이름은 육체가 얼어서 나타나는 현상과 색깔로 표현된다.

　①수포지옥[水泡] ②수포열지옥[水泡熱] ③아타타지옥[Aṭaṭa] ④하후바지옥[Hahava] ⑤후후바지옥[Huhuva] ⑥청련화지옥[青蓮花] ⑦대홍련화지옥[大紅蓮花] ⑧홍련화지옥[Padma] 등. ①-②는 추위로 몸에 일어나는 종기의 현상으로 지옥의 중생을 표현하고, ③-⑤는 추위로 치아를 마주쳐서 나는 소리로, ⑥-⑧은 추위로 몸 색깔이 연꽃의 색깔처럼 파랗거나 빨갛게 나타나는 현상으로 지옥의 중생을 표현한 것이다.

　16개의 부속 지옥의 이름은 다음과 같다.

　①화성염(火星焰) ②시분(屍糞) ③도인(刀刃) ④검인(劍刃) ⑤철자림(鐵刺林) ⑥도엽산림(刀葉山林) ⑦철환(鐵丸) ⑧고독(孤獨)

⑨재(裁) ⑩자(刺) ⑩분쇄(粉碎) ⑫분시충침구충(糞屎蟲針口蟲)
⑬철자조(鐵紫鳥) ⑭박식뇌(搏食腦) ⑮대곡(大哭) ⑯행주(行走).

– 불교사전 Mahāvyupatti(名義大集) 참조.

이 16개의 부속지옥은 우리 인간이 사는 지구 표면에 있는 강
이나 산, 사막 또는 다른 장소에 위치한다. 이러한 곳은 한 존재,
둘, 셋 또는 여러 존재의 공통적인 업력[業力]으로 자연적으로 다
양하게 이루어지며 특별히 결정된 장소가 있는 것은 아니다.

나) 축생 갈래의 장소 : 모든 동물[畜]은 땅[陸地], 물[水], 허공(虛
空)의 세 가지 장소에서 살지만 주된 장소는 큰 바다[大洋]이다.

다) 아귀 갈래의 장소 : 아귀 또는 귀신들이 사는 장소는 다양한
데 깊고 넓은 곳에 살기도 하며 어떤 귀신들은 신통력을 가지고 있
어 천상의 신과 같은 장소에 살기도 한다.

라) 수미산의 사방에는 사주(四洲)가 있는데 이곳이 인간 갈래
[人趣]가 자리잡고 사는 장소이다. 그 명칭은 ①동쪽은 동승신주
(東勝身洲) ②서쪽은 서우화주(西牛貨洲) ③남쪽은 남섬부주(南
贍部洲) ④북쪽은 북구로주(北俱盧洲)이며 우리 지구의 인간들은
남쪽 남섬부주에 산다. 동신구주·서우화주·북구로주의 인간들
은 우리 남섬부주의 인간들보다 업력이 수승하다. 그중에 북구로
주의 인간들의 업력이 제일 수승하다.

사주 사이에는 8개의 중간 대륙이 있으며 그곳에는 인간 갈래
의 일종인 인간과 같기도 하고 같지도 않은 존재[人非人]들이나
아귀 갈래의 일종인 야차(夜叉)들이 거주한다.

마) 욕계(欲界)의 신들이 사는 장소는 여섯 종류가 있다.

① **사천왕천(四天王天)** 수미산 아래 사방 측면에 네 종류의 신들
이 거주하는 곳이 있는데 욕계천 중에서 제일 낮은 계급이다.

② 삼십삼천(三十三天) 도리천(忉利天)이라고도 부르며 수미산 정상에 33종류의 신들이 거주하는 천궁(天宮)이 있다.

③ 야마천(夜摩天) 시분천(時分天)이라고도 부르며 이 천상부터 신들이 거주하는 천궁은 허공에 존재하며 천상의 계급이 높을수록 천궁의 장소는 더욱 높아진다.

④ 도솔천(兜率天) 야마천보다 더 높은 곳에 있으며 지족천(知足天)이라고도 부르며 내원궁(內院宮)과 외원궁(外院宮)의 두 종류의 천궁이 있다. 내원궁은 다음생에 부처가 될 일생보처(一生補處) 보살과 인간세에서 불법을 수행한 자들만이 태어날 수 있는 곳이며, 외원궁은 소욕지족(少欲知足)이라는 복덕의 과보로 태어나는 곳이다.

⑤ 화락천(化樂天) 도솔천보다 더 높은 곳에 있으며 복덕의 과보로 자기 마음대로 즐거움[樂]을 변화할 수 있는 천상이다.

⑥ 타화자재천(他化自在天) 욕계천 중에 제일 높은 곳에 있으며 복덕의 과보로 다른 이[他]의 즐거움을 자기의 즐거움으로 변화시킬 수 있는 천상이다. 또한 욕계에서 제일 강한 욕계주(欲界主)인 마왕(魔王, Mara)이 그의 추종자들과 거주하는 곳이다.

이 모든 지옥부터 천상까지 육도의 장소는 모든 중생의 도덕적, 심적인 행위[業]가 착하거나[善], 착하지 않거나[不善, 惡] 또는 착하지도 않고 악하지도 않은 무기(無記)가 야기하는 업력(業力)에 의지하여 창조되는 것이다. 우리가 착한 업을 행하면 좋은 갈래, 좋은 장소에 태어나서 살 것이며 반대로 나쁜 업을 행하면 고통스러운 갈래, 나쁜 장소에 태어나서 살 것이다.

이 육도의 장소는 모든 존재인 중생(衆生)들이 짓는 행위의 반사경이다. 예를 들면 육도의 장소를 받치고 있는 풍륜(風輪)은 중생들의 근본 번뇌인 무명(無明)의 표상이며 수미산은 만심[慢], 대양은 갈애[渴愛], 지옥의 장소는 성내는 마음[瞋心]·폭력·질투, 아귀의 장소는 탐심[貪]·인색함, 동물의 장소는 우치함[癡心]·두려움, 인간의 장소는 잘못된 견해[邪見], 천상의 장소는 의심[疑] 등등의 표상이다. 중생의 다양한 업력으로 인하여 중생이 사는 장소[器世間]도 또한 다양하게 펼쳐지는 것이다. 이와 같이 육도의 장소도 선악의 인과법칙[因果律]에 의하여 전개되는 것이다.

2) 탄생

윤회하는 세계에는 네 종류의 태어남[四生]이 있다.

① 알로 태어나는 것[卵生] 날짐승[鳥類]이나 생선류[魚類].

② 태로 태어나는 것[胎生] 육지에 사는 동물이나 인간.

③ 습기로 태어나는 것[濕生] 곤충류인 벌레, 나비, 모기 등등.

④ 변화로 태어나는 것[化生] 천상 갈래와 지옥 갈래의 존재들, 금생과 내생 사이의 중간세계에 사는 존재들[中陰身]이다.

화생(化生)의 존재들은 모태에서 자라나는 상태를 거치지 않고 육체의 모든 기관을 갖추고 금생의 육체가 변화하여 내생의 육체를 갖추고 갑자기 태어난다. 그렇기 때문에 '됨, 나타남'[化]이라고 한다. 인간과 동물들은 대부분 태생이지만 때로는 '사생(四生)'일 수도 있다. 겁초(劫初)의 인간이나 동물 갈래의 용(龍)왕, 신화적인 새[鳥]인 가루다(Garuḍa)의 왕은 '화생'이다. 아귀 갈래의 존재들은 태생과 화생, 두 종류의 태어남이 있다. 네 종류의 태어남에서 변화로 태어나는 화생의 존재들[衆生]이 가장 많다.

3) 음식과 성욕(性欲)

모든 존재들은 먹이[食]로 생명을 유지한다. 존재들이 살아가는 데에는 네 종류의 먹이[四食]가 있다.

① **조각 내어 먹는 것[搏食 또는 段食]** 입으로 조각 내어 먹는 먹이에는 거친 먹이와 미세한 먹이가 있다. 지옥·아귀·축생·인간 갈래의 존재들은 거친 먹이로 생을 유지한다. 지옥의 존재들은 매우 작은 조각들을 먹는데 창자에서 바람이 나와 먹이를 소화시킴으로써 생을 유지한다. 아귀·축생·인간들은 거친 먹이를 입으로 조각 내어 먹으며 찌끼기는 대변으로 나온다.

미세한 먹이는 마치 모래에 기름을 부으면 흡수되는 것처럼 먹이가 몸 전체에 흡수되어 찌꺼기를 남기지 않는다. 천상의 존재들, 중음신, 겁초의 인간들은 이러한 미세한 먹이로 생을 유지한다. 또한 미세한 존재들은 미세한 먹이로 생을 유지하는데 예를 들면, 습기로 나는 존재들과 모태에 있는 태아나 갓난아이들이 그러하다.

조각 내어 먹는 먹이는 6경(六境; 色·聲·香·味·觸·法) 중에 냄새[香], 맛[味], 접촉[觸]의 세 가지 경계가 작용한다. 즉, 먹이가 입에 들어갈 때 코[鼻]로 먹이의 냄새를 맡고 혀[舌]로 먹이를 접촉하여 먹이의 맛을 알고 먹는다. 이러한 세 가지 경계가 작용하는 먹이는 욕계(欲界)에서만 존재한다. 욕계의 존재보다 더 수승한 세계에 사는 색계(色界)나 무색계(無色界)에 사는 신들은 이러한 먹이에 대한 욕망이나 감각이 없다.

② **냄새로 먹는 것[香食]** 중음신들은 냄새로 식욕(食欲)을 충족한다.

③ **접촉으로 먹는 것[觸食]** 어떤 아귀들은 인간이 법의 의식을 할 때 주는 먹이를 접촉함으로써 기갈을 면한다.

④ 생각으로서 먹는 것[意思食] 명상[禪]을 많이 수행한 어떠한 요기(yogin)들은 생각으로 기갈을 면하는데 일종의 선식(禪食)이다.

대부분 욕계의 존재들은 성행위를 통하여 윤회의 삶을 받는다. 지옥 갈래의 존재들은 성행위가 없으며 성욕(性欲)도 없다. 왜냐하면 괴로움[苦]이 너무 심하기 때문에 성욕이 일어날 여지가 없으며 단지 괴로움이 끝나기를 바랄 뿐이다. 괴로움과 즐거움[樂]이 섞인 다른 갈래의 존재들은 성욕을 일으키는데 갈래의 수준에 따라 성행위는 다양하다.

아귀 갈래, 축생 갈래, 인간 갈래의 존재들은 성행위를 할 때 성기(性器)에서 수태(受胎)시킬 수 있는 정액이 유출된다. 욕계의 천상 갈래 중에서 수미산 기슭과 정상에 거주하는 사천왕(四天王)의 신들과 33천의 신들의 성행위는 인간과 같다. 그러나 인간과는 달리 성기에서 바람[風]이 나옴으로써 성욕이 충족된다. 또한 인간들은 성욕에 대한 불만이 제기되지만 천상의 신들에게는 이러한 문제는 없으며 원하는 만큼 성욕을 충족할 수 있다.

수미산을 넘어선 공중의 천궁에 거주하는 욕계(欲界) 신들의 성행위는 올라갈수록 섬세해진다. 야마천의 신들은 남녀가 포옹함으로써 성욕을 만족시키며 도솔천의 신들은 손[手]을 접촉함으로써, 화락천의 신들은 웃음[微笑]으로써, 타화자재천의 신들은 눈[眼]을 서로 맞춤으로써 성욕을 만족시킨다.

여신(女神)과 남신(男神)이 아기신(神)을 원할 때 아기신은 화생(化生)으로 부모신의 무릎에 갑자기 나타난다. 새로 태어난 아기신의 크기는 부류에 따라 차이가 있다. 사천왕에 속한 아기신의 크기는 인간의 다섯 살된 아이의 크기와 같다. 33천의 아기신은 인간의 여섯 살된 아이 등등으로 타화자재천의 아기신은 인간의 열 살된 아이의 크기와 같다. 욕계 천상의 아기신들은 빨리 성장하며 모든 신들은 그들의 신어(神語)를 사용한다.

인간 갈래의 4주(四洲) ; 동승신주, 서우화주, 남섬부주, 북구로주의 여자들은 월경을 하여 임신되고 아이를 낳는다. 4주 중에서 남섬부주의 여인들은 아이를 낳을 때 심한 고통을 받지만 나머지는 그렇지 않다.

욕계 중에서 인간 갈래의 존재와 천상 갈래의 존재의 생애에는 '결혼'이라는 제도가 있다. 그러나 인간의 북구로주와 욕계의 5, 6번째의 천상인 화락천과 타화자재천에는 '소유(所有)'라는 개념이 없기 때문에 결혼제도는 없다. 북구로주의 남자가 성욕을 느낄 때 그는 한 여자를 나무 밑으로 데리고 가서 나무가 잎사귀를 내려 남녀를 감싸면 성행위를 한다. 그러나 나뭇잎이 내려지지 않으면 남자는 창피함을 느끼고 여자를 놓아준다. 화락천과 타화자재천의 남신들은 욕망을 자유롭게 구사하기 때문에 특별히 여신을 소유할 필요를 느끼지 않는다.

인간 갈래와 천상 갈래에서 수행을 쌓은 수승한 존재들은 욕망을 여의기[離欲] 때문에 성욕에 얽매이지 않는다. 그러나 그들도 또한 성행위를 통해서만 성욕이 충족된다.

4) 삶의 상태와 심리
① 지옥 존재들[衆生]의 삶

부처님은 한 경전에서 스스로 말하기를, "나는 잔인한 존재들이 가득 찬 여덟 개의 지옥과 거기에 부속된 열여섯 개의 지옥을 보거늘 거기서 나오기는 실로 어렵다. 그곳은 크고 넓은 네 개의 벽과 문이 철로 둘러쌓여 있으며 천장도 철로 되어 있고 바닥은 뜨거운 철에서 백 요자나가 되는 긴 불꽃이 튀기고 있다."

지옥 갈래 중에서 최악의 지옥은 무간(無間)지옥이다. 이 지옥은 고통의 사이[中間]가 없기 때문에 '무간'이라고 부른다. 다섯 가지 제일 무거운 죄를 지은 과보로 무간지옥에 태어난다. 오무간(五無間)이라고도 하는 데, 그것은 ①어머니를 죽임[殺母] ②아버지를 죽임[殺父] ③아라한을 죽임[殺阿羅漢] ④승단(僧團)을 파괴함[破和合僧] ⑤여래에게 악심을 내어 상처를 낸[於如來所惡心出血] 무거운 죄로 인해 받는 업보이다. 다른 지옥들은 간헐적으로 고통이 멈춘다. 예를 들면 등활(等活)지옥에서는 먼저 몸이 부서져 가루가 되는 고통을 받다가 고통이 잠깐 멈추고 바람이 불면 다시 살아나 혹독한 추위의 고통을 받는다. 다음은 몇 개의 지옥을 묘사하는 장면이다.

－ 화성염(火星焰) 지옥 : 무릎까지 차는 불꽃의 장소를 걸으면 몸이 태워지면서 죽다가 발을 들면 다시 살아난다.

－ 시분(屍糞) 지옥 : 똥이 가득 찬 장소에서 사는 존재들에게 날카로운 부리를 가진 새가 몸을 뼛속까지 파고든다.

－ 도인(刀刃) 지옥 : 날카로운 칼로 된 길을 걸으면 몸이 찢어지는 고통을 받는다.

－ 도엽산림(刀葉山林) 지옥 : 칼로 가득 찬 숲에서 칼의 잎이 떨어지면 존재들의 사지가 떨어진다. 그러면 개들이 와서 먹는다.

－ 철자림(鐵刺林) 지옥 : 칼로 이루어진 숲의 나무를 존재들이 올라가면 칼잎이 위에서 찌르고, 내려가면 아래에서 찌른다. 나무에시 내려오면 날카로운 부리를 가진 까마귀가 존재들의 눈을 파먹는다.

이와 같은 혹심한 고통을 받는 지옥 존재들의 형상은 인간의 형상과 비슷하다. 그들은 처음에는 인간의 언어를 쓰다가 고통이 너무 심해짐에 따라 언어를 잊어버리고 알 수 없는 소리를 낼 뿐이다. 지옥 존재들에게 죽음은 기쁨의 대상이다. 죽음과 함께 고통이 멎기 때문이다.

② 아귀(餓鬼) 존재들의 삶
배고픔[飢餓]의 고통에 시달리는 아귀 존재들은 세 종류가 있다.
㉠ 외부의 장애로 배고픔의 고통을 받는 것. 이것은 아귀가 물을 보고 마시려고 할 때 물이 피로 변하여 마시지 못하는 것이다.
㉡ 내부의 장애로 배고픔의 고통을 받는 것. 이것은 아귀가 음식은 얻었으나 목구멍이 너무 작아 음식을 먹지 못하는 것이다.
㉢ 위의 두 장애는 없으나 적당한 음식을 얻지 못하고 인간의 소변이나 대변 또는 음식 찌꺼기를 먹고 사는 것이다.
이러한 아귀들은 자비심을 가진 수행자가 음식을 제공함으로써 가끔 배고픔을 면할 수 있다.- 지옥의 존재들과 이 세 종류의 아귀들은 고통[苦]의 감각[受]만을 감수하며 즐거움[樂]은 전혀 없다.
세 종류의 아귀들은 아니지만 다른 한 종류의 아귀(또는 鬼神)의 존재가 있다. 그 존재들은 인간 갈래에서 죽을 때 그들이 산 장소나 물건 또는 사람에게 애착하여 중음신의 상태로 있는 존재이다. 이러한 존재들은 조상신(祖上神)이 되기도 하여 후손들이나 인연이 있는 사람들에게 피해나 복을 일으키기도 하며 또는 아무런 영향이 없기도 한다. 그들에게 후손들이 자비로운 종교의식을 베풀면 좋은 내생을 기약할 수 있다.

③ 축생(畜生) 또는 동물 존재들의 삶

동물들의 삶은 서로 잡아먹는 것이 특징이다. 큰 것은 작은 것, 강한 것은 약한 것을 잡아 먹으며 항상 쫓기며 잡아 먹히는 두려움이 지배한다. 먹이와 생식(生殖)만으로 일관된 삶을 산다. 우리가 아는 바와 같이 동물들은 신이나 인간의 소유이다. 그렇지만 지옥이나 아귀 갈래의 존재들과는 달리 항상 고통스러운 것만은 아니고 고락의 감각을 공유한다. 인간에게 길들인 동물들은 야생동물보다 더 나은 삶을 살고 어떤 종류의 동물들은 인간의 동반자가 되기도 하며 어떤 특별한 동물은 인간의 부러움을 사기도 한다.

④ 인간(人間) 존재들의 삶

인간 갈래의 존재는 수미산을 중심으로 사주(四洲)로 구성된다. 그들의 얼굴은 그들이 사는 땅의 모양과 흡사하다. ― 북쪽의 북구로주의 모양은 네모로서 그곳에 사는 존재들의 얼굴도 네모지다. 서쪽의 서우화주는 반달 모양, 동쪽의 동승신주는 동그란 원형, 남쪽의 남섬부주는 위은 넓고 아래는 좁은 삼각형이다. 즉, 우리 얼굴의 머리 쪽은 넓고 아래 턱은 좁다.

인간 갈래의 삶은 고락이 서로 섞인 삶으로 세간팔풍(世間八風)이라는 팔세법(八世法)이 있다. 그것은 이익[利], 손해[衰], 칭찬[稱], 나무람[譏], 명예[譽], 굴욕[毁], 즐거움[樂], 괴로움[苦]이다. 그리고 심리 작용의 특성은 '부족함'을 느끼는 것이다.

사주 중에서 북구로주 존재들의 삶이 제일 수승하다. 그들의 삶의 조건과 심리는 천상(天上)과 비슷하며 우리 남섬부주의 존재들과는 달리 전혀 죄(罪)를 짓지 않는다. 또한 남섬부주의 존재들처럼 때 아닌[不時] 죽음이 없다. 그들은 평균수명인 천년(千年)을 완

전히 산다. 북구로주에는 '여의(如意)'라는 나무가 있어 모든 생활
품을 제공하기 때문에 생활에 부족함이 없다. 그리하여 그들의 심
리 상태는 '나(我)'와 '나의 것(我所)'이라는 개념이 없어 풍족한 삶
을 산다. 하지만 게으른 탓에 정신 수행의 향상은 남섬부주에 비하
면 훨씬 미약하다거나 거의 없다고 말할 수 있다.

우리 남섬부주 존재들의 삶은 사주 중에서 제일 하열하다. 그러
나 그들의 심리상태 중에는 노력 또는 정진(精進)이라는 특별한 장
점이 있다. 그리하여 남섬부주의 존재들은 그들의 의지에 따라 선
(善)이나 악(惡)을 짓는데 매우 강하다. 이 때문에 법왕(法王)인 부
처[佛]와 전륜성왕(轉輪聖王)이 남섬부주에 태어난다.

부처는 인간들에게 여덟 가지 고통[八苦]이 있음을 가르친다.
ㅡ ①태어나는 고통[生苦] ②늙는 고통[老苦] ③병드는 고통[病苦]
④죽는 고통[死苦] ⑤좋아하는 것과 헤어지는 고통[愛別離苦] ⑥
싫어하는 것과 만나는 고통[怨憎會苦] ⑦원하는 것을 얻지 못하는
고통[求不得苦] ⑧오욕락(五欲樂)을 추구하는 오음(五陰)이 왕성
한 고통[五陰盛苦].

남섬부주 인간들은 특히 원하는 것을 얻지 못하는 '부족함'이라
는 고통이 있다. 그리하여 그들은 부족한 물질적인 부, 사랑, 명예,
권력을 열심히 추구한다. 또한 기후에서 오는 추위와 더위, 육체적
인 허기와 갈증, 음식의 부족 등으로 고통을 당한다. 여인들은 아
이를 낳을 때 해산의 고통을 당하고 남자들은 가족을 부양하기 위
해 하루 종일 일해야 하는 고통을 당한다. 그러나 남섬부주의 남녀
는 밤에 성의 묘락(妙樂)을 즐긴다. 이것이 우리가 사는 남섬부주
(=地球) 인간들의 삶의 상태이다.

전륜성왕은 일곱 가지 보물[七寶]을 갖고 태어난다. ㅡ ①바퀴[輪寶] ②코끼리[象寶] ②말[馬寶] ④장식용 보물[摩尼珠寶], ⑤정부인인 보녀[女寶] ⑥대신[主藏臣寶] ⑦군사[兵臣寶].

전륜성왕은 지은 복덕에 따라 네 가지인 금으로 된 바퀴[金輪], 은으로 된 바퀴[銀輪], 동으로 된 바퀴[銅輪], 철로 된 바퀴[鐵輪]를 자유자재로 굴리면서 인간 갈래인 사주(四洲)를 정복하고 지배한다. 금륜을 갖고 태어나면 북구로주·동승신주·서우화주·남섬부주의 4주 전체를 지배하고, 은륜을 갖고 태어나면 동승신주·서우화주·남섬부주의 3주, 동륜을 갖고 태어나면 서우화주·남섬부주의 2주, 철륜을 갖고 태어나면 남섬부주만을 지배한다. 전륜성왕은 인간세계에서는 제일 수승한 자이지만, 부처는 법(法)의 왕으로 욕계·색계·무색계 등 삼계(三界)의 신들을 초월한 복덕과 지혜를 모두 갖춘 유일한 존재이다.

⑤ 아수라(Asura)와 일곱 종류의 신중(神衆)

인간 갈래와 천상 갈래 사이에는 33천과 비슷한 종류의 반신(半神)인 아수라 갈래의 존재와 다른 일곱 종류의, 동물 갈래도 아니고 인간 갈래도 아니며 그렇다고 천상 갈래도 아닌 존재들이 수미산 측면과 대양에 살고 있다. 이 여덟 종류의 존재들은 그들의 심리 상태에 따라 여섯 갈래에 포함된다. 명칭은 다음과 같다.

㉠아수라(Asura) : 아수라 존재들은 수미산 측면 대양(大洋)에서 화려한 궁전을 짓고 33천을 이웃으로 그들과 비슷한 삶을 누리며 산다. 그러나 공격적인 심리 상태로 인하여 이웃인 33천을 공격하여 전쟁을 한다. 아수라 존재들은 특히 33천의 신들의 양식인 숫다(Sudhā, 蘇陀)라는 감로수를 취하기 위하여 33천을 공

격한다. 그러면 33천의 왕들은 천주(天主)인 제석천왕(帝釋天王, Indra)을 동반하고 전쟁에 나선다. 대부분 33천의 승리로 끝난다. 전쟁을 할 때 아수라 군(軍)은 신체의 일부분이 잘리면 죽어버리지만 33천의 군은 목이 잘리지 않는 한 다시 살아난다.

ⓛ용(龍, Nāga) : 뱀 종류의 신화적인 존재인 용들은 대양에서 사는 데 그들 중 일부는 신통력을 가지고 있어 인간의 몸으로도 변화할 수 있다.

ⓒ가루다(迦樓羅 또는 金翅鳥, Garuḍa) : 수미산 숲에 사는 신화적인 새로 용을 먹이로 삼으며 허공과 대양을 자유롭게 선회하는 자유의 상징이다.

ⓔ건달바(乾達婆, Gandharva) : 욕계천의 음악을 주도하는 신이다.

ⓜ긴나라(緊那羅, Kiṃnara) : 건달바와 같은 종류의 음악을 주도하는 신이다.

ⓑ마후라가(摩睺羅伽, Mahoraga) : 잘 알려지지 않은 신화적인 존재이다.

ⓢ야차(夜叉, Yakṣa) : 나무에 붙어 사는 일종의 목신(木神)으로 신통력을 가지고 있다.

ⓞ구반다(鳩槃茶, Kumbhāṇḍa) : 악마의 일종으로 신통력을 가지고 있다.

이 8종의 존재들 중에는 인간 갈래나 천상 갈래의 존재들처럼 부처님 법[佛法]을 감지할 수 있는 능력이 있다. 이들은 불법의 회상(會上)에 참석하여 불법을 배우며 불법과 승단을 보호한다. 이들을 특별히 팔부신중(八部神衆)이라고도 부른다.

⑥ 욕계(欲界) 천상(天上神) 존재들의 삶

욕계에는 위에서 언급한 바와 같이 사천왕천·삼십삼천·야마천·도솔천·화락천·타화자재천 등 여섯 종류의 천상[六欲天]이 있다. 사천왕천의 신들은 수미산의 제일 낮은 사방 기슭에 살고 있다. 반면에 33천의 신들이 사는 수미산 꼭대기 사방에는 각각 8군(群)의 신궁(神宮)이 있고 가운데에 천주(天主)인 제석천왕의 제일 화려한 궁전이 있어 모두 33천궁이 있다.

육욕천상 존재들의 삶은 33천상과 비슷하지만 올라갈수록 화려하고 미묘해진다. 천상신들의 삶은 우리의 상상을 초월한 안락하고 화려한 삶이다. 우선 그들은 인간의 몸과 같은 허파·심장·위 등의 오장육부나 뼈·힘줄·피 등이 없고, 소변·대변 등의 생리작용이 없고 질병의 고통도 없다. 또한 그들은 인간과는 달리 몸의 땀이나 더러워짐이 없으며 눈을 깜박이지 않으며 그림자가 생기지도 않는다. 그들은 걸을 때 땅을 밟지 않으며 의복은 온갖 보물로 장식되어 있다. 금·은·파리·유리로 이루어진 화려한 궁전에서 산다.

33천의 땅은 편편하고 솜처럼 부드러우며 꽃과 향기로 덮혀져 있다. 사방에는 네 개의 동산이 있는데 거기에는 밥 나무[食樹], 음료수 나무[飮樹], 옷 나무[衣樹], 탈 것 나무[乘樹], 장식구 나무[莊嚴具樹] 등이 있다. 꽃나무에서는 온갖 향수가 나와 바람이 불면 널리 퍼져 나간다. 또한 노래하고 웃고 춤추면서 즐기는 악기 나무가 있고 살림 거리[資具] 나무에서는 침대·의자 등의 온갖 살림살이가 나온다. 이와 같이 모든 것이 구족된 천상에는 존재들의 욕망을 마음대로 수용할 수 있다. 천상 존재들은 오욕락을 즐기는 것으로 삶을 유지하는 게 특징이다. 그들의 화려한 의복과 음식, 궁전, 음악, 춤, 웃음, 잡담, 농담, 감로수의 취기, 향수, 사랑의 유희 등등으로 세월을 보낸다. 질병과 늙음도 없어 언제나 동안을 유지한다. 또한 천상 존재들의 몸에서는 저절로 빛이 나와 어두운 빛이 나면 밤이 됨을 알고, 오욕락에 지쳐 잠에 들며 새들도 지저귀지 않아 이러한 것으로 밤낮을 구분한다.

오욕락이란 오관(五官)을 상대로 한 보고[色] 듣고[聲] 냄새 맡고[香] 맛보고[味] 감촉하는[觸] 쾌락이다. 인간 세계에서는 이 오욕락이 존재들의 업의 차이에 따라 차별이 있어 대부분의 인간들은 부족함의 갈증을 느끼지만, 천상 세계의 존재들은 평등하게 오욕락을 마음대로 즐길 수 있다. 『유가사지론』에서는 오욕락을 즐기는 천상신들의 생활을 다음과 같이 묘사한다.

「또한 천상 존재들의 오욕락은 매우 사랑스럽고 좋아서 단지 기쁜 즐거움이 날 뿐이다. 이 천상 존재들은 방일한 행위가 항상 유지되는데 여러 가지의 노래하고 춤추고 음악하고 북을 치는 소리와 실없이 말하고 웃고 농담하는 등등의 소리를 듣는다. 항상 여러 가지 좋은 뜻에 맞는 색상을 보고, 항상 여러 가지 미묘한 향기를 맡으며, 항상 여러 가지 좋은 맛을 맛보며, 항상 여러 천녀들의 가장 좋은 촉감을 감촉한다. 항상 이러한 즐거움이 그들의 뜻에 끌리고 시간이 지나게 된다. 또한 이 천상의 존재들은 이러한 여러 가지 욕락을 받으면서도 항상 질병이 없고 또한 약해지거나 늙는 것이 없으며 음식 등등의 살림살이가 부족한 고통이 없다. 위에서 말한 바와 같이 인간 갈래에 있는 부족함이라는 고통이 천상 존재들에게는 없다.」

又彼諸天衆妙五樂甚可愛樂唯發喜樂 彼諸天衆恒爲放逸之所
持行 常聞種種歌舞音樂鼓藻之聲 調戲言笑談謔等聲 常見種種可
意之色 常嗅種種微妙之香 常嘗種種美好之味 恒觸種種天諸彩女
最勝之觸 恒爲是樂 牽引其意以度其時 又彼諸天多受如是衆妙欲
樂 常無疾病亦無衰老 無飲食等潰乏所作俱生之苦 無如前說於人
趣中有餘潰乏之苦. (『유가사지론』)

그러나 이와 같이 오욕락을 마음껏 즐기는 욕계의 천상 존재들
의 삶에도 세 종류의 고통이 있다. 그것은 ①죽음으로 떨어지는 고
통 ②다른 천상 존재들에게 모욕당하는 고통 ③자기보다 강한 천
상 존재에게 추방당하는 고통이다.

33천에는 '선법당(善法堂)'이라는 천상 존재들이 모이는 장소
가 있다. 그들은 선법당에서 법의 의미를 사유하고 인간 세계에서
벌어지는 인간사에 대해 토의한다. 선법당에는 법고(法鼓)라는 북
이 있는데 이것은 천상 존재들이 오욕락을 즐길 때 가끔 저절로 법
의 소리를 낸다. 이것을 『화엄경』은 다음과 같이 묘사한다.

「도리천에는 천상의 북이 있다. 천상 업의 과보로 얻어 생긴 것
이다. 천상 존재들이 즐길 때를 알고 공중에서 자연히 이러한 소
리가 나온다. "모든 욕락은 실로 무상하다. 물방울이 모인 것 같은
성질로서 허망한 것이다. 모든 존재는 꿈과 같고 아지랑이 같고 또
한 뜬 구름 같고 물의 달과 같은 것이다. 방일함은 모두 고뇌로서
생사를 넘는 감로의 길이 아니다.」

忉利天中有天鼓 從天業報而生得 知諸天中放逸時 空中自然

出此音 一切五欲悉無常 如水聚沫性虛僞 諸有如夢如陽焰 亦如
浮雲水中月 放逸爲悉爲苦惱 非甘露道生死徑.

(『화엄경』「현수품(賢首品)」)

5) 크기[身長], 수명, 죽음

육신을 소유하고 있는 존재들의 크기와 수명, 죽음의 상태는
각 갈래의 장소에 따라 다양하다. 우선 인간 갈래의 사주 중에서
남섬부주에 사는 우리 인간의 크기가 제일 작아 보통 3~4 팔굼치
(150~200cm)의 크기이다. 다음은 동승신주, 서우화주, 북구로주
로 각각 8, 16, 32팔굼치의 크기이다. 욕계(欲界) 천상 갈래 존재
들의 크기는 인간 갈래보다 더 크며 올라갈수록 더욱 커진다. 색계
(色界) 천상 신들은 욕계신들보다 더욱 커져 최고인 색구경천(色
究竟天)의 신들의 크기는 16,000요자나(yojana, 1yojana=4km)
이다. 무색계(無色界)의 신들은 순전히 정신적인 존재로서 물질로
구성된 육신이 없다.

수명에 대해 말하자면 남섬부주 인간의 수명은 10세부터 8만
세를 산다. 북구로주의 인간 1,000년, 서우화주는 500년, 동승구
주의 인간은 250년으로서 정해져 있다. 우리 남섬부주 인간의 수
명은 정해진 것이 아니라 선한 공업(共業)으로 8만세까지 올라갔
다가 악한 공업으로 10세까지 떨어지는 수명을 산다. 또한 남섬부
주 인간의 삶은 사고나 질병, 기아 등등으로 수명을 채우지 못하고
죽기도 한다. 그러나 나머지 인간 갈래는 그렇지 않다. 또한 인간
은 겁초(劫初)에는 장구한 수명을 살다가 인간의 타락성으로 인하
여 수명이 점점 감소되어 8만세에 이르게 된다.

육욕천 천상신의 수명은 인간의 수명에 비하면 영원(永遠)과

비슷하다. 그중에서 사천왕천의 수명이 제일 하열하다. 사천왕천의 하루(1일)는 인간의 50년에 해당하며 그들의 수명은 500세이다. 그리하여 9백만년(50×360×500)에 해당하는 인간계의 삶을 산다. 이 수명은 또한 지옥 갈래의 등활(等活)지옥 존재들의 수명에 해당한다.

33천의 하루는 인간의 100년에 해당하며 그들의 수명은 1,000세이다. 그리하여 3천6백만년(100×360×1,000)에 해당하는 인간계의 삶을 산다. 이 수명은 또한 아수라와 지옥 갈래의 흑승(黑繩)지옥 존재들의 수명에 해당한다.

야마천의 하루는 인간의 200년에 해당하며 그들의 수명은 2,000세이다. 그리하여 1억 4천 4백만년(200×360×2,000)에 해당하는 인간계의 삶을 산다. 이 수명은 지옥 갈래의 중합(衆合)지옥 존재들의 수명에 해당한다.

도솔천의 하루는 인간의 400년에 해당하며 그들의 수명은 4,000세이다. 그리하여 57억 6천만년(400×360×4,000)에 해당하는 인간계의 삶을 산다. 이 수명은 또한 지옥 갈래의 호규(號叫)지옥 존재들의 수명에 해당한다.

화락천의 하루는 인간의 800년에 해당하며 그들의 수명은 8,000세이다. 그리하여 230억 4천만년(800×360×8,000)에 해당하는 인간계의 삶을 산다. 이 수명은 또한 지옥 갈래의 대규(大叫)지옥 존재들의 수명에 해당한다.

타화자재천의 하루는 인간의 1,600년에 해당하며 그들의 수명은 16,000세이다. 그리하여 920억 1천6백만년(1,600×360×16,000)에 해당하는 인간계의 삶을 산다. 이 수명은 또한 지옥 갈래의 열(熱 또는 火湯)지옥 존재들의 수명에 해당한다.

무간(無間) 아비지옥 존재들의 수명은 1겁(劫)이며 극열(極熱) 지옥 존재들의 수명은 반겁(半劫)이다. 팔한(八寒)지옥 중생들의 수명은 팔열(八熱)지옥의 반이며 다른 16개의 부속지옥 중생들의 수명은 정해져 있지 않다. 축생 갈래와 아귀 갈래의 중생들의 수명도 정해져 있지 않다.

인간·축생·아귀 갈래의 존재들은 죽을 때 육신의 마디마디는 풀어지고 시체를 남긴다. 그러나 지옥과 천상 갈래의 존재들은 죽을 때 시체를 남기지 않고 태어날 때와 마찬가지로 단지 저절로 사라진다. 지옥·아귀·축생 삼악도의 존재들에게 죽음은 해방이다. 그러나 자아(自我)에 대한 애착 때문에 지옥 존재들까지도 죽음은 좋아하지 않는다. 하물며 즐거움이 있는 인간이나 천상 갈래의 존재들이 죽음을 좋아하겠는가! 천상 갈래의 존재들은 살아 생존에는 고통이 없고 항상 즐거움이 있을 뿐이지만 죽을 때는 고통을 받는다. 인간 갈래에서 복과 지혜를 수행한 존재들은 죽을 때 고통을 받지 않는다.

천상의 존재들이 죽음이 다가올 때에는 다섯 가지 현상이 나타난다. ①의복과 장신구에서 불쾌한 소리가 난다. ②몸의 광채가 줄어든다. ③목욕 후에 몸에 물방울이 남아 있다. ④몸은 유연하여 잘 움직이지만 정신은 한 대상에 머물어 있다. ⑤선천적으로 고정된 시선(視線)에 장애가 생긴다.

천상의 존재들이 죽을 때에는 다섯 가지 신호가 있다. ①의복이 더러워져 있다. ②화관의 꽃이 시들어져 있다. ③겨드랑이에서 땀이 나온다. ④몸에서 악취가 난다. ⑤평상시 앉은 자리를 좋아하지 않고 고독함을 느낀다. 그러면 다른 천상 존재들은 죽어가는 존재를 위로하며 인간 갈래에 다시 태어나기를 기원해 준다. 왜냐하면 인간 갈래의 존재들이 사후 천상에 태어나기가 힘든 것처럼 천상 존재들은 사후에 인간 갈래에 태어나기가 힘들기 때문이다. 천상 갈래의 존재들 혹은 신들은 그들의 복덕을 탕진한 후 흔히 평화로운 동물(예를 들면 양떼들)로 재생하는데 전생이나 내생을 알 수 있는 숙명통 혹은 숙명지(宿命智)를 가진 현인들은 이러한 것을 알 수 있다.

4. 우주와 존재들의 생성과 파괴

사유의 능력을 가지고 있는 인간은 존재들이 살고 있는 우주와 존재들의 기원에 대해 궁구한다. 어떤 자들은 유일신(唯一神)이 있어 우주와 아담과 이브라는 최초의 남녀를 창조했다고 생각한다. 유대교, 기독교, 이슬람교와 힌두교의 특정 종파가 이러한 유일신을 믿는 종교들이다. 그러면 불교는 이 문제들에 대해 어떻게 생각하는가? 유일신의 창조설은 불교교리에 입각하면 잘못된 견해(邪見)이다.

유일신을 믿는 자들은 진실은 오로지 하나(唯一)인 신, '하나님'에 중점을 둔다. 그러나 불교는 두 가지 진실[二諦]을 말한다. 즉 세간의 진실인 세속제(世俗諦)와 세속제를 초월한 진정한 진제(眞諦: 第一義諦, 勝義諦)이다. 세속제는 생각과 언어, 행동이 펼쳐지는 경계이며 진제는 세속제가 소멸된 적멸(寂滅)의 경계이다. 그러나 이 두 진실은 분리된 것이 아닌 서로 연결되어 있다. 그러므로 세속제를 통하지 않고서는 진제에 도달할 수 없다. 이 두 진실에 입각하여 우주와 존재들의 기원을 설명할 수 있다.

진제의 입장에서 우주와 존재들의 기원 혹은 시초는 존재하지 않는다. 다시 말해서 우주와 존재들로 구성된 윤회(輪廻)의 시초는 진제의 입장에서 보면 존재하지 않는다. 우주와 존재, 윤회, 유일신 등의 생각과 언어로 표현될 수 있는 모든 것은 세속제의 입장에서 존재하는 것이다. 세속제의 입장에서 우주와 존재들의 기원은 모든 사물에 잠재된 긍정적(+)이거나 부정적(-)인 에너지이다. 불교적인 용어로는 업력(業力)이다. 이 업력에 의해 우주와 존재는 '창조된(kṛta)' 것이다. 산스끄리뜨어의 명사 karman(行爲, 業)이나 동사적 형용사인 kṛta(창조된, 만들어진)는 동사 KṚ(하다, 만들다, 창조하다)에서 나온 단어들이다.

업력에 의해 만들어진 우주와 존재들이 여섯 가지 갈래로 돌아다니는[廻] 것을 굴레[輪]에 비교하여 '윤회'라고 부르는 것이다. 삼계(三界)로 형성된 우주를 업력에 의해 형성된 존재들이 여섯 갈래로 윤회하는 것이다. 그러면 윤회를 형성하는 업력은 무엇인가? 그것은 모든 존재들[衆生]의 의식에 잠재해 있는 긍정적이거나 부정적인 심리요소[心數]이다. 존재들의 모든 심리요소를 한마디로 묶어 '마음[心, citta]'이라고 한다. 바로 이 마음이 모든 것을 창조하는 것이다. 『화엄경』에서는 이를 "삼계에 존재하는 것은 단지 이 한마음이다." [三界所有唯是一心](80화엄, 「십지품」) 또는 "어떤 자가 삼세의 모든 부처님을 알고자 하면 당연히 법계의 성질을 관찰하라. 모든 것은 단지 마음의 조작이다."[若人欲了知 三世一切佛 應觀法界性 一切唯心造]"(80화엄, 「야마천궁게찬품」)라고 표현하고 있다.

존재들이 살고 있는 공간인 우주 또는 기세간(器世間)은 네 종류의 과정이 있다. 이 과정의 시기를 불교용어로 '겁(劫, kalpa)'이라고 한다. 그것은 ①우주와 존재들이 성립되는 시기[成劫] ②우주와 존재들이 지속되는 시기[住劫] ③우주와 존재들이 파괴되는 시기[壞劫] ④우주와 존재들이 없는 완전히 비어 있는 시기[空劫] 이다. 이 네 과정은 위에서 설명한 것처럼 존재들의 생애인 탄생, 삶, 노사(老死), 사라짐[滅]과 같은 식으로 반복된다. 우주의 환경은 존재들의 공통된 업력의 반사경이라고 말할 수 있다. 이 네 과정의 시기는 직선적이 아닌 원형적이기 때문에 윤회는 시초가 없는 것이다. 이것이 모든 사물의 성질(法性)인 것이다.

네 과정의 시기를 합쳐 1대겁(大劫)이라 한다. 성겁, 주겁, 괴겁, 공겁은 각각 20소겁(小劫)으로 이루어지며, 이 겁 사이를 중겁(中劫)이라고 한다. 그러므로 1대겁은 80소겁으로 이루어지고 4중겁이 있는 셈이다.

1) 우주와 존재들이 성립되는 시기[成劫 : 20소겁]

공겁(空劫)의 최후에는 존재들의 공통된 행위의 에너지[業力]로 인하여 허공에 한 바람이 일어난다. 이것이 우주가 성립되는 시기의 시초이다. 우주를 지탱하는 풍륜(風輪)이 생기기 전에 색계(色界) 초선(初禪) 갈래에 있는 대범신(大梵神)이 어떤 존재의 전생의 업력으로 나타나고, 뒤이어 욕계(欲界) 육욕천(六欲天)의 존재들 중에서 제일 높은 천상인 타화자재천(6번째)부터 시작하여 화락천(5번째)·도솔천(4번째)·야마천(3번째)의 허공 궁전에 사는 신들이 차례로 업력으로 인하여 이미 나타나서 살고 있다. 이 존재들은 땅을 의지하지 않는다. 그들의 업력은 지상에 의지하여 사는 존재들보다 더 수승하다. 풍륜이 형성된 후 다른 존재들이 살수 있는 땅과 산, 대양이 의지하는 수륜(水輪)과 금륜(金輪)이 차례로 형성된다. 이와 같이 업력이 수승한 차례로 제일 먼저 초선의 신들이 나타나고 맨 나중에 지옥의 중생이 나타난다.

그리하여 우주가 성립되는 시기의 처음 1소겁 동안은 존재들이 사는 기세간인 허공, 땅과 산, 대양이 형성되고 나머지 19소겁동안 여섯 갈래[六道]를 윤회하는 존재들의 세계[衆生界]인 천상 · 아수라 · 인간 · 축생 · 아귀 · 지옥의 존재들이 형성된다. 처음 중생계가 형성될 때 나타나는 존재는 색계 초선의 존재인 대범신이 홀로 그의 궁전과 함께 태어나는데, 그는 전생에 제2선의 무량광천(無量光天)에 살았던 존재이다. 다음에 그의 뒤를 이어 다른 초선의 신들이 태어난다. 이러한 이유로 대범신은 자신이 우주를 창조했다고 생각하는 데 이것은 잘못된 견해이다.

2) 우주와 존재들이 지속되는 시기[住劫: 20소겁]

주겁(住劫)의 20소겁 동안 우주는 지속되지만 인간 갈래는 그 존재들의 공통된 업력[共業]으로 인하여 변화가 생긴다. 주겁 초에 남섬부주의 인간들은 초선의 신들처럼 저절로 태어나는 화생(化生)이었다. 그때에 인간의 생활은 천상의 존재들처럼 광명으로 빛나는 수승한 존재들로서 환희심(歡喜心)을 먹이로 삼고 마음대로 오래 사는 존재들이었다. 이러한 생활은 반소겁동안 지속된다. 그러나 우치스러운 장난으로 인하여 그들의 생활은 타락하기 시작한다. 그리하여 그들의 평균수명은 8만세로 하락한다. 다음에 8만세부터 반소겁 동안 계속 하락하여 마침내 평균수명이 10세에 이른다. 이리하여 1소겁이 끝난다.

다음에 2소겁 초부터 19소겁 끝[末]까지 같은 식으로 반복되는데 이를테면 1소겁 중 반소겁은 10세부터 8만세까지 올라가는 기간이며 반소겁은 8만세에서 10세로 내려가는 기간이다. 마지막

20번째 소겁 동안 인간의 수명은 상승하여 8만세에 이르고 100년마다 1년이 줄어든다.

주겁 중에 18소겁 동안 천명의 부처님[千佛]이 출현한다. 그리하여 이 주겁을 현겁(賢劫)이라고 명명한다. 부처님은 인간의 수명이 8만세 되는 시기를 기점으로 하여 항상 하락하는 기간에 출현한다.

3) 우주와 존재들이 파괴되는 시기[壞劫: 20소겁]

주겁(住劫)이 끝난 후 19소겁 동안은 존재들[衆生]이 점차로 사라지고 마지막 1소겁 동안은 존재들이 사는 우주[器世間]가 파괴되는 괴겁이다. 사라지는 순서는 성겁의 반대이다. 괴겁의 초에는 우선 지옥의 존재들이 사라진다. 다시 말하면 지옥의 고통을 받는 존재들이 지옥에는 없다. 텅 빈 지옥을 우리는 상상할 수 있지 않을까? 그리하여 사라지는 존재들의 순서는 점점 위로 올라가 여섯 갈래에서 욕계의 존재들은 물론 마지막으로 색계의 제3선에 사는 신들까지 없어진다.

괴겁의 마지막 1소겁 동안은 세 가지 큰 재난[大三災]이 일어난다. ①화재(火災): 화재는 아비지옥부터 색계 초선까지 불로 인하여 타버린다. ②수재(水災): 색계의 제2선까지 물로 인하여 없어진다. ③풍재(風災): 색계의 제3선까지 바람으로 인하여 없어진다. 그러나 색계의 제4선과 무색계의 존재들은 이 삼재의 재난을 받지 않고 계속 존재한다. 왜냐하면 색계의 제4선과 무색계의 존재[神]들은 그들의 심리작용에서 삼재를 받을 만한 심적 요소가 소멸되었기 때문이다.(이 문제에 대해 다음 단계에서 설명함)

4) 우주와 존재들이 없는 시기[空劫: 20소겁]

괴겁이 끝난 후에는 존재들도 없고 우주도 존재하지 않는 단순히 빈 시기가 20소겁 동안 지속된다. 이와 같이 성겁, 주겁, 괴겁, 공겁이 각각 20소겁씩 모두 80소겁인 1대겁이 끝나고 다시 존재들과 우주가 형성되는 성겁이 시작된다. 이러한 대겁이 시작이나 끝이 없이 계속되는 것이 여섯 종류의 우주와 여섯 갈래의 존재들의 성질이며 이것을 윤회라고 부르는 것이다.

5) 인간 세계는 어떻게 진화되는가

우리 인간을 포함한 다른 존재들은 현재 주겁(住劫) 중에 남섬부주 인간의 수명이 8만세에서 10세로 내려가는 반소겁 중에 위치하고 있다. 그러면 우리 인간세계(또는 人類)는 어떠한 방향으로 변화 또는 진화할 것인가?

우주학적으로 볼 때 지금 인간은 선에서 악으로 가는 길을 가고 있다고 볼 수 있다. 이것을 말세(末世)라고 부른다. 우리 인간은 주겁 초에는 위에서 언급한 바와 같이 색계천의 신들처럼 살고 있었다. 그러나 인간은 '땅의 맛[地味]'을 감지한 후 퇴락이 시작되었다. 인도 스님인 바수반두(世親)가 지은 『아비달마구사론』은 이러한 인간의 진화 과정을 다음과 같이 설명하고 있다.

「땅의 맛[地味]은 꿀의 단맛을 가지고 있었다. 한 인간이 그것을 맛보고 먹었다. 다음에 다른 인간들도 같이 했다. 이것이 입으로 조각 내어 먹는 먹이[段食]의 시초였다. 이 먹이를 먹고 몸은 무거워지고 몸의 광명은 사라졌으며 어두움이 되었다. 그리하여 해와 달이 나타났다.

인간들이 맛에 탐착한 원인으로 지미(地味)는 점점 사라지고 땅의 떡[地餅]이 나타났다. 인간들은 그 맛에 탐착했다. 그 떡은 사라지고 야생 칡이 나타났다. 인간들은 그 맛에 탐착했다. 야생칡이 사라진 후 심지도 않은 향기가 나는 야생벼가 땅에서 자라났다. 이 벼의 거칠은 양식이 찌꺼기를 남겼기 때문에 인간들은 항문과 생식기를 가지게 되었는데 그 형상이 달랐다. 성(性)이 다른 인간들은 서로 쳐다보았다. 전생의 습기로 인하여 옳지 못한 생각[非理作意]이 나와 욕망(欲貪)이라는 악령[鬼魅]에 사로잡혀 몸과 마음이 미쳐 그들은 성교(性交)를 했다. 이것이 인간의 처음의 성행위이다.

인간들은 아침 양식을 위해 아침에 벼를 거두었고 저녁 양식을 위해 저녁에 벼를 거두었다. 한 게으른 자가 저장을 했다. 다른 자들이 따라서 저장했다. 저장으로서 '나의 것[我所]'이라는 소유의 개념이 생겼다. 벼를 거듭 거듭 거둠에 벼는 더 이상 자라지 않았다. 그리하여 인간들은 전답을 나누어 가지고 소유자가 되었다. 어떤 자가 다른 자의 재산을 탈취했다. 이것이 도둑질의 시초이다.

도둑을 방지하기 위해 사람들이 모여서 한 수승한 자가 전답을 보호해 주기로 하고 6분의 1을 그에게 주었다. 그리고 사람들은 그 자에게 전답의 보호자라는 명칭을 주고 그는 크샤트리야 (kṣatriya, 王)라는 이름을 받았다. 그 후에 어떤 왕 아래에는 많은 도둑들이 생겼다. 왕은 그들을 칼로 엄중 처벌했다. 이것이 살해의 시초이다. 어떤 도둑들은 '우리는 그런 일을 하지 않았다'고 했다. 이것이 거짓말의 시초이다.

그때부터 살생 등등의 악행이 늘어가고 인간의 수명은 점점 줄어들어 마지막에는 10세에 이른다. 그리하여 인간의 오랜동안에 걸친 타락에는 맛에 대한 탐착(耽味)과 게으름[懶惰]이라는 두 가지 법이 근본이다.」

(『아비달마구사론』「분별세품(分別世品)」, T1558, p.65b18-66c19)

우리 남섬부주 인간 갈래는 첫 번째 지옥 갈래로 가는 존재의 대기실이 된다. 하지만 또한 정각(正覺)을 이루는 원만불(圓滿佛)이 출현하는 장소이기도 하다. 그것은 우리 인간은 노력과 정진이라는 특성을 가지고 있어 극도의 악행이나 선행을 모두 할 수 있는 능력이 있기 때문이다. 우리는 현재 천불이 출현한다는 '현겁(賢劫)'의 '사바(Sahā)'라는 우주의 이름을 가진 세계에 살고 있다. Sahā는 '참음[堪忍]'이라는 의미이다. 생존을 위해 많은 것을 참아야 하기 때문이다. 석가모니불은 현겁의 7번째 부처님으로 인간 수명 100세 시기에 태어났다. 석가모니불이 열반에 드신 지는 2500년이 되었다.

우리는 지금 반소겁 중 내려가는 시기, 다시 말하자면 인간의 수명이 줄어드는 시기에 살고 있다. 인간의 수명이 30세에 이르면 작은 세 가지 재난[小三災]인 굶주림[飢餓], 전염병[疾疫], 전쟁[刀兵]이 전 인류에 나타나고 10세에는 극치를 이룬다. 현재 인류의 수명은 75세로 간주할 수 있으며 이 소삼재는 장소와 시대에 따라 지구 각처에 간헐적으로 나타나고 있다고 볼 수 있다.

인간의 수명이 30세에 이르면 사람들의 심리상태는 극도의 탐심(貪心)이 주축을 이룬다. 기후현상이 변하여 비는 더 이상 내리지 않는다. 그리하여 양식은 생산할 수도 없고 사람들은 굶주림으로 죽거나 시체의 뼈로 양식을 삼는다. 이러한 참극을 『아비달마구사론』은 다음과 같이 설명한다.

「모우기[聚集]라는 굶주림: 사람들은 굶주림과 허약함으로 고통을 받으며 곡식의 씨앗을 보면 소중히 여겨 미래를 위해 모아서 상자에 저장한다. 그래서 이러한 기아 상태를 상자에 모우기[聚集]라고 명명한다.

흰 뼈[白骨]라는 굶주림: 사람들의 몸은 죽음에 이르면 마르고 단단하여 뼈는 하얗게 된다. 사람들은 이 뼈를 모아서 물에 끓여 마셔 연명한다.

막대기[運籌]라는 굶주림: 사람들은 집에서 막대기에 '오늘은 아버지가 먹을 차례, 내일은 어머니, 아이가 먹을 차례'라고 표시를 해서 돌아가며 먹고 나머지 가족은 굶는다. 막대기로 땅에 흩어져 있는 곡식의 씨앗을 찾아 모아 물에 끓여 마셔 연명한다.

경전은 말하기를 사람들이 하루 동안이라도 계율을 지켜 살생을 하지 않고 승단(僧團)에 조금이라도 보시를 하면 이러한 기아, 질병, 전쟁의 재난이 나타나는 시대에 태어나지 않는다고 한다.」

(『아비달마구사론』「分別世品」, T1558, p.65c21-66a26)

이러한 기아 상태는 7년, 7개월, 7일 동안 계속되는데 그때에 인간들은 그들의 악행을 참회하면 기아는 끝난다. 그럼에도 불구하고 인간들은 악행을 계속하여 인간 수명이 20세에 이를 때 전염병의 재난이 온다. 전염병의 재난은 7개월 7일 동안 계속되는데 그때에 인간들이 그들의 악행을 참회하면 전염병이 끝난다.

이러한 재난이 계속됨에도 불구하고 인간들은 계속 악행을 저질러 인간 수명이 10세에 이르면 전쟁[刀兵]의 재난이 온다. 그때의 인간의 심리는 증오와 폭력이 주축을 이루어 인간들은 서로 죽이고자 한다. 그리하여 인간들이 만지는 물건들은 모두 칼이 되어

서로 죽이는 참극이 일어나 모두가 멸망하게 된다. 이것이 인간들이 저지르는 악의 극치로서 더 이상 악을 저지를 수 없는 상태에 이른다. 이러한 전쟁의 재난은 7일 동안 계속된다. 그래서 지구상[남섬부주]에 살아 남아있는 인간의 수는 겨우 만(10,000) 명에 불과하다.

나머지 세 인간계 중에서 북구로주(북쪽에 위치한 외계인)에는 이러한 재난이 전혀 존재하지 않으며 동승신주(동쪽에 위치한 외계인), 서우화주(서쪽에 위치한 외계인)의 인간들은 이러한 소삼재가 남섬부주에서 일어날 때, 그들의 심신은 편하지 않아 나쁜 마음과 흉년이 나타난다.

지구상의 이러한 최악의 조건에도 사람들을 선행으로 인도하는 깨우친 자들[菩薩]이 있다. 이들은 사람들에게 악행을 참회하고 선행을 할 것을 가르친다. 그리하여 사람들은 점점 착해져서 수명이 증가되어 최고 8만세에 이르게 된다. 그때에 이르면 사람들은 모두 착하고 정직하여 십선도를 행하며 인생은 안락하여 북구로주의 인간처럼 산다. 모자람이 없는 풍족한 생활을 하고 도둑이나 거짓말·질병·전쟁·기아·범죄 등의 악이 없다. 단지 일곱 가지의 불편함인 더위[熱]·추위[寒]·소변(小便)·대변(大便)·성욕(性欲)·먹고 마시기[食飮]·늙음[老]을 감수할 뿐이다.

더욱이 인간 수명이 8만세에 도달할 때에는 석가모니불 다음에 미륵불이 출현하는 시기이다. 그는 지금 도솔천 내원궁(內院宮)에 일생보처(一生補處)의 보살로 계시며 다음 생애에 남섬부주에 태어나 정각을 성취하고 중생들을 교화한다. 그때의 새로운 세계[宇宙]의 이름[名]은 '용화(龍華)'이다. 이러한 새로운 이상적인 용화세계에 태어나고자 어떤 불교신도들은 미륵보살을 신봉하고 수행한다. 그러한 예로서 '미륵종'이라는 불교 종파가 있다.

'기세간'인 우주와 존재들의 세계인 '중생세간'은 악과 선, 재난과 행복 등등의 이원성(二元性)으로 점철되어 나아가는 '윤회'라는 굴레이다. 우리 인간들의 심리작용이나 의식도 또한 이러한 이원성으로 구성되어 있다. 이것이 원인과 조건[因緣]을 이루고 투사되어 우주와 오음(五陰 또는 五蘊)으로 구성된 존재들이 나타나 육도라는 굴레를 윤회하는 것이다.

이상으로 삼계(三界)로 구성된 우주 ─ 욕계(欲界), 색계(色界), 무색계(無色界) 중에서 욕계를 윤회하는 존재들의 갈래인 지옥·아귀·축생·인간·아수라와 육욕천(六欲天)의 존재들에 대해 설명했다.

세 번째 단계

색계와 무색계는 어떻게 구성되었으며, 어떻게 성인이 될 수 있는가

제3장 색계와 무색계 그리고 범부, 성인의 길

1. 색계와 4선(四禪)

인류 정신사에서 인간들은 사후 인간세계보다 더 수승한 세계인 천상세계로 가기 위해 계율과 선행을 수행한다. 또는 유일신이나 제신(諸神)을 숭배한다. 인간들이 이러한 수행을 하면 인과법칙(또는 緣起法)에 따라 분명히 그들은 수행한 수준에 따라 그곳에 해당하는 세계에 태어나게 된다. 인간보다 수승한 천상의 세계에는 과보에 따라 차별이 있다.

① **욕계의 육욕천(六欲天)** 육욕천의 신[deva]들은 인간과 같이 욕망의 존재로서 조각 내어 먹는 먹이[段食]의 식욕과 성욕을 보유한다.

② **색계(色界)** 욕계 존재들의 본능인 식욕과 성욕을 초월한 세계로 명상 또는 선을 수행함[修禪]으로서 태어날 수 있는 세계이다. 색계 존재들의 형상[色]은 찬란한 광명을 이루고 선식(禪食)으로 생을 유지한다. 색계에는 네 수준의 천상이 있으며 네 수준의 선[四禪]을 수행한 과보로 태어나는 세계이다.

③ **무색계(無色界)** 욕계의 욕망[欲]과 색계의 형상[色]까지 초월

한 세계로 사무색정(四無色定)을 수행한 과보로 태어나는 형상이 없는[無色] 순전한 의식의 형이상학적인 세계이다.

범부가 욕계의 욕망에 염증을 느껴 이것을 초월하고 수승한 정신 수준에 도달하기 위해서나 삼계 윤회에서 계속되는 삶과 죽음[生死]에서 해방[=解脫]되기 위해서는 선(또는 명상)의 수행이 필요불가결하다. 선의 수행에는 여러 가지 방법이 있다. 신을 사유하는 명상, 인도 브라만-힌두교에서 아트만[=小我]이 브라만[大我]과 합치되기 위해 수행하는 요가의 최상의 목표인 '초월적인 명상', 남방불교에서 수행하는 '위빠사나', 중국 신선도(神仙道) 또는 도교에서 수행하는 선, 대승불교에서는 티벳불교의 '관법(觀法)', 중국 선불교의 '묵조선'과 '간화선(또는 參禪)' 등등이 있다. 일반적으로 가부좌를 하고 앉아서 좌선을 한다.(자세한 설명은 「제1장, 수선에 대한 입문」을 참조할 것.)

우선 '선(禪)'이란 용어는 인도 고어인 빨리어 'jhāna', 산스끄리트어 'dhyāna'에서 나온 표음문자인 '선나(禪那)'의 약자(略字)이다. '조용하게 집중된 의식, 마음의 상태'를 표현하며 여러 개의 동의어가 있다.

① Samādhi '삼매(三昧)' 또는 '삼마지(三摩地)'라는 표음문자로 한역한다. dhyāna에는 항상 samādhi가 있다.

② Samāpatti '정(定)', '등지(等至)'라고 한역하며 직역하면 '평등'이란 뜻이다. 무색계의 '사무색정(四無色定)'을 가르킨다.

③ Śamatha '지(止)'라고 한역하며 표음역은 '사마타(奢摩他)'이다. 선을 수행할 때 마음이 평화롭고 고요한 상태를 가르킨다.

④ Vipaśyanā '관(觀)'이라고 한역하며 표음역은 '비발사나(毘鉢舍那)'로서 수선할 때 지혜[般若]가 작용함을 나타낸다.

선을 수행할 때에는 두 가지 요소 '지(止, śamatha)'와 '관(觀, vipaśyanā)'이 병행되어야 이상적이다.

'禪那', '禪', '靜慮' '定', '禪定', '三昧', '止觀', 이 단어들은 모두 동의어이다.

사선(四禪)과 사무색정(四無色定)을 합해 간단하게 '선정(禪定)' 또는 '삼매'라고 하며, 수선의 정도가 높아지면 '선정 또는 삼매에 들어간다'고 표현한다. 수선의 발전은 모두 아홉 단계로서 그것은 4선(禪)과 4무색정(無色定), 그리고 '멸수상정(滅受想定) 또는 멸진정(滅盡定)'이다. 이 아홉 단계를 계속적으로 돌파하는 것을 '9차제정(九次第定)'이라고 한다.

1) 4선(禪)의 정의

색계는 네 단계의 선[四禪]을 수행함으로써 태어날 수 있는 세계이다. 그러면 4선이란 무엇인가? 경전은 4선에 대해 다음과 같이 설명한다.

① **첫 단계의 선[初禪]** 욕망과 악을 멀리하고 나쁜 법을 없앤 수행자는 조사하는 마음[覺]과 관찰하는 마음[觀]을 갖추고 여읨에서 생긴[離生] 기쁨[喜]과 행복[樂]을 느낀다. 이 상태가 초선에 들어가는 것이다.

② **두 번째 단계의 선[第二禪]** 조사하는 마음과 관찰하는 마음을 없앰으로써 내부의 마음[內心]이 깨끗하고 평화로우며[淸淨] 한곳에 마음을 집중시켜[一心], 조사하는 마음과 관찰하는 마음이 없는[無覺無觀] 삼매에서 생긴[定生] 기쁨과 행복의 상태가 제2선에 들어가는 것이다.

③ **세 번째 단계의 선[第三禪]** 기쁨을 없앰으로써[離喜故] 마음

의 평정함[捨]과 기억력[念], 그리고 완전한 자각에 머물어 온몸에서 행복[樂]을 느낀다. 성인들이 '평정하고 기억하며 완전히 자각하는 행복의 상태에 머무른다'라고 하는 이 상태가 제3선에 들어가는 것이다.

④ 네 번째 단계의 선[第四禪] 우선 기쁨과 슬픔을 없앰으로써 고통을 없애고, 행복을 없앰으로써 고통이나 행복이 없는[不苦不樂] 평정함[捨]과 기억력[念] 그리고 청정함[淨]의 상태가 제4선에 들어가는 것이다.

2) 4선(禪)의 수행방법과 진보

4선을 수행하기 위해서는 준비과정이 필요하다. 세 단계가 있는데 첫 단계는 보는 것[色], 듣는 것[聲], 냄새맡는 것[香], 맛보는 것[味], 감촉하는 것[觸]의 5욕(欲) 경계를 멀리하는 것이다. 두 번째 단계는 다섯 가지 장애[五蓋]인 성욕(性欲), 미워하는 마음[瞋], 수면-혼침(睡眠-昏沈), 산란-후해[掉悔], 의심[疑]을 극복하는 것이다. 세 번째 단계는 오욕과 다섯 가지 장애를 극복하기 위해서는 5법을 길러야 한다. 그것은 ①의욕[欲]: 이것은 욕계에서 선을 수행하고자 하는 열성적인 의욕이다. ②노력[精進]: 이것은 계율[戒]을 지키고 해태심이 없이 정신을 집중시키며 음식을 조절하고 산란심이 없이 마음을 집중하는 것이다. ③기억력[念]: 이것은 수선에서 얻는 낙(樂)을 기억하는 것이다. ④지혜로운 방법(巧慧): 이것은 욕계의 수선에서 얻은 낙을 중히 여기고 측정하는 것이다. ⑤한마음[一心]: 이것은 한 대상에 마음을 항상 집중시키고 산란함을 막는 일이다.

선을 수행하는 자[修禪者]는 오욕과 다섯 가지의 장애를 극복함에 따라 단계적으로 초선부터 제4선까지 올라간다. 4선에는 각 단계마다 얻어지는 심적 요소[支]의 특징이 있다. 그리하여 수선자의 심리는 그 요소들을 갖추게 되는데 초선에는 5요소, 제2선에는 4요소, 제3선에는 5요소, 제4선에는 4요소, 모두 18요소의 심적 작용이 있다.

4선의 각 요소는 다음과 같다.

초선 : ①조사하는 마음[覺] ②관찰하는 마음[觀] ③기쁨[喜] ④행복[樂] ⑤삼매(또는 定).

수선자는 초선에서 우선 조사하는 마음과 관찰하는 마음으로 욕계의 욕망과 악법을 관찰하고 제거하기 때문에 공덕과 선법(善法)을 얻으므로 마음이 크게 환희한다. 욕계의 나쁜 점을 사유하고 관찰한 수선자는 초선의 이익과 공덕을 얻은 것이, 마치 욕망의 불로 항상 타고 있는 자가 연못에 들어간 것과 같고 또한 빈궁한 자가 보물 창고를 얻은 것과 같다.

제2선 : ①내심의 평화[內心淸淨] ②기쁨[喜] ③행복[樂] ④삼매(三昧).

수선자는 제2선에서 조사하는 마음과 관찰하는 마음이 비록 좋은 법이기는 하지만 그것은 산란심을 일으키기 때문에 제거해야 한다. 그것은 마치 피곤한 자가 잠들려고 할 때 누군가 그를 부르면 마음이 크게 동요되는 것과 같이 조사하는 마음과 관찰하는 마음은 내적으로 마음을 모아 삼매에 들려고 할 때 방해가 된다. 그러므로 이 두 마음을 제거하고 내적으로 청정하여 마음을 한곳에 모아 생긴 삼매에서 기쁨과 행복이 생긴다.

제3선 : ①평정함[捨] ②기억력[念] ③완전한 자각[智] ④행복[樂] ⑤삼매(三昧).

수선자는 제3선에서 기쁨의 과오(過誤)를 관찰하고 이것을 제거한다. 그것은 마치 가난한 사람이 보물을 얻고 기쁨이 무량하다가 보물을 잃어버리면 근심 또한 깊은 것과 같다. 기쁨이 즉시 근심으로 바뀌는 것이다. 그래서 기쁨을 제거하면 평정한 마음과 기억력, 완전한 자각이 생겨 몸의 행복을 느낀다. 이 행복은 성인이 얻을 수 있고 또한 버릴 수 있다. 평정[捨]이란 기쁜 마음을 버림으로써 후회하지 않는 것이다. 성인은 이러한 평정을 얻을 수 있지만 보통 사람에게 평정은 어려운 것이다. 제3선의 행복은 초선이나 제2선과는 달리 근심이 생하지 않는 행복이다.

제4선 : ①평정함[捨] ②평정의 청정함[捨淸淨] ③기억력의 청정함[念淸淨] ④삼매(三昧).

수선자가 제4선에서 행복의 과오를 관찰하는 것은 제3선에서 기쁨의 과오를 관찰하는 것과 같다. 수선자는 제3선에서 행복으로 인하여 동요되었기 때문에 움직이지 않는 것[不動處]을 구한다. 왜냐하면 움직임[動搖]이 있으면 바로 고통[苦]이 있기 때문이다. 그리하여 근심과 기쁨, 고통도 행복도 없으며[不苦不樂] 단지 움직이지 않는 지혜[不動智慧]가 있을 뿐이다.

이상에서 설명한 것과 같이 각 단계에 올라감에 따라 수선자는 더 수승한 심적 요소를 얻게 되는데 공통된 점은 각 단계마다 집중력인 '삼매[=定]'가 있는 점이다. 18요소의 심리 중에서 제3, 4선에서 얻어지는 평정함[捨]과 기억력[念]의 요소가 기쁨[喜]이나 행복[樂]보다 더 수승한 요소로서, 제4선에서 수선자는 보통 사람들이 바라는 기쁨이나 행복을 초월하여 고통도 행복도 없는 '청정한 평정함과 기억력'의 심적 요소를 갖추게 된다.

우리가 주목할 것은 석가모니불이 제4선의 단계에서 무상정각

(無上正覺)을 성취했다는 점이다. 그는 태어나고 죽는 윤회[生死輪廻]의 세계에서 해탈하기 위해 수선할 때 최고 단계인 멸진정(滅盡定: 9번째 단계)까지 올라갔다. 그러나 그는 거기서 해탈, 즉 각(覺, 菩提)을 성취하지 못하고 제4선으로 내려와서 정각을 성취한 것이다. 그러므로 각을 성취하여 생사해탈하기 위해서는 4선의 수행은 필수조건이다.

3) 4무량심(四無量心)의 심리

4선을 수행하면 네 가지 무량한 마음[四無量心]을 얻게 된다. 그리하여 4선의 과보로 태어나는 색계 신들의 심적 요소는 이 네 가지 무량한 마음으로 구성되어 있다. 그것은 ①자애로운 마음[慈] ②불쌍히 여기는 마음[悲] ③기쁜 마음[喜] ④버리는 평정한 마음[捨]이다. 이 네 가지 마음은 보통 우리 인간들도 가지고 있는 심적 요소이지만 수선으로 인하여 얻어진 것은 모든 존재들을 무량하게 끝없이 이익을 주기 때문에 '무량(無量)'이라는 형용사를 첨가하는 것이다. 정각을 이룬 부처에게는 특히 '큰 大[mahā]' 자를 덧붙여 대자(大慈), 대비(大悲), 대희(大喜), 대사(大捨)라고 부른다.

① 자애로운 마음[慈]

보통 인간의 자애로운 마음[慈心]은 부모와 자식 사이의 사랑, 또는 친구 사이의 우정, 부부 사이의 애정 등등의 사랑하는 마음이다. 그러나 더 나아가 우주의 모든 인류, 육도를 윤회하는 모든 존재들에게 이 마음이 퍼지면 자무량심(慈無量心)이 된다. 자비로운 마음은 부정적인 심적 요소인 탐심[貪], 증오심[瞋], 적대심, 인색함을 치료[對治]한다.

② 불쌍히 여기는 마음[悲]

불쌍히 여기는 마음[悲心]은 육체적, 정신적으로 고통을 받는 가족, 친지를 도와주고 싶은 마음, 또는 자선가나 이타주의자들이 불행한 존재들을 도와주고 싶은 마음이다. 이 마음이 생사고통을 받는 모든 존재들에게 퍼지면 비무량심(悲無量心)이 된다. 불쌍히 여기는 마음은 자신이나 타인에 대한 폭력심을 없앤다.

③ 기쁜 마음[喜]

기쁜 마음[喜心]은 종교의 신이나 문예(文藝) 등등의 한 대상에 집중하거나 이타주의로 남에게 헌신, 봉사할 때 생기는 마음이다. 이 마음이 우주의 모든 행복한 존재들에게 퍼지면 희무량심(喜無量心)이 된다.

기쁜 마음은 자신에 대한 슬픔이나 불만, 타인에 대한 질투심을 없앤다. 심리적으로 기쁜 마음은 불쌍히 여기는 마음에 뒤따라 나타난다. 왜냐하면 불행한 존재들을 보고 불쌍히 여기는 마음을 일으켜 그들을 위해 보시라든가 자선행위를 하면 자연적으로 기쁜 마음이 생기기 때문이다. 그렇다면 심리적으로 행복감[樂]과 기쁨[喜]은 어떤 차이가 있는가? 행복감은 색·성·향·미·촉의 오관(五官)의 전5식(前五識)에 연결된 감각으로 느끼는 거친 심리작용이지만 기쁨은 제6식에 연결된 내부로 느끼는 섬세한 심리작용이다. 그리하여 행복감이 육체적인 느낌[感受]이라면 기쁨은 정신적인 느낌이다.

④ 버리는 평등한 마음[捨]

버리는 평정한 마음[捨心]이란 중용, 중도를 지키는 현인의 고귀한 마음이나. 위의 세 가지 마음을 버리고 가족, 친지, 우주의 모든 존재들에 대하여 사랑하고 미워하는[憎愛] 마음이 없으면 사무량심(捨無量心)이 된다.

버리는 평등한 마음은 집착 또는 애착에서 오는 고락을 여읜 마음으로 마음의 평화, 안심을 가져온다. 위의 세 가지 마음에서 자애로운 마음이나 기쁜 마음은 대상에 대한 애착을 가져오고 불쌍히 여기는 마음은 자신의 슬픈 마음을 야기한다. 그리하여 애착이나 슬픈 마음은 집중된 마음이 아닌 산란심의 상태이지만 버리는 평등한 마음에는 이러한 애착이나 산란심이 없다.

삼계를 윤회하는 존재들은 낙(樂: 행복), 고(苦, 고통), 불고불락(不苦不樂) 등 3종의 감각을 받는다. 모든 존재들은 고통을 피하고 행복을 원하는데 세 종류의 존재들이 있다. 천상의 존재들[諸神]이나 소수의 인간들처럼 낙(樂)을 감수하는 존재, 삼악도의 존재들이나 소수의 인간들처럼 고(苦)를 감수하는 존재, 대다수의 존재들처럼 불고불락(不苦不樂)을 감수하는 존재이다.

4선에서 기쁜 마음과 행복한 마음은 초선, 제2선, 제3선의 수행에서 나타나는 심적 요소이다. 그러나 버리는 평등한 마음[捨心]은 특히 제4선의 수행에서 나타나는 고통이나 행복에 흔들리지 않는 평정한 마음으로 희심(喜心)이나 낙심(樂心)보다 더 고귀한 심적 요소이다. 부처가 되기 위해 수선하는 자는 이 사심(捨心)의 심리를 갖추는 것이 필수적이다. 그러나 세상에는 자심(慈心)과 비심(悲心: 慈悲心)이 더 필요한 요소이다. 부처는 이 두 마음의 공덕을 칭찬하며 권유하기를, 자심은 거친 세상에서 갖추기 힘든 공덕심이라 했으며, 비심은 불행한 존재를 위해 행하는 위대한 공덕행이 있다고 했다.

4) 4무량심의 과보

네 가지 무량한 마음의 공덕을 갖춘 4선의 수행은 유위(有爲)의 인과법에 의하여 색계에 탄생하는 결과를 가져온다. 색계는 4선천(禪天)으로 형성된 18무리[群]의 천상(天上)이 있다.

① 초선천의 4무리의 천상

범천(梵天) : 이 색계 천신의 수명은 20소겁이다.

범중천(梵衆天)·범보천(梵輔天) : 이 색계 천신의 수명은 40소겁이다.

대범천(大梵天) : 이 색계 천신의 수명은 60소겁이다.

② 제2선천의 3무리의 천상

소광천(少光天) : 이 색계 천신의 수명은 80소겁이다.

무량광천(無量光天)·광음천(光音天).

③ 제3선천의 3무리의 천상

소정천(少淨天)·무량정천(無量淨天)·변정천(遍淨天).

④ 제4선천의 8무리의 천상

무운천(無雲天)·복생천(福生天)·광과천(廣果天)·무번천(無煩天)·무열천(無熱天)·선현천(善現天)·선견천(善見天)·색구경천(色究竟天).

무량광천부터 천신의 수명은 올라갈수록 80소겁부터 두 갑절로 늘어난다.

색계의 4선천 중에서 초선의 과보로 태어나는 초선천은 우주가 파괴되는 괴겁(壞劫)에서 화재의 재앙을 받아 없어진다. 다시 말하자면 괴겁의 화재는 욕계의 지옥부터 색계의 초선천까지 태워버린다. 그 이유는 초선에서 심적 요소의 특징이 조사하는 마음[覺]과 관찰하는 마음[觀]이며, 이 심리 작용은 불과 같은 성질이 있기 때문에 불의 영향을 받는 것이다. 불과 같은 성질의 각(覺)과 관(觀)은 부정적인 심적 요소인 번뇌를 태워 없앤다.

제2선천은 괴겁 시에 수재의 재앙을 받아 없어진다. 그것은 제2선의 심적 요소의 특징이 기쁨[喜]이며, 이 심리 작용은 물의 성질이 있기 때문에 물의 영향을 받는 것이다. 기쁨이 물의 성질인 것은 보통 우리가 너무 기쁠 때에는 눈물이 나오는 것으로 알 수 있다. 슬픔의 감정도 물의 성질이다.

제3선천은 괴겁 시에 풍재의 재앙을 받아 없어진다. 제3선의 심적 요소의 특징은 낙(樂)으로 제3선의 수행자는 온몸으로 행복감을 느낀다. 이 행복감은 수선 시에 들여마시고[吸] 내쉬는[呼] 출입식(出入息)의 연습으로 나타난다. 호흡은 바람의 성질이 있기 때문에 그 영향을 받는 것이다.

제4선천은 괴겁의 재앙을 받지 않는다. 제4선천의 신들에게는 낙(樂)의 감수가 없고 움직임이 없는[不動] 마음과 비슷한 평정함[捨]의 감수가 있을 뿐이다. 그리하여 괴겁 시에 수·화·풍(水火風) 삼재의 재앙을 받지 않는다. 제4선천의 8무리의 천상과 무색계의 네 종류의 천상은 괴겁 시에 삼재의 재앙을 받지 않는다. (4선에 대해서는 졸저, 『반야경』의 출세간법』 제5장 四禪, p.230-262 참조할 것)

2. 무색계와 4무색정(四無色定)

욕계, 색계의 존재들은 5음(陰, 蘊)의 더미를 다 구족하지만 무색계의 존재들은 색음(色陰=色蘊)이 결여된 나머지 수(受)·상(想)·행(行)·식(識)의 4가지 더미는 갖고 있다. 그러므로 무색계의 신은 보이지 않는 무형(無形)의 존재이다. 무색계는 4무색정을 수선함에 따라 얻어지는 4종의 천상이 있다.

1) 4무색정과 4무색천(四無色天)

① 제1무색정 수선자는 물질, 형상의 개념을 초월하고 저항의 개념을 없애며 모든 종류의 개념을 생각하지 않기 때문에 끝없는 허공의 경계[無邊虛空處]에 들어간다.

② 제2무색정 수선자는 모든 끝없는 허공의 경계를 초월하여 끝없는 의식의 경계[無邊識處]에 들어간다.

③ 제3무색정 수선자는 끝없는 의식의 경계를 초월하여 아무것도 없는 경계[無所有處]에 들어간다.

④ 제4무색정 아무것도 없는 경계를 초월하여 생각도 없고 생각 없는 것도 아닌 경계[非有想非無想處]에 들어간다.

4무색천은 4무색정의 경계로 무변허공처천(無邊虛空處天), 무변식처천(無邊識處天), 무소유처천(無所有處天), 비유상비무상처천(非有想非無想處天)이 있다. 무색계의 신들은 정(定=三昧)의 상태로 그들의 수명이 끝날 때까지 존재한다.

- 무변허공처천 : 이 천상신의 수명은 2만 소겁이다.
- 무변식처천 : 이 천상신의 수명은 4만 소겁이다.
- 무소유처천 : 이 천상신의 수명은 6만 소겁이다.

– 비유상비무상처천 : 이 천상신의 수명은 8만 소겁이다.

이중에서 제4무색천인 비유상비무상처천은 존재의 최상 꼭대기[有頂]로서 더 이상의 존재 세계는 없다. 그리하여 이 천상에 도달하면 다시 윤회의 굴레로 떨어질 수밖에 없다. 왜냐하면 이 천상은 해탈의 세계가 아니기 때문이다.

형상[色]을 초월한 무색계의 존재들도 6종류의 미세한 번뇌[睡眠 또는 使]를 그들의 의식에 소지한다. 그것은 ①탐심[貪] ②진심[瞋] ③만심[慢] ④무명(無明) ⑤견해(見) ⑥의심(疑)이다.

2) 멸진정(滅盡定)과 무상정(無想定)

수선자가 4선과 4무색정을 돌파하면 마지막으로 멸진정에 들어갈 수 있다. 멸진정은 모든 감각과 생각이 완전히 소멸된 상태로 물질[色]이 부재하는 비유상비무상처천인 유정(有頂)에서 일어난다. 멸진정은 성인들만이 들어갈 수 있고 범부들은 들어갈 수 없다. 왜냐하면 범부들은 멸진정에서 생각과 정신작용의 소멸인 단멸을 두려워하기 때문이다. 범부들은 물질이 계속되는 제4선에서 생기는 무상정(無想定)에 대해서는 그러한 두려움이 없다. 사실 멸진정에도 마음과 연결되지 않은[心不相應] 어떤 종류의 제행(諸行 또는 業)이 머물러 있지만 범부들은 그것들을 보지 못한다.

멸진정은 도(道)의 힘으로 일으킬 수 있으며 열반을 목적으로 수행하는 소승불교의 고행자는 이 멸진정에서 용해될 수 있다. 그러나 이 멸진정의 상태가 완전한 생사해탈이 아님은 석가모니불의 경험에 의해 알 수 있다.

멸진정은 무상정(無想定)으로서 생각이 없는 무상(無想) 또는 무심(無心)의 상태이다. 무상정에는 세 종류가 있다.

① 멸진정 생각과 감각을 소멸한 정으로 멸수상정(滅受想定)이라고도 부르며 위에서 설명한 것과 같다.

② 무상정(無想定) 이 무상정에 들어간 자들의 마음과 모든 심적 요소가 멈춤은 마치 깊은 잠에 들어간 것과 같다. 이 무상정은 제4선을 수습함으로써 얻어진다.

③ 무상천(無想天) 무상정을 수행한 과보로 태어나는 천상으로 제4선천의 8무리의 천상 중에서 3번째 무리인 광과천(廣果天)을 말한다. 이 천상의 존재는 태어날 때와 죽을 때만 의식이 있다. 그러나 이들은 비록 영원과 같은 긴 세월을 무의식의 상태로 존재할지라도 수명이 다하면 필연적으로 욕계로 떨어지는 것이 마치 화살이 땅으로 떨어지는 것과 같다.

멸진정은 아홉 종류의 심적 요소를 차례로 소멸하여 얻어지는 정(定) 또는 삼매이다. 초선부터 멸진정에서 소멸할 수 있는 심적 요소는 다음과 같다.

① 욕망[欲: kāma. kāma는 性欲을 뜻하는 kamā-chanda의 줄임말] 초선에서 멸함.

② 조사와 관찰[覺觀] 제2선에서 멸함.

③ 기쁨[喜] 3선에서 멸함.

④ 출입식(出入息) 또는 행복[樂] 제4선에서 멸함.

⑤ 물질, 형상에 대한 관념[色想] 제1무색정에서 멸함.

⑥ 무한한 허공[無邊虛空處]에 대한 관념 제2무색정에서 멸함.

⑦ 무한한 의식[無邊識]에 대한 관념 제3무색정에서 멸함.

⑧ 허무[無所有]에 대한 관념 제4무색정에서 멸함.

⑨ 모든 관념[想]과 감각[受] 멸진정에서 멸함.

범부는 마음을 소멸하기 위해 무상정에 들어가고 불제자(佛弟

子)는 멸진정에 들어간다.

3) 9차제정(九次第定)

초선에서 멸진정까지의 아홉 단계가 계속되는 정(定)을 9차제
정(九次第定)이라고 한다. 9차제정이 단순한 수선과 다른 점은 한
단계에서 다음 단계로 올라갈 때 끊임없이[斷切] 계속해서 입선
(入禪)할 수 있는 능력이 있어야 다음 단계를 이룰 수 있다는 것이
다. 『대지도론(大智度論)』은 9차제정에 대해 다음과 같이 말한다.

9차제정이란 수선자가 초선의 마음에서 나와 곧 계속해서 제2
선으로 들어가는 것이다. 그래서 마음이 들어갈 사이가 없는데 그
마음은 선한 것이거나 오염된 것이다. 이와 같이 4선에서 4무색정
을 거쳐 멸수상정(滅受想定=멸진정)까지 계속되는 것이다. 수선
자가 깊은 결심과 지혜가 날카로우면 수선자는 스스로 그의 마음
을 시험한다. 그래서 초선의 마음에서 나와 계속해서 제2선에 들
어간다. 그리하여 다른 생각이 들어갈 사이가 없다. 이러한 성질의
마음은 부드러워서 쉽게 법에 대한 애착[法愛]을 끊을 수 있기 때
문에 마음과 마음이 차례로 연결되는 것이다. (4무색정에 대해서
는 졸저, 『반야경』의 출세간법』, 제6장, p.263-279 참조할 것)

선정의 수행에는 세간도(世間道)와 출세간도(出世間道)의 두
가지 길[道]이 있다. 세간도는 청정하지 않은 도[有漏道]라고도 하
는 데 이 길은 불법의 진리를 깨닫지 못한 범부가 따르는 도이다.
세간도의 선정은 맛[味]에 연결된 깨끗한[淨] 선(禪)으로, 선(善)하
지만 갈애(渴愛)로 오염된 세간적이고 범부들이 수행하는 선이다.

다시 말하자면 불법의 진리를 알지 못하고 선수행을 하면 삼매에서 오는 기쁨이라든가 행복에 심취되어 그 맛에 탐착한다. 때문에 윤회의 원인인 갈애를 여의지 못하고 색계나 무색계인 욕계보다는 월등하게 선하고 깨끗한 세계에 태어나게 하는 원인이 된다.

만약 이것으로 번뇌에서 해탈한다면 그것은 단지 일시적인 방법이다. 만일 수선자가 4선과 4무색정을 수행하면 욕계, 색계의 번뇌와 4무색계천 중에서 처음 3무색계천의 번뇌를 소멸할 수 있지만 네 번째 무색계천인 비유상비무상천인 유정(有頂)의 번뇌는 소멸할 수 없다. 그리하여 색계천이나 무색계천의 과보를 감수하지만 생사 윤회에서 해탈은 할 수 없다.

출세간도는 청정한 도[無漏道]라고도 하는 데 이것은 불법의 진리인 고·집·멸·도(苦集滅道)의 사성제(四聖諦)를 깨달은 청정한 지혜를 가진 성인이 따르는 도이다. 출세간도에서 수행하는 선을 무루선(無漏禪)이라고도 하는 데 무루선은 삼계의 속박을 받지 않으며 생사 윤회에서 해탈을 할 수 있는 방법이다. 출세간도에서 닦는 무루선은 사성제를 깨달아 직접 부정적인 심적 요소[煩惱]를 소멸하고 해탈로 인도한다.

석가모니는 이 두 길을 병행했다. 석가모니도 보디가야의 보리수 아래 앉을 때까지는 아직 사성제를 깨닫지 못한 범부였다. 그는 보리수 아래에서 비로소 세간도를 따라 4선과 4무색정을 수행하여 욕계, 색계의 번뇌와 4무색계 중에서 3무색계의 번뇌를 소멸했으며, 스스로 무상정각(無上正覺)을 이루는 순간 사성제를 깨달아 모든 번뇌를 소멸한 아라한(阿羅漢=應供)이 되었고 동시에 전생에 쌓은 복덕으로 원만불(圓滿佛, samyaksaṃbuddha)이 되었다. 석가모니불은 스승 없이 스스로 사성제를 깨달아 생사해탈의 일을 마치고 또한 그 방법을 제자들에게 가르쳤다. 그러므로 석가모니불 이전의 해탈을 위해 고행한 수선자들은 존재의 꼭대기[有頂]인 비유상비무상천까지는 도달했지만 해탈은 얻지 못했다. 석가모니불과 그 제자들이 가르친 법으로 인하여 불교문화권인 아시아에서는 수많은 사람들이 생사를 해탈하여 인류에 공헌했다. 그 불법은 지금까지 계속 전승되고 있다. 우리가 생사해탈을 원한다면 단지 그의 법을 이어 받은 조사들의 가르침을 따르면 될 것이다.

3. 범부의 길[凡夫地]

우리는 첫 번째 단계 제1장에서 삼계에서 삶과 죽음을 윤회하는 원인인 번뇌라고 부르는 존재들의 심적 요소를 나열했다. 두 번째 단계 제2장에서는 지옥·아귀·축생·인간·아수라·육욕천인 육도의 욕계를 윤회하는 존재들에 대해 그리고 십선도(十善道)의 계율과 그 필요성에 대해 설명했다.

세 번째 단계 제3장의 주제는 욕계보다 수승한 세계인 색계와 무색계에 대한 것이다. 이 세계는 욕계의 욕망을 초월하고 명상이나 선을 닦음으로써 태어날 수 있는 곳이다. 그러나 색계와 무색계도 윤회에서 해탈된 세계는 아니다. 그곳의 천상신들도 우리와 같은 범부의 영역을 넘지 못한다. 왜냐하면 아무리 영원과 같은 긴 세월을 지나는 동안 천상락을 누린다고 해도 필경에는 타락이 있기 때문이다. 그러면 어떻게 범부의 영역을 벗어나 타락이 없는 성인의 경계인 생사 윤회가 없는 해탈 세계로 갈 수 있을까? 이것이 우리 범부들이 해결할 문제인 것이다.

불교에서 성인이란 제법의 성질[法性 또는 眞性]을 깨달은 자이다. 반대로 범부는 무명과 갈애로 인하여 깨닫지 못한 자이다. 제법이란 현상세계에서 벌어지는 모든 요소를 말한다. 범부가 성인이 되기 위해서는 정신혁명을 해야 한다. 정신혁명이란 우리 범부들의 부정적인 심적 요소들인 번뇌를 태워 없애는 것, 또는 깨끗히 씻어 없애는 일이다. 우리 범부가 불법의 가르침에 따라 어떤 종류의 번뇌를 태워 없애면, 또는 씻어 없애면 그 순간 우리는 제법의 성질을 깨닫게 된다. 이 제법의 성질을 깨닫는 순간을 인도불교에서는 '견도(見道)'라고 표현하고 중국권 불교에서는 '견성(見性)'이라고 한다. 견도에 들어간 자 또는 견성한 자를 '성인(聖人)' 또는 '도인(道人)'이라고 부른다.

우리 범부가 수선하여 견도에 들어가면 또는 견성하면 성인, 도인이 된다. 그리하여 생사 윤회에서 벗어나게 된다. 이것이 생사해탈이다. 성인이 되기 위해 우선 범부의 심리 상태를 검토해 보자.

1) 무명과 갈애

한마디로 범부들의 심리상태는 무명과 갈애로 덮혀 있다. 무명이란 제법에 대한 무지(無智)이다. 삼계에 대한 무지, 업(또는 행위)의 과보에 대한 무지, 불·법·승 삼보와 사성제에 대한 무지 등등이다. 무지는 '지(智)'의 반대말이다. 이러한 무지는 우리들의 심리 상태를 오염시키는 근본이 된다.

무명(無明)은 우리가 선천적으로 가지고 태어난[俱有] 무명과 분별심에서 일어나는[分別所起] 무명 등 두 가지가 있다. 구유의 무명은 직접 번뇌와 연결되어 있지 않지만 분별소기의 무명은 번뇌와 의심[疑], 잘못된 사견(邪見), 계율이나 의식을 소중히 여기는 계금취견(戒禁取見)과 연결되어 있다. 욕계에서 일어나는 무명은 욕망[貪]과 증오[瞋]와 함께 악의 근본[不善根]을 형성한다. 그리하여 근본 번뇌인 삼독 – 탐욕[貪]·성냄[瞋]·어리석음[癡] – 이 된다.

그러므로 범부의 근본 원인은 무명이다. 이 무명에서 모든 번뇌, 부정적인 심리작용이 일어나게 된다. 무명(無明), 무지(無智), 치(癡), 사견(邪見) 등은 모두 동의어이다. 무명으로 인하여 범부는 제법의 성질[法性] 또는 제법의 진실한 모양[實相]을 알지 못하는 것이다.

모든 존재[衆生, 有情]는 감각을 느낀다. 감각[受]을 갈구하는 갈애는 무명과 함께 짝을 이루어 범부의 원인이 된다. 갈애는 감각을 조건으로 하여 생기는데 감각은 욕심의 대상에 대한 느낌이다. 그것은 우리가 어떤 대상에 대해 좋은 감각을 느끼면 끊임없이 관계하기를 갈구한다. 괴로우면 떨어지기를 바라며 좋지도 않고 괴롭지 않아도 잃지 않기를 갈구한다. 이러한 감각의 노예가 되는 갈애가 범부의 상태이다. 그리하여 범부는 세간의 8풍(八風)인 얻음[利]·손해[衰]·즐거움[樂]·괴로움[苦]·명예[譽]·헐뜯음[毀]·칭찬[稱]·비난[譏]의 노예가 되어 끊임없이 갈애에 시달리는 것이다.

무명과 갈애로 인하여 범부는 몸[身]과 언어[口], 생각[意]의 삼업으로 착하거나 악한 또는 착하지도 악하지도 않은 행위를 하여, 이 세상에서 저 세상으로 육도의 생사 윤회를 끊임없이 되풀이하는 것이다.

2) 108번뇌와 5종류의 잘못된 견해[邪見]

범부의 번뇌는 6종류의 미세한[細] 번뇌[使 또는 睡眠]로부터 시작한다. 6종류의 미세한 번뇌는 ①무명(無明) ②탐심[貪] ③진심[瞋] ④견해[見] ⑤만심[慢] ⑥의심[疑]이다. 여기에 5종의 잘못된 견해인 신견(身見), 변집견(邊執見), 사견(邪見), 견취견(見取見), 계금취견(戒禁取見)과 더해져 10종류의 미세한 번뇌가 된다. 이 10종류의 미세한 번뇌가 욕계에서는 5종류의 무명, 5종류의 탐심, 5종류의 진심, 12종류의 견해, 5종류의 만심, 4종류의 의심으로 증가되어 36종류의 심적 요소인 번뇌가 된다. 색계와 무색계에서는 5종류의 진심은 없기 때문에 각각 31종류가 되어 삼계에는 모두 98종류의 심적 요소인 미세한 번뇌가 있다. 이것을 98사(使) 또는 수면이라고 부른다.

이 98종류의 미세한 번뇌와 범부 심리에 깊이 잠재해 있는 10종류의 부차적인 번뇌[纏]인 수치심이 없음[無慚], 예의가 없음[無愧], 성냄[忿], 질투[嫉], 인색함[慳], 감춤[覆], 무기력[昏沈], 잠[睡眠], 산란함[掉擧 또는 動心], 후회함[悔]을 합해서 '108번뇌'라고 한다. 이 108종류의 번뇌는 제8아뢰야식 창고에 저장되어 있어 우리가 전생에 행하던 버릇인 습기(習氣)와 금생의 제7식과 합작이 되어 한 범부의 심리 상태로 다시 형성되고. 이것이 제6식인 의식과 전5식인 안식(眼識)·이식(耳識)·후식(嗅識)·설식(舌識)·촉식(觸識)을 통해 나타나는[現行] 것이다. 108번뇌는 우리 범부가 수행하여 사성제의 진리를 깨달아 성인의 계위에 들어갈 때까지 언제나 제8아뢰야식에 저장되어 있다.

범부가 반복하는 생사의 원인인 무명은 우리의 삼업 중에서 잘못된 의업(意業)에 있다. 잘못된 의업은 다섯 가지 잘못된 견해[見]를 낳는다. 이 다섯 가지 잘못된 견해에서 계속하여 다른 모든 사견들이 속출한다. 존재들이 생각할 수 있는 모든 견해를 '희론(戱

論)'이라고 한다. 그러므로 범부가 성인이 되어 생사 윤회를 끊기를 원한다면 우선 다섯 가지 사견을 없애고 올바른 견해(正見)를 가져야 한다. 다섯 가지 사견은 제1장에서 간단히 설명했지만 반복하여 설명하자면 다음과 같다.

① 자아가 존재한다는 견해[身見] 우리는 육체와 정신으로 이루어진 자아[我]가 실제로 존재한다고 생각한다. 육체와 정신은 오음(五陰=五蘊, 다섯 더미)으로 구성된 것으로 육체, 즉 색신은 오음 중에서 색음(色陰=色蘊, 물질의 더미)으로 구성되었으며, 정신은 수음(受陰=受蘊, 감각의 더미), 상음(想陰=想蘊, 개념의 더미), 행음(行陰=行蘊, 행위의 더미), 식음(識陰=識蘊, 의식의 더미)으로 구성되어 있다(제1장 5온 참조할 것). 신견은 5음에 집착하여 자기라는 견해[我見]와 자기 것이라는 견해[我所見]를 일으켜 모든 사견의 근본이 된다.

② 극단에 집착하는 견해[邊執見] 신견에서 나온 견해로 모든 존재가 영원하다든가[常], 끊어져 없어진다든가[斷] 등의 극단적인 견해를 가리킨다. 이것은 모든 존재, 제법은 원인[因])과 조건[緣]에서 생기는 연기의 법칙, 중도를 알지 못하는 것에서 나온 견해이다. 상견(常見)과 단견(斷見)이 대표적이다.

③ 잘못된 견해[邪見] 인과 법칙, 연기법을 알지 못하기 때문에 잘못된 견해를 일으킨다. 예를 들면 사성제는 존재하지 않는다든가, 우주와 생명체를 신이 창조했으며 그 신은 실제로 존재한다든가 등등의 있다든가[有], 없다든가[無] 하는 견해로서 유견(有見)은 상견을 일으키고 무견(無見)은 단견을 일으킨다. 이러한 사견은 업에 대한 과보를 무시할 뿐만 아니라 선근을 파괴하고 인간을 몽매의 구덩이로 몰고 간다.

④ 어떤 개념을 과대평가하는 견해[見取見] 어떤 영리하거나 광증의 이론가(理論家)들이 생각해 낸 개념, 주의, 종교 등등을 비교하여 우월하다든가[上], 하열하다든가[下] 하여 분별하고 집착하는 견해이다. 예를 들면 자본주의가 공산주의보다 우월하다든가 또는 하열하다든가, 기독교가 회교보다 우월하다든가 또는 하열하다든가, 백인은 흑인보다 우월하다든가 하는 등등이다. 이러한 어떤 주의나 종교, 개념들을 우월하다고 과대평가하고 집착하는 견해는 인간으로 하여금 우월주의로 몰고 가 국가 간의 전쟁, 종교 간의 전쟁, 인종 간의 전쟁 등을 유발한다.

⑤ 계율이나 금욕에 대해 과대평가하는 견해[戒禁取見] 어떤 종교나 주의가 주장하는 도덕이나 계율, 금욕, 의식 등이 다른 것들보다 더 청정하고 우월하며 효력이 있다고 과대평가하고 집착하는 견해이다. 예를 들면 어떤 계율을 지키거나 의식을 하면 해탈을 한다든가, 천당에 간다든가, 부자가 된다든가, 소원성취 한다든가 등등이다. 이러한 견해는 흔히 삿된 종교가들이 그들의 이익을 위해 주장하는 잘못된 견해이다.

다섯 가지 견해에서 모든 잘못된 사견과 망상이 유출된다. 『유가사지론』은 96종의 사견을 열거하고 있다. 이 다섯 가지 견해 중에서도 특히 첫 번째 신견(身見)이 범부가 되는 주범이다. 신견(身見), 아견(我見), 아소견(我所見), 아상(我相), 아소상(我所相), 인상(人相), 중생상(衆生相), 수자상(壽者相) 등은 모두 동의어이다. 우리는 바로 이 신견으로 인하여 자타의 분별심을 일으켜 자기를 중요시 여기고 남을 하열시하며 모든 인생고를 불러 일으키는 것이다. 더욱이 신견(身見)을 가지고 수행된 명상 또는 선은 범부선(凡夫禪)으로 결코 성인이 되어 생사해탈을 할 수 없음을 알아야 한다.

불교는 이러한 잘못된 견해들을 바로 잡기 위해 그 대치법으로 무아 사상을 제시한다. 범부는 일상생활에서 경험하는 육신[身], 감각[受], 마음[心], 대상[法]에 대해 잘못된 견해를 가지고 있다. 그것은 육신은 깨끗하다[淨]는 생각, 감각은 즐겁다[樂]는 생각, 마음은 영원히 항상하다[常]는 생각, 모든 요소로서의 대상인 제법은 실체[我]가 있다는 생각이다. 그러나 우리가 선을 수행하여 깊이 관찰해 보면 그와는 반대라는 것이다. 이 네 가지 착각을 4전도(四顚倒)라고 부른다.

초기불교는 이 네 가지 전도를 바로 잡기 위해 이것들을 올바르게 관찰하는 방법인 사념처(四念處 또는 四念住)를 가르친다. 사념처는 다음과 같다.

① 육신에 대한 자리 메김[身念處] 육신은 깨끗한 것이 아니라 더럽다[不淨]고 관찰하는 것.

② 감각에 대한 자리 메김[受念處] 감각은 즐거운 것이 아니라 괴롭다[苦]고 관찰하는 것.

③ 마음에 대한 자리 메김[心念處] 마음은 항상한 것이 아니라 무상(無常)하다고 관찰하는 것.

④ 대상에 대한 자리 메김[法念處] 제법은 실체가 있는 것이 아니라 실체가 없다[無我]고 관찰하는 것.

위의 다섯 가지 견해와 네 가지 전도된 생각은 직접 관계된 것이다. 사념처를 올바르게 깊이 수행하면 잘못된 견해[邪見]와 전도된 견해를 없앨 수 있다. 남방불교, 우리가 지칭하는 소위 소승불교에서 수행하는 위빠사나[觀 또는 관찰] 명상법은 사념처를 수행함으로써 '아라한[聖者]'이 되는 것을 목표로 삼는다. 위빠사나 수행자는 처음에 명상을 하면서 몸과 마음에서 일어나는 '감각[受念處]'을 의식을 가지고 관찰한다. 수선이 깊어짐에 따라 사견과 부정적인 심적 요소, 번뇌는 소멸된다. (사념처에 대해서는 졸저, 『반야경』의 출세간법』, 제1장, p.104-120 참조할 것)

3) 삼보(三寶)

범부의 위치[凡夫地]에서 성인의 자리로 가기 위해서는 불법을 통해 그 방법을 신해(信解)하고 수행해야 한다. 바로 이것이 범부가 불·법·승이란 세 가지 보물[三寶]에 귀의해야 할 이유가 되는 것이다.

불(佛)이란 2500전 인도(현재 네팔)에서 태어나 누구나가 겪는 인생고인 생·로·병·사 문제를 해결하기 위해 왕궁을 떠나 고행자가 되었으며, 6년 동안 수선하여 드디어 그 방법을 발견하고 무상정각(無上正覺)을 이루어 윤회에서 해탈한 성인인 석가모니불(釋迦牟尼佛=Śākyamuni Buddha)이다. 석가모니불도 깨달음(覺, Bodhi)을 이루기 전에는 역시 우리와 같은 범부였다는 사실을 알아 두자.

법(法)이란 석가모니불과 그의 제자들이 윤회에서 해탈하여 성인, 부처가 되는 방법을 후세를 위해 남긴 가르침이다. 역사적으로 불교권의 나라에서는 이 법을 문자로 남긴 수많은 경서(經書)와 논서(論書)를 보유하고 있다. 예를 들면 우리나라의 해인사 팔만대장경이 그것이다.

승(僧)이란 석가모니불과 그의 제자들을 스승으로 섬기고 그들의 가르침을 배우고 수행하기 위해 형성된 승단(僧團)을 말한다. 승단에는 비구(比丘: Bikṣu의 음역), 비구니(比丘尼: Bikṣnī

의 음역), 청신자(淸信者: Upasaka, 음역은 우바새), 청신녀(淸信女: Upasikā, 음역은 우바이)의 사부대중(四部大衆)이 있다. 비구는 출가한 남자 스님으로 걸사(乞士: 빌어 먹는 선비)라고 한역한다. 비구니는 출가한 여자 스님, 청신자는 삼보에 귀의해 수행하는 남자 신도, 청신녀는 삼보에 귀의해 수행하는 여자 신도를 말한다. 흔히 말하는 '스님'은 승(僧)의 존칭어로 출가한 비구, 비구니를 가리킨다. '중(衆)'이란 승단의 동의어 '僧衆'에서 나온 말이나 '스님'을 비하해서 쓰는 말로 바뀌었다.

우리 범부가 불·법·승 삼보를 믿고 이해하면 인생고의 해결 방법을 알고 또한 수습하여 생사 윤회에서 해방되는 해탈도로 나아가게 된다. 삼보에 귀의한 범부의 계위는 세 단계가 있다. 첫 번째는 삼보에 대한 믿음[信]이며, 두 번째는 삼보에 대해 의심이 없는 것[無疑], 세 번째는 확실한 이해[決了]이다. 이것을 『반야경』은 다음과 같이 서술한다.

「적은 수의 인간이 부처를 믿고 그의 법을 믿고 파괴하지 않으며 승단을 믿고 파괴하지 않는다. 적은 수의 인간이 부처에 대해 의심이 없으며 그의 법에 대해 의심이 없고 승단에 대해 의심이 없다. 적은 수의 인간이 부처에 대해 확실하게 이해하고 그의 법에 대해 확실하게 이해하며 승단에 대해 확실하게 이해한다.」

少所人信佛 不壞信法 不壞信僧 少所人於佛無疑 於法無疑 於僧無疑 少所人於佛決了 於法決了 於僧決了.

(『마하반야바라밀경』 제32, 「대명품(大明品)」)

삼보에 귀의한 범부는 오계와 십선계를 지키고 자신과 타인을 위해 착한 일[善行]을 한다. 선행의 종류는 여러 가지가 있지만 가장 좋은 과보를 가져오는 것을 복의 밭[福田]이라고 한다. 복전에는 세 종류가 있다. ①부모를 공경하고 보살피는 것. ②가난한 자, 외로운 자, 병든 자를 보살피는 것. ③승단(僧團)을 존경하고 보시하는 등으로 보살피는 것이다. 복전에 씨를 심고 불법을 배우면 지혜가 생긴다. 지혜를 얻는 방법에는 세 가지가 있다. ①경론을 읽거나 강의를 듣고 얻는 지혜[聞慧]. ②보고 들은 것을 깊이 사유하고 판단하여 얻은 철학적인 지혜[思慧]. ③선정을 닦음으로써 얻은 지혜[修慧]이다. 복과 지혜, 이 두 발[兩足]은 성인의 자질이다. 그러므로 복과 지혜, 선정을 닦음으로써 범부는 성인이 될 수 있다.

인간 갈래에서 범부가 향하는 길은 신·구·의 삼업의 행위의 수준에 따라 여러 가지 길로 갈라진다. 하열하고 악한 범부는 십악을 범하여 삼악도인 지옥·아귀·축생의 길로 향한다. 착한 범부는 오계와 십선계를 행하여 선도(善道)인 인간·아수라·육욕천의 인천(人天)의 길로 간다. 욕망을 멀리하고 수선하는 수승한 범부는 색계나 무색계의 천상의 길로 간다. 수없이 반복되는 삶과 죽음의 윤회에서 벗어나기 위해 출세간도를 원하는 범부는 네 지위의 성인의 길로 간다. 그것은 성문(聲聞, Śrāvaka), 독각(獨覺 또는 벽지불, Pratyekabuddha), 보살(Bodhisattva 또는 大士, Mahā-sattva), 부처(佛, Buddha)의 길이다.

인간 갈래와 천상 갈래로 가는 가르침을 인천승(人天乘)이라고 한다. 인천승의 예를 들면 유일신을 숭배하는 유대교, 기독교, 회교, 제신(諸神)을 숭배하는 힌두교, 인도(人道)를 가르치는 유교 등등으로 계율과 의식에 대한 가르침을 중요시한다. 불교의 원래 참된 목적은 범부로 하여금 삼계를 윤회하는 생사의 문제를 해결하는 데에 있다. 한마디로 윤회에서 해방(=해탈)되어 자유자재한 존재가 되는 것이다. 윤회에서 해탈한 자유로운 인간, 이것을 성인이라고 부른다. 그러므로 인천승을 가는 범부는 천상의 신은 될 수 있지만 윤회에서 해탈된 성인의 지위에는 이를 수 없다. 성인의 길로 가는 가르침에는 성문승, 독각승, 보살승인 삼승과 범부에서 직접 부처가 될 수 있는 불승 또는 최상승이 있다. '승(乘)'이란 단어는 가르침을 타는 것[乘]에 비유하여 어떤 목적지에 이르는 것을 말한다. 성문승과 독각승을 소승(小乘, Hīna-yāna) 또는 이승(二乘)이라고 하고 보살승, 불승, 최상승은 대승(大乘, Mahā-yāna)이라고 지칭한다. 소승은 자기 자신만의 해탈을 목적으로 수행하며 대승은 자신뿐만 아니라 모든 존재들[衆生]을 해탈시키는 서원을 가지고 수행한다. 그러나 삼승의 분별은 범부가 부처가 되는 수행상에 있어 느림[遲]과 빠름[速]의 차이일 뿐이다. 그의 근기(根器)에 따라 성문승의 성인인 아라한과, 독각승의 성인인 벽지불과, 대승의 성인인 불과(佛果)를 얻지만 구경에는 모두 불과를 얻는다

4. 성인(聖人)의 길

1) 성인의 무루근(無漏根)과 출세간법(出世間法)

범부가 현재의 상태보다 더 수승한 존재로 향상하기 위해서는 정신적 능력[根]을 강화해야 한다. 믿음의 능력[信根], 노력의 능력[進根], 기억의 능력[念根], 집중의 능력[定根], 지혜의 능력[慧根] 등의 5근이 그것이다. 5근의 강약에 따라 범부의 능력을 상근, 중근, 하근으로 나눌 수 있다. 범부의 5근은 청정하지 않지만 수행하는 자의 5근은 청정하다. 5근은 세간에서도 성공의 여부를 결정하

는데 출세간을 향해 더욱 향상시키면 성인의 오염되지 않은 청정한 무루근(無漏根)을 얻을 수 있다.

무루근은 출세간적인 수승한 근으로 사성제의 진리를 완전히 이해하는 능력이다. 무루근에도 세 수준이 있다.

① 미지욕지근(未知欲知根) 이 근은 깨닫지 못한 진리를 깨닫기 위해 노력하는 능력으로 불법의 진리를 수행하지만 아직 완전히 깨닫지 못한 자, 성문승에서 견도(見道)에 들어간 첫 번째 수준의 성인인 '수다원[入流]'이 갖는 오근(五根)이다. 대승에서는 제1지(地) '환희지'에 들어간 보살의 오근이다.

② 지근(知根) 아직 수행하는 자이지만 이미 진리에 대해 깨달음을 가진 자의 오근이다. 성문승에서 수도(修道)에 들어간 성인, '사다함[一往來]'과 '아나함[不來]'의 오근이다. 대승에서는 제2지부터 제7지까지 보살의 근이다.

③ 지기근(知己根) 이미 깨달은 자로서 더 이상 수행이 필요하지 않는 자, 성문승에서 '아라한', 독각승에서 '벽지불', 대승에서 '제8지 보살부터 여래, 원만불'의 오근이다. (5근과 성인의 무루근에 대해서는 제1장 22근 참조할 것)

무루근을 구비한 성인이 되기 위한 수행법으로 초기불교는 '37조도법'을 제시한다. 37조도법 중에서 첫 번째 수행이 위에서 설명한 '4념처'이다. 왜냐하면 우선 잘못된 사견을 바로잡고 수행해야 목적지에 도달할 수 있기 때문이다. 37조도법의 품목은 다음과 같다 :

① 사념처(四念處) 위에서 이미 언급했다.

② 사정근(四精勤) 해태심을 없애고 선근을 증장시키는 수행으로 이미 생긴 나쁜 법은 끊기를 노력하고, 아직 생기지 않은 나쁜 법은 생기게 하지 않기 위해 노력하며, 아직 생기지 않은 좋은 법

은 생기게 하려고 노력하고, 이미 생긴 좋은 법은 더 증장시키려고 노력하는 것이다.

③ **사여의족(四如意足)** 신통력을 얻기 위한 네 가지 근본[足]인 의욕[欲], 노력[精進], 마음[心], 살펴봄[思惟]을 발전시키는 것이다.

④ **오근(五根)** 위에서 설명한 신근, 진근, 염근, 정근, 혜근을 발전시키는 것.

⑤ **오력(五力)** 신력(信力), 진력(進力), 염력(念力), 정력(定力), 혜력(慧力)으로 오근이 증장하면 오력이 된다.

⑥ **칠각분(七覺分)** 7각분은 깨달은 자의 자질로 기억[念]이라는 깨달음의 일부분[覺分], 법의 분별이라는[擇法] 깨달음의 일부분, 정진(精進)이라는 깨달음의 일부분, 기쁨[喜]이라는 깨달음의 일부분, 평온함[輕安 또는 除息]이라는 깨달음의 일부분, 삼매[定]라는 깨달음의 일부분, 평정함[捨]이라는 깨달음의 일부분을 발전시키는 것이다.

⑦ **팔성도분(八聖道分 또는 八正道)** 팔성도분은 올바른 견해[正見], 올바른 생각[正思惟], 올바른 언어[正語], 올바른 행위[正業], 올바른 생활 방법[正命], 올바른 정진[正精進], 올바른 기억[正念], 올바른 선정[正定]으로 부처가 정각을 이룬 후 녹야원에서 다섯 비구를 위하여 처음으로 설법한 교설이다. 극단적인 수행을 삼가하고 중도로 깨달음에 이르는 방법을 제시하고 있다. (37조도법에 대해서는 졸저, 『반야경』의 출세간법』 제1장, p.102-177 참조할 것)

간단히 말해서 범부가 성인이 되는 이 모든 수행법은 계율[戒], 선정[定], 지혜[慧]의 삼학(三學)에 포함된다. 계율은 선정의 바탕이 되고 선정은 지혜의 바탕이 된다. 지혜에는 세간의 지혜와 출세간의 지혜가 있는데 바로 출세간의 지혜로 범부의 오염된 생각,

부정적인 심리인 '108번뇌'를 씻어내고 성인이 되어 생사 윤회에서 해탈할 수 있는 것이다. 그러므로 '생사 윤회에서 해탈'이란 작업은 우리의 오염된 생각을 씻어내는 작업이라고 말할 수 있다. 이 작업이 선정을 수행하는 일이다. 선정에 의해 출세간의 지혜가 생기고 이 지혜로 부정적인 심리를 정화하는 것이다.

『반야경』은 출세간법과 성인의 계위를 차제적으로 제시한다. 그중 삼보에 귀의한 범부에 대한 설명에 이어 네 종류의 성문, 벽지불, 발보리심한 보살, 무상정등각자를 다음과 같이 설명하는데 여기에 따라 성인의 계위를 자세히 살펴보도록 하자.

1] 적은 수의 인간이 37조도법, 3해탈문, 8배사, 9차제정, 4무애지, 6신통을 얻는다.

2] 적은 수의 인간이 세 가지 결박을 끊고 수다원이 되고, 세 가지 결박과 욕망, 성냄, 어리석음이 적어져 사다함이 되며, 5하분의 결박을 끊어 아나함이 되고, 5상분의 결박을 끊어 아라한이 된다.

3] 적은 수의 인간이 벽지불을 구한다.

4] 적은 수의 인간이 무상정각심을 일으킨다.

5] 적은 수의 인간이 발심하여 보살도를 행한다.

6] 적은 수의 인간이 무상정각을 얻는다.

少所人得三十七品 三解脫門 八背捨 九次第定 四無碍智 六神通 少所人斷三結 得須陀洹 斷三結亦婬怒癡薄 得斯陀含 斷五下分結 得阿那含 斷五上紛結 得阿羅漢 少所人求僻支佛 少所人發阿褥多羅三邈三菩提心 少所人於發心中 行菩薩道 少所人得阿褥多羅三邈三菩提.

2) 성문승(聲聞乘)의 성인

성문의 성인의 과위(果位)에는 수다원, 사다함, 아나함, 아라한의 4과(四果)에 주(住)한 자와 각 과의 중간에 있는 자, 또는 과를 향한 후보자인 수다원과를 향한 자, 사다함과를 향한 자, 아나함과를 향한 자, 아라한과를 향한 자 등 4향(四向)이 있다. '향한 자 또는 후보자'는 '과에 주한 자' 전에 있는 성인이다. 성문승의 4과에 주한 성인에 대해 설명해 보자.

① 수다원(須陀洹: Srota-āpanna, 入流)

성문의 첫 번째 성인의 이름에서 'Srota(流)'라는 단어는 열반으로 이끄는 강의 흐름을 비교하여 성인의 흐름에 들어간 자를 의미한다. 범부가 생사해탈의 의지를 가지고 열반에 이르기 위해 '세 가지 결박[結]'을 끊으면 '수다원'이라는 성인의 과(果: phala)를 얻는다. 세 가지 결박이란 5종류의 잘못된 견해 중에서 첫 번째 자아가 존재한다는 견해[身見]와 다섯 번째 계율이나 금욕에 대해 과대평가하는 견해[戒禁取見] 그리고 불법에 대한 의심[疑]이다.

신견을 없애려면 부처의 근본적인 가르침인 삼법인을 배워 철저한 무상과 무아를 익혀야 한다. 삼법인은 1)모든 존재의 현상은 고통이다[一切皆苦]. 2)모든 시간과 공간의 현상은 영원한 것이 아니다[諸行無常]. 3)모든 사물의 성질에는 실체가 없다[諸法無我]는 세 가지 법을 말한다. 삼법인은 위에서 설명한 사념처와 같은 내용이다. 신견이 소멸되면 자연히 자기라는 아상과 자기 것이라는 아소상(我所相)이 소멸되며, 계금취견과 의심이 소멸되면 모든 종교나 철학에 대한 잘못된 견해가 소멸되기 때문에 지적인 번뇌인 '소지장(所知障) 또는 견혹(見惑)'이 소멸된다. 범부가 '생사해탈'한 성인으로 변모하기 위해서는 세 가지 결박인 지적인 번뇌[見惑]가 끊어져야 한다. 이것이 제일 중대한 관문이다. '생사해탈'의 경지가 바로 '열반적정'의 경지이다. '열반적정'과 삼법인을 합하여 불교의 '사법인(四法印)'이라 한다.

신견(身見), 계금취견(戒禁取見), 불법에 대한 의심이 끊어지는 순간이 바로 견도(見道)에 들어가는 순간으로 성인이 되는 순간이다. 아비달마에 의하면 견도는 지극히 짧은 순간인 번쩍이는 16순간이다. 견도 후에는 수도(修道)에 들어가 긴 기간을 통해 더 강하고 뿌리 깊은 번뇌, 정적(靜的)이고 본능적인 번뇌인 탐욕, 증오, 만심(慢心), 무명을 끊어 차례로 사다함, 아나함, 아라한과를 얻는다. 이 수도의 긴 기간을 162순간으로 표현한다.

출세간법인 무루법으로 견도에 들어가 수다원과(＝入流果)를 얻은 성인은 깨달음을 얻을 때까지 퇴타하지 않는다. 그 이유는 입류과의 성인은 이론적이고 사상적인 번뇌[見惑]를 소멸하여 얻은 과인데, 이것을 일단 단멸하면 다시 일어날 염려가 없기 때문이다.

② 사다함(斯陀含: Sakṛdāgāmin, 一往來)

견도(見道)에서 세 가지 결박을 끊어 지적인 번뇌를 소멸하고 수다원과를 얻은 성인은 수도(修道)에 들어가 본능적으로 가지고 있는 정적인 번뇌[使惑]를 없애야 한다. 그리하여 성욕[＝淫], 증오심[＝怒], 어리석음[＝癡]의 강도가 엷어지면[淫怒癡薄] 사다함의 과를 얻게 된다. 사다함과를 얻은 성인은 욕계에 한 번만 다시 태어나기 때문에 '일왕래(一往來)'라고 한다.

③ 아나함(阿那含: Anāgāmin, 不來)

오하분(五下分)의 결박을 끊으면 아나함과를 얻은 성인이 된다. '오하분의 결박'이란 위에서 설명한 세 가지 결박인 1)신견 2)

계금취견 3)의심 4)성욕 5)증오심이다. '下分'이란 욕계를 지칭하는 것으로 정적인 번뇌인 성욕과 증오심을 가지고 있고 이것을 끊지 않는 한 욕계에 태어남을 면할 수 없다. 아나함과를 얻은 성인은 성욕과 증오심을 완전히 소멸했기 때문에 욕계에 다시 태어나지 않는다. 그래서 '불래(不來)'라고 한다.

④ 아라한(阿羅漢: Arhant, 應供)

오상분(五上分)의 결박을 끊으면 아라한과를 얻은 성인이 된다. '오상분의 결박'이란 제일 미세한 5종류의 번뇌로서 1)형상에 대한 욕심[色欲] 2)형상이 없는 것에 대한 욕심[無色欲] 3)마음의 움직임[動心] 또는 도거[棹擧] 4)거만한 마음[慢心] 5)무명이다. '상분(上分)'이란 색계와 무색계를 지칭하는 것으로 이 5종류의 미세한 번뇌가 색계와 무색계에 태어나게 하는 것이다.

마지막으로 이 5종류의 미세한 번뇌를 소멸하면 삼계에 태어나는 원인을 완전히 소멸했기 때문에 금생에 아라한과를 얻는다. 그리하여 아라한의 심리에는 과보를 가져오는 번뇌가 더 이상 없다. 아라한과는 수도의 마지막 전 순간인 161번째 순간에 '如金剛三昧'를 얻음으로써 이루어진다. 이 삼매로 사성제를 완벽하게 보고[見] 일체지(一切智)를 얻어 일체지자(一切智者)가 되어 세간의 공경을 받고 세간의 복전이 되는 것이다. 이것이 수도의 긴 여정이 끝나고 더 이상 수행할 것이 없는 '무학도(無學道)'인 아라한이 되는 것이다.

결국 범부가 성인이 된다는 것은 견도와 수도를 통해 우리 범부들의 번뇌 망상을 올바른 견해[正見]을 가지고 올바른 수선(修禪= 正定)으로 소멸하는 과정이다. 그리하여 소멸된 번뇌 망상은 마치 어둠이 없어지면 광명이 나타나는 것 같이 '깨달음[覺, Bodhi. 음역은 菩提(보리)]'으로 나타나는 것이다.

성인들이 수행한 과(果)는 '깨달음[覺]'을 가져온다. 깨달음에는 성문승, 독각승, 대승에 따라 세 종류가 있다. 1)성문의 보리, 2) 벽지불의 보리, 3) 원만불(圓滿佛)의 보리(Anuttarasamyaksaṃbodhi)가 그것이다. 아뇩다라삼먁삼보리는 한역하여 무상정등보리(無上正等菩提) 또는 무상정등각(無上正等覺)이라 하며, 이것을 줄여서 무상보리(無上菩提)·무상각(無上覺)·정각(正覺)·묘각(妙覺)·구경각(究竟覺)·원만(圓覺) 등으로 표현한다.

성문, 독각, 원만불의 세 종류 성인의 깨달음[覺]은 무루법인 출세간법의 수행, 즉 수선을 해야만 얻어진다. 이것은 연기법에 의한 변할 수 없는 진실이다. 그러므로 무상정등각(야뇩다라삼먁삼보리), 구경각을 향해 발심한 자는 출세간법을 통과하지 않을 수 없다. (졸저, 경서원 출판, 『般若經의 出世間法』을 참고할 것)

각(覺)의 내용은 일체지(一切智)와 일체종지(一切種智)이다. 일체지와 일체종지로서 제법의 성질[法性]과 모든 존재들[衆生]의 성질과 능력, 근기를 여지없이 관찰하고 아는 것이다. 성문(또는 아라한)과 벽지불(또는 獨覺佛)은 일체지를 보유하고 원만불의 후보자인 대보살은 일체지와 일체종지에 도달하는 방법을 자세히 아는 도종지(道種智)를 보유한다. 원만불은 일체지와 도종지를 합한 일체종지를 보유한다.

일체지, 도종지, 일체종지는 11종의 지혜(智)를 포함한다. 모든 성인은 그들이 얻은 과의 계위에 따라 11지(智)를 증득한다. 그것은 다음과 같다.

① **법지(法智)** 제법의 성질인 고, 무상 등등을 분별하는 지혜로 욕계와 관계된 업인 심리 요소들[諸行]을 대상으로 하여 그것들이 생기는 원인, 그것들을 소멸하는 법, 그것들의 소멸로 이끄는 도를 분별하는 지혜.

② **비지(比智)** 색계와 무색계에 관계된 심리 요소들을 대상으로 하여 그것들이 생기는 원인, 그것들을 소멸하는 법, 그것들의 소멸로 이끄는 도를 분별하는 지혜.

③ **타심지(他心智)** 자신의 마음을 사용하여 욕계·색계·무색계 삼계의 다른 존재들의 마음을 아는 지혜.

④ **세지(世智)** 세간법의 원인과 조건을 지명하는 명칭을 아는 지혜.

⑤ **고지(苦智)** 범부가 애착하는 오음은 고이고 무상이며 무아임을 아는 지혜.

⑥ **집지(集智)** 원인과 조건으로 생기는 부정한 세간법의 근원을 아는 지혜.

⑦ **멸지(滅智)** 윤회하는 고(苦)의 소멸을 적멸, 열반적정으로 아는 지혜.

⑧ **도지(道智)** 열반적정으로 이끄는 방법이 여리(如理)한 도(道)로서 생사 윤회에서 해탈을 가져온다는 것을 아는 지혜.

⑨ **진지(盡智)** 생사 윤회의 원인인 삼독[貪瞋癡]이 소멸됨을 아는 지혜. 진지가 생길 때 '나는 고를 완전히 알았으며, 고의 원인[=集]을 버렸고, 적멸을 증득했으며, 적멸로 이끄는 도를 수행했다.'고 안다. 진지(盡智)는 2승의 아라한과나 벽지불과를 증득하면 얻을 수 있다.

⑩ **무생지(無生智)** 제법은 허망하고 결정된 성질이 없으며[無自

性] 본래 생기지도 않았음을 아는 지혜. 무생지는 무생법인(無生法忍)과 같은 것으로 대승의 8지 보살부터 얻어진다.

⑩ 여실지(如實智) 불과(佛果)인 원만불만이 갖는 지혜로 일체종지와 같은 성질을 갖고 있다.

※ 11지(智)는 『대지도론(大智度論)』 권23, p.232下-234上 참조할 것.

3) 독각승(獨覺乘)의 성인

부처와 불법이 없는 시기에 어떤 사람들은 그 스스로 도를 찾아 산으로 들어간다. 그들의 성향은 조용하며 적은 것으로 만족하고 [少欲之足] 홀로 있는 고독과 자연을 관찰하기를 좋아한다. 그들은 세상과 멀리 떨어져 자연의 법칙을 관찰하고 홀로 명상한다. 남의 가르침에 의지하지 않고 스스로 연기법을 깨달아 '각(覺)'에 이른다. 이러한 성인을 '홀로 깨달은 자, 독각(獨覺) 또는 벽지불(僻支佛)'이라고 부른다. 각을 얻은 벽지불은 아라한과 마찬가지로 육신통(六神通)과 일체지를 소유한다.

－ 육신통 －

① 신족통(神足通) 오고 감이 자유로운 신통.

② 타심통(他心通) 남의 마음을 아는 신통.

③ 천이통(天耳通) 모든 존재들의 소리를 분별하는 신통.

④ 천안통(天眼通) 육도윤회를 보고 아는 신통으로 존재들이 금생에 죽어서 다음생에 가는 갈래를 아는 신통.

⑤ 숙명통(宿命通) 존재들의 전생을 아는 신통.

⑥ 누진통(漏盡通) 모든 번뇌를 남김없이 없애는 신통.

육신통 중에서 천안통 · 숙명통 · 누진통은 특별히 '삼명(三明)'

이라고 부른다. '明'은 '無明'의 반대로 무명을 제거하면, 다시 말해 '각(覺)'을 증득하면 나타나는 현상이다. 누진통을 제외한 나머지 오신통은 외도들도 수행하면 증득할 수 있다.

벽지불의 성인은 집단으로 사는 벽지불[部行獨覺]과 코뿔소처럼 홀로 사는 벽지불의 두 종류가 있다. 부행독각은 불(佛)과 불법이 있을 당시에 입류과(入流果)나 일왕래과(一往來果)를 얻은 성문으로 불법이 사라진 후 태어나 스스로 아라한과를 얻은 성인이다. 홀로 사는 벽지불은 대백겁(大百劫)동안 '각(覺)'을 얻기 위해 수행한 자로서 타(他)의 가르침 없이 스스로 깨달은 자이며 중생을 위해 설법하지 않는다. 그리하여 도를 추구하는 인간들이 공양물을 가지고 찾아오면 그들을 피하여 더 깊은 산중으로 들어간다. 그러나 부행독각은 때로는 인간들을 위해 설법하기도 한다.

4) 보살승(또는 대승)의 성인

보살승 또는 대승의 성인을 '보살[覺有情]'이라고 부른다. 일반적으로 보살은 범부로서 부처님의 가르침을 믿고 아뇩다라삼먁삼보리심을 일으켜[發菩提心] 위로는 원만불의 보리를 성취하고[上求菩提] 밑으로는 모든 중생을 제도하겠다[下化衆生]는 서원(誓願)을 가진 자를 가리킨다. 그러므로 범부로서의 보살은 아직 성인의 위치에는 도달하지 않았지만 보살도를 수행하는 자이다. 보살도를 수행하는 보살은 출가보살과 재가보살 두 종류가 있다. 출가보살이란 비구, 비구니가 되어 승단에 들어가 수행하는 자이며, 재가보살이란 세속에서 가족과 함께 살면서 수행하는 청신자(또는 우바새), 청신녀(또는 우바이)를 가리킨다.

보살도는 열 가지 바라밀(波羅蜜多)을 완성하는 수행이다. '바라밀'은 산스끄리뜨어(梵語) pāramitā의 음역으로 '완성' 또는 '저 건너[到彼岸]'란 뜻을 갖는다. 보살은 10바라밀과 사섭법(四攝法)을 수행하여 원만불의 보리를 증득하여 일체중생을 제도하는 것이 목적이다.

10바라밀(pāramitā)은 ①보시바라밀(布施) ②지계바라밀(持戒) ③인욕바라밀(忍辱) ④정진바라밀(精進) ⑤선정바라밀(禪定) ⑥반야바라밀(般若) ⑦방편바라밀(方便) ⑧원바라밀(願) ⑨역바라밀(力) ⑩지바라밀(智) 등이다.

10바라밀 중 앞의 5바라밀은 수행의 인(因)이고 나머지 5바라밀은 수행의 과(果)이다. 보시·지계·인욕·정진바라밀은 일상생활에 필요한 덕행(德行)이다. 선정바라밀에서 반야바라밀이 생기며 반야바라밀로 제법의 성질[法性]을 깨달으면 생사해탈을 성취할 수 있다. 보살은 반야바라밀(智慧)로 자신의 생사 문제를 해결하여 해탈을 얻지만 거기에 머물지 않고 자비의 방편과 원바라밀로 타인을 제도하여 부처의 십력(十力)과 일체종지를 완성하는 것이다.

사섭법은 보살이 중생을 교화하기 위한 방편이다.

① 보시(布施) 주는 것.

② 애어(愛語) 부드러운 말하기.

③ 이행(利行) 이익 되는 행위.

④ 동사(同事) 같이 일하기.

방편이란 보살의 자비심의 표현이다. 지혜와 자비는 보살의 두 날개이다.

보살도는 보시바라밀부터 시작된다. 보시는 내 것을 내어주는 것으로 세 종류가 있다. ①일상생활의 물질적인 보시[財施] ②세간법과 출세간법의 가르침을 주는 보시[法施] – 출세간법의 보시를 받아 범부는 성인의 과를 얻을 수 있다. ③두려움을 없애고 안심을 주는 보시[無畏施] – 무외시는 대보살이나 부처만이 줄 수 있는 보시이다.

보살승, 대승에서 성인의 계위에는 십지(十地)가 있다. 성문승에서 신견(身見), 계금취견(戒禁取見), 의심(疑心)을 끊고 '견도(見道)'에 들어간 자가 성인의 계위에 들어가는 것과 같이 보살승에서 성인은 신견, 계금취견, 의심을 끊고 제법의 진성(眞性)을 있는 그대로 본다. 즉 '견성(見性)'을 하는 것이다. 그리하여 견혹(見惑)을 끊는다. 이것이 십지의 첫 번째 '환희지(歡喜地)'에 들어가는 것이다. 견혹에 있어 성문승의 성인은 자아가 공한 아공(我空, 또는 人我空)을 보지만 보살승의 성인은 아공뿐만 아니라 제법의 요소가 모두 공한 법공(法空)까지 본다. (이 문제에 대해서는 다섯 번째 단계에서 취급한다.)

보살승, 대승의 성인은 제법의 공성[諸法空]을 깨닫고 성문승의 성인과 마찬가지로 수도에 들어가 정적인 번뇌[使惑]와 제8식에 끈질기게 남아있는 습기(習氣)를 소멸한다. 보살은 환희지로부터 십지의 수행을 완성하고 불지(佛地)에 이르기까지 10바라밀을 남김없이 수행하여 중생을 교화하고 번뇌의 습기를 없애 원만불의 자리에 이르는 것이다. 성문승에서 아라한과를 얻은 성인은 견도와 수도를 통해 견혹과 사혹을 소멸하지만 번뇌의 습기는 보유하고 있다. 그러나 보살승에서 불과(佛果)를 얻은 성인은 습기까지 완전히 소멸한 자이다. 이것은 또한 석가모니불과 아라한과를 얻은 그의 제자들과의 차이라는 것은 잘 알려진 사실이다.

보살의 십지에서 각각의 지(地)에는 특별한 수행[因]과 과(果)

가 있다. 『화엄경』 「십지품(十地品)」에 따라 십지에 대해 설명해
보자.

1] 환희지(歡喜地)

범부가 아상(我相)을 여의면 제법의 무아 또는 공성(空性)를 보
아 견혹을 소멸하고 범부지(凡夫地)를 초월하여 보살의 초지(初
地)인 환희지에 들어간다. 환희지 보살의 심적 요소의 특징은 기쁨
[歡喜]이다. 왜냐하면 범부들이 갖는 다섯 가지 두려움[五怖畏]이
아상을 여읨으로써 사라졌기 때문이다. 다섯 가지 두려움이란 ①
먹고 사는 생활 수단에 대한 두려움[活畏] ②타인에게 좋지 않은
비판을 받는 두려움[惡名畏] ③죽음에 대한 두려움[死畏] ④죽은
후 삼악도, 특히 지옥에 떨어지지 않을까 하는 두려움[惡道畏] ⑤
많은 사람들, 대중 앞에 서는 두려움[大衆威德畏]이다.

초지 보살은 존재들의 고통을 구제하기 위해 10대 서원을 일으
키고 원만불의 보리를 증득하기를 서원한다. 초지 보살은 보시바
라밀을 주로 수행하며 그 과로서는 사회나 국가의 중요한 위치를
차지하는 왕이나 우두머리가 된다. 출가하여 수도승이 되어 열심
히 정진하면 100종류의 삼매를 얻고 100불(佛)을 친견하고 100겁
의 일[事]을 알며 100세계의 중생을 교화한다.

2] 이구지(離垢地)

2지(地), 이구지 보살의 특징은 계행이 청정한 것이다. 이구지
보살은 십선업도(十善業道)를 수행하고 타인에게도 가르친다.
신·구·의의 선업과 악업의 과보에 대해 능통하며 지계바라밀이
그의 주된 수행이다. 그의 심적 요소의 특징은 부드러움이다. 부드

러운 언어[愛語]로 타인의 고통을 덜어준다.

2지 보살의 주된 수행은 10바라밀 중에서 지계바라밀이며 수행의 과로 그는 흔히 전륜성왕(轉輪聖王)이 되어 인간들에게 존경과 사랑을 받는다. 출가하여 열심히 정진하면 1천 종류의 삼매를 얻고 천불을 친견하고 천겁의 일[事]을 알며 천세계의 중생을 교화한다.

3] 발광지(發光地)

3지(地), 발광지 보살은 유위법(有爲法)의 현상을 자세히 관찰한다. 그리하여 범부들의 집착의 대상이자 무수한 고통을 일으키는 유위법이 부정(不淨), 고(苦), 무상(無常), 무아(無我)임을 확인하고 그들을 불쌍히 여겨 원만불의 지혜를 구한다. 지혜로 생사해탈에 이르며 일체지자가 될 수 있음을 신해(信解)하고 원만불의 지혜를 얻기 위해 4선(禪)과 5신통을 열심히 수행한다.

3지 보살의 주된 수행은 10바라밀 중에서 인욕바라밀이며 그 과보로는 흔히 육욕천의 두 번째 천상인 33천(또는 도리천)의 천왕이 되며, 열심히 정진하면 백천 종류의 삼매를 얻고 백천불을 친견하고 백천 신력을 알며 일체중생에게 이익을 준다. 3지부터의 보살은 불법승의 삼보를 결코 여의지 않으며 수행한 공덕은 모두 일체중생을 이익 되게 하기 위해 아뇩다라삼먁삼보리(無上正等覺)에 회향한다.

4] 염혜지(焰慧地)

4지(地), 염혜지 보살은 중생계(衆生界)·법계(法界)·세계(世界)·허공계(虛空界)·식계(識界)·욕계·색계·무색계 등등을 관찰하고 이것들을 모두 알기 위해 출세간의 마음을 일으키고 무루법인 출세간법을 열심히 수행한다. 출세간법은 37조도법(위에서 언급함)으로 성문승의 근기가 수행하면 아라한과를 가져오며 생사에서 해탈하는 법이다. 4지 보살은 흔히 출가, 수도하여 사람들에게 정법을 가르쳐 신견(身見) 등의 사견을 소멸해 주며 그의 선근과 지혜는 1, 2, 3지 보살을 능가한다.

그의 주된 수행은 정진바라밀이며 과보로 육욕천에서 3번째 천상인 야마천의 천왕이 된다. 출가하여 열심히 정진하면 억수(億數)의 삼매를 얻고 억수불을 친견하고 억수의 신력을 알아 일체중생에게 이익을 준다.

5] 난승지(難勝地)

5지(地), 난승지 보살은 세간과 출세간의 모든 진실[諦] — 고·집·멸·도에 대한 진실[四諦], 세속에 대한 진실[世諦], 출세간에 대한 진실[勝義諦], 제법의 상에 대한 진실[相諦], 제법의 차별에 대한 진실[差別諦], 제법이 성립되는 진실[成立諦], 일에 대한 진실[事諦], 제법이 생기는 진실[生諦], 번뇌가 다하면 생(生)이 없음을 아는 진실[盡無生智諦], 도에 들어감을 아는 진실[入道智諦], 여래지의 성취에 대한 진실[如來地成就諦] — 을 알고 통달한다. 그리하여 허망한 유위법의 과오를 알며 이것이 어리석은 범부들을 미혹하게 하여 고통의 구덩이로 떨어지게 함을 보고 큰 자비심을 일으킨다. 5지 보살은 세간에 있으면서 기술, 문자, 산수, 도서, 풍수, 약방 등등 모든 세간법에 통달하여 중생들에게 가르치며 베푼다.

그의 주된 수행은 선정바라밀이며 과보로는 육욕천에서 4번째

천상인 도솔천의 천왕이 된다. 출가하여 열심히 정진하면 천억의
삼매를 얻고 천억불을 친견하고 천억 신력을 알아 일체중생에게
이익을 준다.

6] 현전지(現前地)

6지(地), 현전지 보살은 12지(支) 연기를 열 가지 면에서 관찰
하고 '삼계는 일체유심'임을 깨닫는다. 6지 보살은 12지 연기를 여
실히 보아 제법은 자체로서 성질이 없는[自性空] 무아(無我), 무인
(無人), 무수명(無壽命)을 깨달아 공해탈문(空解脫門)이 현전하고
뒤이어 무상, 무원(無願)해탈문이 현전한다. 그리하여 백천의 공
(空)삼매, 백천의 무상삼매, 백천의 무원삼매를 얻는다. 보살은 6
지에서 완전히 2승도(二乘道)에서 떨어져 나가며 중생에 대한 자
비심이 증가한다.

그의 주된 수행은 반야바라밀이며 과보로는 육욕천에서 5번째
천상인 화락천의 천왕이 된다. 출가하여 열심히 정진하면 백천억
의 삼매를 얻고 백천억불을 친견하고 백천억 신력을 알아 일체중
생에게 이익을 준다.

※ 12지 연기에 대해서는 다음 단계에서 자세히 설명함.

7] 원행지(遠行地)

7지(地), 원행지 보살은 육바라밀을 완성하고 7지에서 마지막
으로 보살도에서 수행할 모든 힘든 수행[功用行]을 끝낸다. 마지
막 공용행은 일체중생을 도와주기 위한 수승한 방편[善巧方便]의
지혜로 쌍행도(雙行道)를 수행하는 것이다. 쌍행도란 반야바라밀
에서 나온 방편행으로 이(理)와 사(事)에 장애가 없는 행이다.

예를 들면 7지 보살은 공, 무상, 무원 삼매를 얻어 생사에서 해탈하여 열반의 상태에 있지만 자비심으로 윤회에 머물러 중생을 버리지 않는다. 7지 보살의 특성은 다음과 같다.

— 공을 관함으로 지혜의 문에 들어가지만 복덕 쌓기를 게을리 하지 않는다.

— 삼계를 멀리하고 세속에 물들지 않지만 서원을 가지고 세속에서 가족과 함께 산다.

— 모든 번뇌의 불을 소멸하여 적멸이지만 일체중생을 위하여 탐·진·치 번뇌의 불을 다시 일으킨다.

— 출세간법을 열심히 수행하지만 세속의 관습을 버리지 않는다.

— 부처의 무상정등각을 얻을 지혜를 구족하지만 또한 성문, 독각의 지혜를 버리지 않는다.

— 마(魔)의 경계를 초월했지만 마의 경계를 보인다.

그의 주된 수행은 방편바라밀이며 과보로는 육욕천에서 6번째 천상인 타화자재천의 천왕이 된다.

8] 부동지(不動地)

8地, 부동지부터 10지(地) 법운지까지의 보살행은 일부러 노력할 필요가 없는 자재로운 무공용행(無功用行)이다. 그리하여 초지부터 7지까지는 노력하여 수행하는 '공용행(功用行)' 또는 '공용지(功用地)'라 부르며 8지, 9지, 10지는 '무공용행(無功用行)' 또는 '무공용지(無功用地)'라고 부른다.

8지 보살은 일체법이 본래 생기지 않고[無生], 일어나지 않으며[無起], 모양이 없고[無相], 성질이 없으며[無性], 파괴되지 않고[無壞], 다함이 없으며[無盡], 돌지 않는[無轉] 상태에 들어간다.

또한 과거·현재·미래가 평등이며, 분별이 없으며, 일체 심의식, 분별상이 끊어지고 집착이 없는 허공과 같은 상태에 들어가 '무생법인(無生法忍)'을 얻는다. 무생법인이란 간단히 말해 모든 언어 분별, 심의식이 끊어진 상태[言語道斷 心行處滅]인 8지 보살의 심리 상태이다.

무생법인을 얻은 8지 보살은 열 가지 자재[十自在]를 얻고 마음대로 그의 몸을 변화하여 중생을 교화한다. 10자재란 수명[命], 마음[心], 믿고 이해하는 능력[解], 재산[財], 행동[業], 태어남[生], 서원[願], 신통[如意], 지혜[智], 법(法)에 대한 자재이다.

그의 주된 수행은 원바라밀이며 과보로는 색계의 대범천왕이 되어 일천 세계의 주(主)가 된다.

9] 선혜지(善慧地)

9지(地), 선혜지 보살은 대법사가 되어 법사행을 구족하고 무량한 착한 방편의 지혜[善巧智]를 사용하여 여래의 법장을 수호한다. 그는 4무애지(無碍智)를 사용하여 중생의 근기에 따라 여법하게 설법한다. 그는 중생의 열 가지 가려진 숲[十稠林]을 있는 그대로 안다. 10조림은 중생의 마음[心], 번뇌(煩惱), 행동[業], 지적 능력[根], 믿고 이해하는 능력[解], 성품과 기호[性-樂欲], 미세한 번뇌[隨眠], 태어남[受生], 계속되는 버릇[習氣]을 말한다. 부처가 될 수 있는 세 부류[三聚]의 차별이다.

그는 열 가지 법행(法行)에 대해 있는 그대로 알고 설법한다. ① 선(善)·불선(不善)·무기(無記)법행 ②유루(有漏)·무루(無漏) ③ 세간·출세간, ④ 사의(思議)·부사의(不思議) ⑤정(定)·부정(不定) ⑥성문 ⑦독각 ⑧보살 ⑨여래 ⑩유위(有爲)·무위(無爲)법행.

그의 주된 수행은 역바라밀이며 과보로는 색계의 대범천왕이 되어 2천 세계의 주(主)가 된다.

10] 법운지(法雲地)

10지(地), 법운지 보살은 초지부터 9지까지의 모든 광대한 복덕과 지혜, 대비행을 구족하고 여래의 소행처(所行處)에 들어가 여래의 적멸행을 따르고 여래의 4무소외(無所畏), 10력(力), 18불공법(不共法)을 관찰하여 여래의 일체지, 일체종지인 수직위(受職位)를 얻는다. 수직위를 얻고는 해인삼매 등등의 백만 아승지 삼매가 현전한다. 그 가운데에 마지막에 '수일체지승직위(受一切智勝職位)'라는 삼매가 현전할 때 갑자기 큰 보배 연꽃이 나타난다. 그 연꽃의 크기는 광대하여 백만삼천대천세계의 크기와 같고 일체 세간의 경계를 넘어선다. 바로 불국토인 '연화장 세계'가 나타나는 것이다.

이것은 보살이 무수한 세월 동안 어려운 난행(難行)을 거쳐 수행한 '출세간의 선근'에 의해 생기는 것이며 모든 법이 '마술과 같은 성질[如幻性]'임을 깨닫는 것이다. 그리하여 모든 수행은 성취되었으며 무수한 광명이 항상 법계를 비추는 것이다[恒放光明普照法界]. 그때에 10지 보살은 모든 세간 경계를 초월하여 부처가 되는 수직위(受職位)를 얻고 부처의 경계에 들어가 10력(力)을 구족하고 몇 번째 부처라는 불수(佛數)에 있는 것이다[墮在佛數].

10지 보살은 십바라밀 중에 지(智)바라밀이 최상으로서 일체법과 신력에 자재하여 모든 범부와 성문, 독각, 보살들을 가르친다. 10지 보살은 자재천왕, 삼천대천세계의 주(主)이며 도사(導師)가 된다.

5) 불승(佛乘)의 원만불

10지 보살과 불(佛)의 차이는 어떤 것인가? 10지 보살은 부처와 다름이 없으며 단지 명칭의 차이일 뿐이다. 10지 보살은 범부지로부터 한 범부가 구경각을 향하여 보살도의 10지를 종횡으로 완전히 편력한 면에서 명명(命名)한 것이고 불(佛)이란 우리 모든 범부가 원래 갖고 있는 불성 자체의 면에서 명명한 것이다. 즉 '舊來不動名爲佛'이라. 시작이 없는 옛날부터 원래 움직이지 않고 그대로 있는 것[眞如]을 불(佛)이라고 한다.

불(佛)에게는 열 가지 명칭이 주어진다[如來 十號].

① 세존(世尊, Bhagavat) 세간에서 존경을 받는 자.

② 여래(如來, Tathāgata) 진리와 같이 온 자.

③ 응공(應供, Arhat) 마땅히 공양을 받는 자.

④ 정변지(正遍知, Samyaksaṃbuddha) 올바르게 모든 것을 아는 자.

⑤ 명행족(明行足) 삼명(三明)과 모든 보살행을 구족한 자.

⑥ 선서(善逝) 착하게 잘 떠나신 자.

⑦ 세간해(世間解) 세간의 모든 것을 이해한 자.

⑧ 무상사(無上士) 위없는 제일 높은 자.

⑨ 조어장부(調御丈夫) 모든 중생을 교묘하게 다스리는 자.

⑩ 천인사(天人師) 천상과 인간의 스승인 자.

십호 중에서 독각불(獨覺佛; 또는 緣覺, 辟支佛)과 구분하기 위하여 보통 세 가지 명칭을 합친 Tathāgata-Arhat-Samyaksaṃbuddha(다타가도-아라하-삼먁삼붓다)가 원만불(圓滿佛)의 명칭으로 쓰인다.

원만불의 특징은 10력(十力)을 소유한 것으로 여기에 4무소외,

4무외지, 18불공법이 첨가된다. 10력은 원만불이 소유하는 열 가지 지혜[智]로 아라한, 벽지불, 보살들도 어느 정도 소유하지만 원만불의 지혜는 이 성인들보다 완벽하기 때문에 '力'을 더하여 지력(智力)이라고 부르며 간단하게 10력이라고 한다. 여기 소개하는 십력의 명칭은 『대지도론』에 따른 것이다.

① 시처불시처지력(是處不是處智) 가능한 것, 불가능한 것, 될 수 있는 것, 될 수 없는 것을 여실히 아는 지혜의 힘.

② 업보지력(業報智力) 과거, 미래, 현재의 행위를 장소, 원인, 대상 등등에 따라 선악, 선악이 결정되지 않은 무기(無記)의 과보를 여실히 아는 지혜의 힘.

③ 선정해탈삼매지력(禪定解脫三昧智力) 선, 해탈, 삼매, 정(定)의 종류, 출입(出入), 청정함이나 오염됨 등등을 여실히 아는 지혜의 힘.

④ 상하근지력(上下根智力) 모든 존재들의 수승하거나 하열한 지적, 정서적 능력을 여실히 아는 지혜의 힘.

⑤ 종종력지력(種種力智力) 모든 존재들의 다양한 성향, 기호를 여실히 아는 지혜의 힘.

⑥ 종종성지력(種種性智力) 모든 존재들의 다양한 성품, 성격을 여실히 아는 지혜의 힘.

⑦ 일체지처도지력(一切至處道智力) 모든 존재들이 그들의 행위, 수행에 따라 나아가는 곳을 여실히 아는 지혜의 힘.

⑧ 숙명지력(宿命智力) 모든 존재들의 전생 일을 여실히 아는 지혜의 힘.

⑨ 생사지력(生死智力) 모든 존재들이 이곳에서 죽고 저곳으로 태어나는 후생의 일을 여실히 아는 지혜의 힘.

⑩ 누진지력(漏盡智力) 생사 윤회의 원인인 번뇌를 완전히 소멸하여 금생에 자신의 지혜로 해탈을 증득함을 여실히 아는 지혜의 힘.

십력 중에서 마지막 세 가지는 특별히 삼명(三明)이라고 명명한다. 마지막 누진지는 불교의 성인들만이 소유하는 지혜이다. 10력의 한역 명칭은 경전에 따라 약간의 차이가 있으며 '力'을 생략하기도 한다. 예) ①是處非處智 ②善惡業報智 또는 去來現在業報智 ③諸根勝劣智 또는 諸根利鈍智 ④種種解差別智 또는 種種解智 ⑤種種界差別智 또는 種種界智 ⑥一切至處智 ⑦諸禪解脫三昧智 또는 諸禪解脫三昧垢淨起是非時智 ⑧宿命無碍智 또는 一切世界宿住隨念智 ⑨天眼智 또는 天眼無碍智 ⑩漏盡智 또는 三世漏普盡智. (십력에 대해서는 졸저,『반야경』의 출세간법」제7장 佛十力, p.280-335 참조할 것.)

이상으로 십지에 대해 간단하게 설명했다. 주목할 것은 일승, 화엄사상에서 성인의 계위로 말하는 삼현(三賢), 십성(十聖)이다. 삼현은 보살도에서 십주(十住), 십행(十行), 십회향(十廻向)의 계위에 있는 자이며 십성은 십지(十地) 계위에 있는 자이다. 『화엄경』의 보살도에서 보살은 십주의 첫 번째 '초발심주'에서 견성하여 견도에 들어간다. 그리하여 무상보리에서 물러나지 않는 '불퇴전(不退轉)'을 얻는다. 그러나 삼승의 보살승에서는 8지인 '부동지(不動地)'에서 무생법인을 깨닫고 불퇴전을 얻는다. 이것이 삼승의 보살승과 일승의 불승, 최상승이 다른 점이다.

다음은『화엄경』「십지품」마지막에 나오는 10지의 보살도를 종합한 게송을 소개한다.

「그 마음이 조용하고 조화롭고 순하며 허공처럼 평등하고 장애가 없는 모든 탁한 더러움을 멀리하고 도에 머무른 당신! 이 수승한 보살행을 마땅히 들을지어다.

백천억겁 동안 모든 착한 일을 수행하시고 무량무변한 부처를 공양하신 자, 또한 성문과 독각의 성인도 공양하신 자, 모든 존재의 이익을 위해 각(覺=菩提)의 큰 마음을 일으키시다.

노력하고 계율을 지키며 항상 부드럽고 참을성 있고 예의를 알고 복과 지혜를 모두 구족하신 자, 마음으로 부처의 지혜를 구하고 널리 지혜를 닦으며 부처의 십력을 얻기 원하여 각(覺)의 큰 마음을 일으키시다.

삼세의 모든 부처를 다 공양하시고 모든 국토를 깨끗이 하며 제법이 모두 평등함을 완전하게 아신 자, 모든 존재의 이익을 위해 각(覺)의 큰 마음을 일으키시다.

이러한 마음을 가진 자, 초지(初地)에 머물면 모든 악을 영원히 멀리하고 그의 마음은 항상 기쁘오이다. 서원의 힘으로 모든 부처의 법을 널리 수행하며 중생을 불쌍히 여김에 다음 제2지의 지위에 들어가시다.

계율과 학문을 구족하시고 모든 존재를 생각함에 마음의 더러운 때를 씻어 내어 밝고 순결하시이다. 세간의 탐·진·치 삼독의 불을 관찰하고 광대하게 이해하신 자, 제3지에 나아가시다.

욕계·색계·무색계 삼유(三有)는 모두 무상이며 그 고통은 마치 화살이 몸에 들어간 것처럼 치성하오이다. 유위에 염증을 느껴 멀리하고 부처의 법을 구해 광대한 지혜를 가진 자, 제4지 염혜지에 나아가시다.

기억력과 지혜를 구족하여 도지(道智)를 얻고 백천의 무량한 부처를 공양하시고 항상 수승한 모든 공덕을 관찰하시이다. 이러한 자, 제5지 난승지에 나아 들어가시다.

지혜와 방편을 잘 관찰하시고 여러 가지 나타냄으로 존재들을 구하시며 또한 10력을 갖추신 위없는 세존을 공양하신 자, 무생의 가르침인 제6지 현전지에 들어가시다.

세간에서 알기 어려운 것을 능히 아시며 오음의 자아를 받지 않으시고 있음과 없음을 여의시다. 법성은 본래 적멸하여 조건을 따라 도는 것, 이러한 미묘한 지혜를 얻으신 자, 제7지 원행지를 향해 나아가시다.

지혜와 방편의 마음이 광대하사 어려운 것을 행하시고 조복하시며 완전히 아시는 자, 적멸을 증득할지라도 열심히 수습하시는 자, 능히 허공과 같은 제8지 부동지에 나아가시다.

부처님의 권유로 적멸에서 일어나 여러 가지 지혜의 행을 수습하시고 열 가지 자재함을 갖추시고 세간을 관찰하시는 자, 이것으로 제9지 선혜지로 올라 가시다.

미묘한 지혜로서 숲처럼 빽빽한 존재들의 생각, 행위, 번뇌 등등을 관찰하시고 그들을 교화하고 도로 나아가게 하기 위해 모든 부처의 보물 창고와 같은 수승한 뜻을 연설하시이다.

초지부터 차례로 모든 선을 수행하여 갖추시고 9지까지 복과 지혜를 쌓으시고 항상 모든 부처의 최상법을 구하시는 자, 부처의 지혜를 얻음이 물로 그의 정수리를 적시시이다.

무수한 삼매와 선을 갖추시고 그 수행의 업을 완전히 아시는 자, '수직(受職)'이라는 마지막 삼매에 머물러 광대한 경계에서 항상 부동이시다. 10지 보살께서 이 삼매를 얻을 때 홀연히 큰 보배 연화가 나타남에 그와 같은 크기의 보살께서 거기에 앉으시이다.

불자들에 둘러싸여 같이 관찰하시건데 백천억의 큰 광명을 놓으심에 모든 존재들의 고통이 소멸되오이다. 다시 정수리에서 광명을 놓으시되 십력을 갖춘 제불의 회상이 두루 들어와 광명의 그물을 만들어 모두 공중에 머무시어 부처(=십지보살)를 공양하시고 다시 발로 들어가시이다.

그때에 제불은 지금 이 불자(=십지보살)가 부처의 자리에 올라감을 모두 잘 아시이다. 시방에서 보살들이 오셔서 수직대사(=십지보살)가 광명을 놓아 비춤을 관찰하시며 제불도 또한 미간에서 광명을 놓아 널리 비추시고 광명이 정수리로 들어감에 시방 세계가 함께 진동하며 일체 지옥의 고통이 소멸되오이다. 그때에 제불은 십지보살에게 그 자리를 줌이 마치 전륜성왕의 제일 왕자와 같소이다. 만일 제불이 관정을 한다면 그것이 바로 제 십지, 법운지에 오르는 것이라고 하나이다.

[십지 보살의 행] 지혜는 증장하여 끝이 없어 일체 세간을 깨우치시이다. 욕계·색계·무색계·법계·세계·중생계·수·무수 그리고 허공, 이와 같은 일체를 모두 통달하시이다. 일체중생을 교화하시는 활동·대위력·제불의 가지력·자세한 지혜·비밀·무량한 겁수·미세한 도 등등을 모두 있는 그대로 관찰하시이다. 태어나서 세속을 버리고 정도(正道=正覺)를 이루시어 묘한 법의 바퀴를 굴리시고 열반에 들어가시이다. 계속해서 설하지 않은 적멸한 해탈법도 모두 능히 아시이다. 보살은 이 법운지에 머물러 염력(念力)을 구족하고 부처의 법을 가지시이다.

비유하자면 큰 바다가 용의 비를 받는 것과 같이 이 법운지에서 법을 받는 것이 그와 같소이다. 시방의 무수한 존재들은 모두 부처의 법을 얻어 듣고 가지오이다. 한 부처의 처소에서 들은 법이 무량한 겁을 지나도 옛날의 지혜와 서원, 부처의 위신력으로 그 한 생각이 시방 국토에 널리 두루하오이다. 감로의 비를 적시어 번뇌를 소멸하기에 부처님이 말씀하시기를 '법의 비[法雨]'라고 하오이다.

시방에 널리 신통을 보이시고 인간과 천상 세간의 경계를 초월하시나이다. 이것을 세간의 지혜로 무량억겁이 지나도록 생각한들 미칠지이다. 십지 보살의 한 걸음 분량의 지혜와 공덕은 9지(地) 보살도 알 수 없거늘 하물며 모든 중생이나 성문, 벽지불이 알 수 있겠는가.

십지 보살은 시방 국토에 널리 계신 부처를 공양하고 또한 현재에 계신 모든 성인들도 공양하여 부처의 공덕을 구족하고 장엄하나이다. 보살은 다시 이 십지에 머물러 과거·현재·미래 삼세와 법계, 무애지, 중생, 국토 그리고 모든 부처의 공덕을 연설하시이다.

십지 보살의 지혜의 광명이 존재들에게 올바른 법의 길을 보여주심이 자재천의 광명이 세간의 어둠을 제거하는 것과 같소이다. 이 십지에 머물면 삼계의 왕이 무수히 되어 삼승법을 잘 연설하시고 무량한 삼매를 한 생각에 얻으며 모든 부처를 친견함도 그와 같소이다. 내[= 십지품의 설법주, 금강장 보살]가 지금 십지를 간략하게 말했지만 길게 말하자면 끝이 없소이다.

이와 같이 초지부터 십지는 부처의 지혜 중에서 마치 열 개의 산이 우뚝 서 있는 것과 같소이다. 초지에서 예술의 작업이 끝이 없는 것은 마치 설산에 모든 약초가 모여 있는 것과 같소이다. 제2지에서 지계와 학문은 향산과 같고, 제3지에서 도의 묘한 꽃이 핀 것은 비타산과 같고, 제4 염혜지에서 도의 보물이 무진함은 선산에 인자함이 잘 머무는 것과 같소이다. 제5지에서 신통은 유건산과 같고, 제6지에서 모든 도의 결실은 마이산과 같고, 제7지에서 큰 지혜는 니민산과 같고, 제8지에서 자재는 윤위산과 같고, 제9 지에서 무애함은 계도산과 같고, 제10지에서 모든 공덕을 갖춘 것은 수미산과 같소이다.

초지는 서원을 으뜸으로 하고, 제2지는 지계, 제3지는 공덕, 제4지는 집중, 제5지는 미묘, 제6지는 연기(緣起)의 깊음, 제7지는 광대한 지혜, 제8지는 신통의 장엄, 제9지는 미묘한 뜻을 생각함이 일체의 세간도를 초월함, 제10지는 모든 부처의 법을 수지함, 이 같은 수행의 바다는 다함이 없소이다.

십지의 보살행에서 초지는 세간도를 초월하는 발심, 지계는 제2지, 수선(修禪)은 제3지, 청정행은 제4지, 성취는 제5지, 연생(緣生)은 제6지, 관철은 제7지, 제8지는 금강의 깃발을 올리고, 제9지는 중생의 조림(稠林)을 관찰하고, 제10지는 왕의 뜻을 받는 관정, 이와 같은 공덕의 보물은 점차적으로 청정하오이다.

시방 국토를 부수어 티끌로 만들어 한 생각에 그 수를 알 수 있고 털끝이 허공을 지나는 것은 알 수 있어도 이 10지의 공덕은 억겁을 설할지라도 다함이 없소이다.」

其心寂滅恒調順 平等無碍如虛空 離諸垢濁住於道 此殊勝行汝應聽
百千億劫修諸善 供養無量無邊佛 聲聞獨覺亦復然 爲利衆生發大心
精勤持戒常柔忍 慙愧福智皆具足 志求佛智修廣慧 願得十力發大心
三世諸佛咸供養 一切國土悉嚴淨 了知諸法皆平等 爲利衆生發大心
住於初地生是心 永離衆惡常歡喜 願力廣修諸佛法 以悲愍故入後位
戒聞具足念衆生 滌除垢穢心明潔 觀察世間三毒火 廣大解者趣三地
三有一切皆無常 如箭入身苦熾然 厭離有爲求佛法 廣大智人趣焰地
念慧具足得道智 供養百千無量佛 常觀最勝諸功德 斯人趣入難勝地

智慧方便善觀察　種種示現求眾生　復供十力無上尊　趣入無生現前地
世所難知而能知　不受於我離有無　法性本寂隨緣轉　得此微妙向七地
智慧方便心廣大　難行難伏難了知　雖證寂滅勤修習　能趣如空不動地
佛勸令從寂滅起　廣修種種諸智業　具十自在觀世間　以此而昇善慧地
以微妙智觀眾生　心行業惑等稠林　為欲化其令趣道　演說諸佛勝義藏
次第修行具眾善　乃至九地集福慧　常求諸佛最上法　得佛智水灌其頂
獲得無數諸三昧　亦善了知其作業　最後三昧名受職　住廣大境恒不動
菩薩得此三昧時　大寶蓮花忽然現　身量稱彼於中坐　佛子圍繞同觀察
放大光明百千億　滅諸一切眾生苦　復於頂上放光明　普入十力諸佛會
悉住空中作光網　供養佛已從足入　即時諸佛悉了知　今此佛子登職位
十方菩薩來觀察　受織大士舒光照　諸佛眉間亦放光　普照而來從頂入
十方世界咸震動　一切地獄苦消滅　是時諸佛與其職　如轉輪王第一子
若蒙諸佛與灌頂　是則名登法雲地　智慧增長無有邊　開悟一切諸世間
欲界色界無色界　法界世界眾生界　有數無數及虛空　如是一切咸通達
一切化用大威力　諸佛加持微細智　秘密劫數毛道等　皆能如實而觀察
受生捨俗成正道　轉妙法輪入涅槃　乃至寂滅解脫法　及所未說皆能了
菩薩住此法雲地　具足念力持佛法　譬如大海受龍雨　此地受法亦復然
十方無數諸眾生　悉得聞持持佛法　於一佛所所聞法　過於彼數無有量
以昔智願威神力　一念普遍十方土　霑甘露雨滅煩惱　是故佛說名法雲
神通示現遍十方　超出人天世間境　復過是數無量億　世智思惟必迷悶
一舉足量智功德　乃至九地不能知　何況一切諸眾生　及以聲聞辟支佛
此地菩薩供養佛　十方國土悉周遍　亦供現前諸聖眾　具足莊嚴佛功德
住於此地復為說　三世法界無碍智　眾生國土悉亦然　乃至一切佛功德
此地菩薩智光明　能示眾生正法路　自在天光除世暗　此光滅暗亦如是
住此多作三界王　善能演說三乘法　無量三昧一念得　所見諸佛亦如是

此地我今己略說 若欲廣說不可盡

如是諸地佛智中 如十山王巍然住 初地藝業不可盡 譬如雪山集衆藥

二地戒聞如香山 三如神陀發妙華 焰慧道寶無有盡 譬如仙山仁善住

五地神通如由乾 六如馬耳具衆果 七地大慧如尼民 八地自在如輪圍

九如計都集無碍 十如須彌具衆德

初地願首二持戒 三地功德四專一 五地微妙六甚深 七廣大慧八莊嚴

九地思量微妙義 出過一切世間道 十地受持諸佛法 如是行海無盡竭

十行超世發心初 持戒第二禪第三 行淨第四成就五 緣生第六貫鑿七

第八置在金剛幢 第九觀察衆稠林 第十灌頂受王意 如是德寶漸淸淨

十方國土碎爲塵 可於一念知其數 毫末度空可知量 億劫說此不可盡

(『대방광불화엄경』「십지품」권39, p.209하-210하)

네 번째 단계

12지 연기와 윤회는 어떤 관계가 있는가

제4장 12지 연기와 윤회

1. 석가모니 부처님이 깨달은 12지 연기와 사성제

네 번째 단계는 인류 정신사상 처음으로 석가모니가 깨달은 12지 연기(緣起, pratītyasamutpāda)에 대한 설명이다. 우리는 첫 번째 단계와 두 번째 단계에서 존재들의 심적-정신적 요소들을 살펴보았다. 심적-정신적 요소들은 먼저 마음의 행위[意業]로 나타나고 계속해서 언어의 행위[口業]와 육체적인 행위[身業]로 나타난다. 존재들은 이 삼업으로 인하여 여기서 죽고 저기로 태어나는 생사의 윤회를 끝없이 되풀이하는 것이다. 이러한 심적-정신적 요소들을 또한 '행(行)' 또는 '제행(諸行: 복수)'이라고 한다. 두 번째 단계와 세 번째 단계에서는 존재들이 끝없이 윤회하는 세계인 욕계·색계·무색계 삼계에 대해, 그리고 생사 윤회를 해탈한 성인들에 대해 알아 보았다.

성인들 중에서도 성인인 석가모니는 어렸을 때부터 인간이 태어나 늙고 병들어 죽는 일[生老病死]에 대해 의심을 품었다. 그리하여 존재들이 되풀이하는 윤회의 굴레를 벗어나는 해탈의 길을 추구하여 왕궁을 나와 여러 스승으로부터 여러 가지 가르침과 방법을 배웠다. 그때에 스승의 가르침이란 고행을 하면서 선(禪)을 수습하여 어떤 종류의 삼매를 얻음으로써 윤회에서 해탈한다는 것이었다. 석가모니는 모든 가르침에 통달했으나 그가 추구한 해탈에는 도달하지 못했다. 이에 홀로 수선하여 드디어 6년 만에 명성(明星)을 보는 순간 무상정등각을 성취하고 윤회에서 해탈하여 생사의 일을 마쳤다.

그러면 석가모니불이 깨달은 내용은 무엇인가? 그것은 바로 존재들의 윤회의 과정인 12지 연기에 대한 법칙이다. 연기법이란 불(佛)이나 신(神) 등 그 누가 만들어 낸 법칙이 아니다. 모든 생물이나 우주의 현상이 논리에 맞게 있는 그대로 움직이는 법이다. 석가모니는 그가 오랫동안 품고 있었던 인간의 생로병사에 대한 의심을 연기법을 있는 그대로 깨달은 순간에 해결한 것이다.

석가모니의 전기(傳記)는 그가 초선, 제2, 제3, 제4선에 올라가면서 삼명(三明)을 얻어 12지 연기를 관찰하는 장면을 감명깊게 표현하고 있다. 삼명은 ①천안(天眼) 또는 생사지(生死智) ②숙명지(宿命智) ③누진지(漏盡智)이다. 삼명은 육신통 중에서 천안통, 숙명통, 누진통에 해당하는데(나머지 세 가지는 타심통, 신족통, 천이통) '通'과 '智'에는 차이가 있다. '智'는 깨달음[覺]을 성취한 성인에게 주어진다. 석가모니는 처음에 생사지를 얻고 두 번째로 숙명지, 마지막으로 누진지를 얻는다. 이 삼명 중에서 세 번째 누진지를 얻는 순간 존재들이 윤회하는 과정인 12지 연기를 분명하게 보고 동시에 아뇩다라삼먁삼보리(無上正等覺; 간단하게 正覺)를 성취한다.

다음은 석가모니의 전기를 서술한 산스끄리트본(=梵本) 『라리따비스따라』 중에서 석가모니가 4선을 수습하여 삼명을 얻고 12지 연기를 보고 정각을 성취하여 부처[佛]가 되는 장면이다. (『Lalitavistara』 제22 「Abhisaṃbhodhana」 : 한역본은 『방광대장엄경』 「성정각품」제22. 산스끄리트본과 한역본은 얼마의 차이가 있다.)

1) 4선과 천안(天眼=生死智)

「보살(=석가모니)은 욕망과 악, 나쁜 법을 멀리하고 조사하는 마음[覺]과 관찰하는 마음[觀]을 갖추어 여읨에서 생긴[離生], 기쁨[喜]과 행복[樂]인 초선에 오른 후 마(魔)와 적(敵)을 항복하여 완전히 승리를 거두고 펴 올린 우산과 깃발에 둘러싸여 초선에 머물었다.

보살은 조사하는 마음과 관찰하는 마음을 없앰으로써 내부의 마음[內心]이 깨끗하고 평화로우며[淸淨] 한곳에 마음을 집중시켜[一心] 제2선에 오르고 조사하는 마음과 관찰하는 마음이 없이[無覺無觀] 삼매에서 생긴[定生] 기쁨과 행복이 있는 그곳에 머물었다.

보살은 기쁨을 없앰으로써[離喜故] 기억[念]과 완전한 자각을 갖춘 마음의 평정함[捨]에 머물러 온몸에서 행복[樂]을 느꼈다. 성인들은 이 상태를 '평정하고 기억하며 완전히 자각하는 행복의 상태에 머무른다'라고 하는 기쁨 없이 제3선에 오른 후 그곳에 머물었다.

보살은 우선 기쁨과 슬픔을 없앰으로써 고통을 없애고, 행복을 없앰으로써 고통이나 행복이 없는[不苦不樂] 완전히 청정한 평정함[捨]과 기억[念]인 제4선에 머물었다.

그때 보살의 생각은 이와 같이 집중되고 완전히 청정하며 빛나고, 부차적인 번뇌[隨煩惱]를 없애고 부동처에 이르렀다. 이른 밤[初夜]에 천안(天眼)에서 오는 명철함[明], 지견[見], 지혜[智]를 생하기 위해 그의 마음을 잘 준비하고 인도했다.

그때 보살은 완전히 청정하고 인간의 눈을 훨씬 초월한 천안으로 존재들이 그들의 업의 결과에 따라 잘 생기거나 또는 못 생기거나, 좋은 가문이나 나쁜 가문, 좋은 갈래나 나쁜 갈래에서 죽고 태

어나는 것을 분명히 보았다 : "아, 정말, 악한 의업, 구업, 신업을
구비하고 성인들을 비방하며 잘못된 견해를 가지고 악하게 행동
하는 이러한 존재들은 이 인연으로 육신이 파괴되어 죽은 후에 비
참한 상태인 나쁜 갈래, 구렁인 지옥에 태어난다. 그러나 착한 의
업, 구업, 신업을 구비하고 성인들을 비방하지 않으며 올바른 견해
를 가지고 착하게 행동하는 이러한 존재들은 이 인연으로 육신이
파괴되어 죽은 후에 좋은 갈래, 천상 세계에 태어난다."

이와 같이 보살은 완전히 청정하고 인간의 눈을 훨씬 초월한 천
안으로 존재들이 그들의 업의 결과에 따라 잘 생기거나 또는 못 생
기거나, 좋은 가문이나 나쁜 가문, 좋은 갈래나 나쁜 갈래에서 죽
고 태어나는 것을 분명히 보았다

이와 같이 보살은 이른 밤에 직감적인 명철함이 생겼고, 어둠을
파괴했으며 광명이 생겼다.」

2) 숙명지(宿命智)

「그때 보살의 생각은 이와 같이 집중되고 완전히 청정하며 빛
나고, 부차적인 번뇌를 없애고 부동처에 이르러 밤 중간[中夜]에
전생의 거처를 정확하게 기억하는 숙명지(宿命智)-견(見)-명(明)
을 생하기 위해 그의 마음을 잘 준비하고 인도했다. 보살은 그 자
신과 다른 존재들의 수많은 전생의 거처를 정확하게 기억했다.

예를 들면, 一生, 2, 3, 4, 5, 10, 20, 30, 40, 50生, 백생, 천생,
십만생, 수천만생, 억생, 억만생, 십만 나유타생, 1괴겁, 1성겁, 1
괴겁과 성겁, 여러 차례의 괴겁, 여러 차례의 괴겁과 성겁. 보살은
생각하기를 – 어느 때에 존재들 중에서 나는 어떤 이름, 어떤 종
족, 어떤 가문, 어떤 음식을 가졌으며, 나는 어떤 행복과 괴로움을

느꼈으며, 수명은 얼마 동안이었으며, 얼마 만큼 살았다. 언제 나는 이곳을 떠나 저곳으로 태어났으며, 그리고 저곳을 떠나 이곳으로 태어났다.

이와 같이 보살은 그와 모든 존재들의 수많은 여러 가지 종류의 전생을 그 성질과 모습에 대해 정확하게 기억했다.」

3) 누진지(漏盡智)와 12지 연기

「그때 보살의 생각은 이와 같이 집중되고 완전히 청정하며 빛나고, 부차적인 번뇌를 없애고 부동처에 이르러 밤 늦게[後夜] 서광이 비출 때, 사람들이 고히 잠잘 때, 고통의 무더기를 없애기 위해, 누진지(漏盡智)-견(見)-명(明)을 생하기 위해 그의 마음을 잘 준비하고 인도했다.

보살은 생각했다 — 이 세간이 생겨 사람들이 태어나고 늙고 죽고 사라지고, 다시 태어나는 것은 분명히 불행이다. 그러나 사람들은 늙음[老], 병듦[病], 죽음[死]과 나머지 큰 고통의 무더기뿐인 이 세간에서 나오는 방법을 알지 못한다. 슬프도다! 큰 고통의 무더기뿐인 이 세간에서 끝낼 수 있는 것을 사람들은 알지 못하는구나! 늙음, 병듦, 죽음과 나머지에서 오는 모든 것에서!

그때 보살은 이렇게 생각했다 : [12지의 逆觀]

무엇이 존재하여 늙음과 죽음[老死]이라는 것이 있는가? 늙음과 죽음은 무엇이 원인인가? 보살은 생각했다 — 태어남[生]이 있음으로 늙음과 죽음[老死]이 있다. 왜냐하면 늙음과 죽음은 태어남[生]을 원인으로 갖기 때문이다.

그리고 보살은 또 이렇게 생각했다. 어떤 것이 존재하기에 태어남이 있는 것인가? 보살은 생각했다 — 존재 또는 생의 과정[有]이 있기 때문에 태어남[生]이 있다. 왜냐하면 태어남은 존재[有]를 원인으로 갖기 때문이다.

그때 보살은 생각했다. 어떤 것이 존재하기에 존재[有]가 있는 것인가? 존재는 어떤 원인을 갖는 것인가? 보살은 생각했다 – 취함[取]이 있기 때문에 존재[有]가 있다. 왜냐하면 존재는 취함[取]을 원인으로 갖기 때문이다.

그때 보살은 생각했다. 어떤 것이 존재하기에 취함[取]이 있으며 취함은 어떤 원인을 갖는가? 보살은 생각했다 – 갈애[愛]가 있기 때문에 취함[取]이 있다. 왜냐하면 취함은 갈애[愛]를 원인으로 갖기 때문이다.

그때 보살은 생각했다. 어떤 것이 존재하기에 갈애[愛]가 있으며 갈애는 어떤 원인을 갖는가? 보살은 생각했다 – 정적(情的) 감각[受]이 있기 때문에 갈애[愛]가 있다. 왜냐하면 갈애는 감각[受]을 원인으로 갖기 때문이다.

그때 보살은 생각했다. 어떤 것이 존재하기에 감각[受]이 있으며 정적 감각은 어떤 원인을 갖는가? 보살은 생각했다 – 접촉[觸]이 있기 때문에 감각[受]이 있다. 왜냐하면 정적 감각은 접촉[觸]을 원인으로 갖기 때문이다.

그때 보살은 생각했다. 어떤 것이 존재하기에 접촉[觸]이 있으며 접촉은 어떤 원인을 갖는가? 보살은 생각했다 – 여섯 가지 경계[六處=六入]가 있기 때문에 접촉[觸]이 있다. 왜냐하면 접촉[觸]은 여섯 가지 경계를 원인으로 갖기 때문이다.

그때 보살은 생각했다. 어떤 것이 존재하기에 여섯 가지 경계[六處]가 있으며 여섯 가지 경계는 어떤 원인을 갖는가? 보살은 생각했다 – 이름과 형상[名色]이 있기 때문에 여섯 가지 경계[六處=

六入]가 있다. 왜냐하면 여섯 가지 경계는 이름과 형상[名色]을 원인으로 갖기 때문이다.

그때 보살은 생각했다. 어떤 것이 존재하기에 이름과 형상[名色]이 있으며 이름과 형상은 어떤 원인을 갖는가? 보살은 생각했다 – 의식[識]이 있기 때문에 이름과 형상[名色]이 있다. 왜냐하면 이름과 형상은 의식[識]을 원인으로 갖기 때문이다.

그때 보살은 생각했다. 어떤 것이 존재하기에 의식[識]이 있으며 의식은 어떤 원인을 갖는가? 보살은 생각했다 – 심적-정신적 요소[行]가 있기 때문에 의식[識]이 있다. 왜냐하면 의식은 심적-정신적 요소[行]를 원인으로 갖기 때문이다.

그때 보살은 생각했다. 어떤 것이 존재하기에 심적-정신적 요소[行]가 있으며 심적-정신적인 요소는 어떤 원인을 갖는가? 보살은 생각했다 – 무지(無智) 또는 어둠[無明]이 있기 때문에 심적-정신적 요소[行]가 있다. 왜냐하면 심적-정신적 요소는 어둠[無明]을 원인으로 갖기 때문이다.

이와 같이 보살은 생각했다 : [12지의 順觀]

①~②심적-정신적 요소[行]는 어둠[無明]을 원인으로 갖는다 ⇒ ③의식[識]은 심적-정신적 요소[行]를 원인으로 갖는다 ⇒ ④이름과 형상[名色]은 의식[識]을 원인으로 한다 ⇒ ⑤여섯 가지 경계[六處, 六入]는 이름과 형상[名色]을 원인으로 갖는다 ⇒ ⑥접촉[觸]은 여섯 경계[六處, 六入]를 원인으로 갖는다 ⇒ ⑦감각[受]은 접촉[觸]을 원인으로 갖는다 ⇒ ⑧갈애[愛]는 감각[受]을 원인으로 갖는다 ⇒ ⑨취함[取]은 갈애[愛]를 원인으로 갖는다 ⇒ ⑩생의 과정 또는 존재[有]는 취함[取]을 원인으로 갖는다 ⇒ ⑪태어남[生]은 생의 과정 또는 존재[有]를 원인으로 갖는다 ⇒ ⑫늙음과 죽음

[老死] 그리고 근심[憂], 슬픔[悲], 괴로움[苦], 한탄[惱], 절망[愁]은 태어남[生]을 원인으로 갖는다.

이것이 큰 고통의 무더기뿐인 이 세간의 근원이다.

이와 같이 보살은 그가 깨닫기 이전에 알려지지 않은 (緣起) 법에 대해 근원부터 시작하여 몇 번이나 명상한 후 명철함[明]이 생겼고, 안목[眼]이 생겼고, 광대한 지식[廣智]이 생겼으며 지혜[般若]가 생겼으며 광명[光]이 나타났다.

그때 보살은 생각했다 : [12지의 滅觀]

어떤 것이 존재하지 않음으로서 늙음과 죽음[老死]이 존재하지 않는가? 또는 어떤 것을 막으면 늙음과 죽음이 오지 않는가? 그리고 보살은 생각했다 ─ 태어남[生]이 없으면 늙음과 죽음은 없다. 태어남을 막으면 늙음과 죽음이 오지 않는다.

그래서 보살은 생각했다. 어떤 것이 존재하지 않음으로서 태어남이 존재하지 않는가? 또는 어떤 것을 막으면 태어남이 오지 않는가? 그리고 보살은 생각했다 ─ 생의 과정 또는 존재[有]가 없으면 태어남[生]이 없다. 생의 과정 또는 존재를 막으면 태어남이 오지 않는다.

그래서 보살은 또 생각한다. 어떤 것이 존재하지 않음으로서 (이와 같이 등등으로 계속해서) 심적-정신적 요소[行]가 없으면 어둠[無明]은 없다. 심적-정신적 요소를 막으면 어둠이 오지 않는다. 그리고 보살은 생각했다 ─ 어둠이 존재하지 않으면 심적-정신적 요소는 존재하지 않는다. 어둠[無明]을 막으면 심적-정신적 요소[行]는 오지 않는다. 의식[識]을 막으면 심적-정신적 요소는 오지 않는다. (이와 같이 등등으로 계속해서) 태어남[生]을 막으면 늙음과 죽음[老死] 그리고 근심[憂], 슬픔[悲], 괴로움[苦], 한탄[惱] 절망[愁]은 오지 않는다. 그러므로 큰 고통의 무더기뿐인 이 세간은 오지 않는다.

이와 같이 보살은 그가 깨달기 이전에 알려지지 않은 (緣起) 법에 대해 근원부터 시작하여 몇 번이나 명상한 후 명철함[明]이 생겼고, 안목[眼]이 생겼고, 광대한 지식[廣智]이 생겼으며 지혜[般若]가 생겼으며 광명[光]이 나타났다.

[四聖諦] : 그때에 보살(=석가모니)은 고통[苦, duḥkha]을 진실에 따라 깨달았다. 흐름[漏=苦]의 원인[集, samudaya], 흐름의 소멸[滅, nirodha], 흐름의 소멸로 이끄는 길[道, mārga]을 진실에 따라[如實] 깨달았다.

이것은 애욕의 흐름[愛漏], 이것은 존재의 흐름[有漏], 이것은 무명의 흐름[無明漏], 이것은 견해의 흐름[見漏]이다. 여기서 보살은 예외없이 흐름들을 막고 여기서 흐름은 남김없이 사라진다.

① 이것은 무명(無明)이다 ; 이것은 무명의 원인[因=集]이다 ; 이것은 무명의 소멸[滅]이다 ; 이것은 무명의 소멸로 이끄는 길[道]이다. 이것이 진실에 따라 보살이 깨달은 것이다. 여기서 무명은 남김없이 사라진다.

② 이것은 심적-정신적 요소[行]이다 ; 이것은 심적-정신적 요소의 원인[集]이다 ; 이것은 심적-정신적 요소의 소멸[滅]이다 ; 이것은 심적-정신적 요소의 소멸로 이끄는 길[道]이다. 이것이 진실에 따라 보살이 깨달은 것이다.

③ 이것은 의식[識]이다 ; 이것은 의식의 원인[集]이다 ; 이것은 의식의 소멸[滅]이다 ; 이것은 의식의 소멸로 이끄는 길[道]이다. 이것이 진실에 따라 보살이 깨달은 것이다.

④ 이것은 이름과 형상[名色]이다 ; 이것은 이름과 형상의 원인

[集]이다 ; 이것은 이름과 형상의 소멸[滅]이다 ; 이것은 이름과 형상의 소멸로 이끄는 길[道]이다. 이것이 진실에 따라 보살이 깨달은 것이다.

⑤ 이것은 여섯 가지 경계[六處, 六入]이다 ; 이것은 여섯 가지 경계의 원인集]이다 ; 이것은 여섯 가지 경계의 소멸[滅]이다 ; 이것은 여섯 가지 경계의 소멸로 이끄는 길[道]이다. 이것이 진실에 따라 보살이 깨달은 것이다.

⑥ 이것은 접촉[觸]이다 ; 이것은 접촉의 원인[集]이다 ; 이것은 접촉의 소멸[滅]이다 ; 이것은 접촉의 소멸로 이끄는 길[道]이다. 이것이 진실에 따라 보살이 깨달은 것이다.

⑦ 이것은 감각[受]이다 ; 이것은 정적 감각의 원인[集]이다 ; 이것은 정적 감각의 소멸[滅]이다 ; 이것은 정적 감각의 소멸로 이끄는 길[道]이다. 이것이 진실에 따라 보살이 깨달은 것이다.

⑧ 이것은 갈애[愛]이다 ; 이것은 갈애의 원인[集]이다 ; 이것은 갈애의 소멸[滅]이다 ; 이것은 갈애의 소멸로 이끄는 길[道]이다. 이것이 진실에 따라 보살이 깨달은 것이다.

⑨ 이것은 취함[取]이다 ; 이것은 취함의 원인[集]이다 ; 이것은 취함의 소멸[滅]이다 ; 이것은 취함의 소멸로 이끄는 길[道]이다. 이것이 진실에 따라 보살이 깨달은 것이다.

⑩ 이것은 생의 과정 또는 존재[有]이다 ; 이것은 존재의 원인[集]이다 ; 이것은 존재의 소멸[滅]이다 ; 이것은 존재의 소멸로 이끄는 길[道]이다. 이것이 진실에 따라 보살이 깨달은 것이다.

⑩ 이것은 태어남[生]이다 ; 이것은 태어남의 원인[集]이다 ; 이것은 태어남의 소멸[滅]이다 ; 이것은 태어남의 소멸로 이끄는 길[道]이다. 이것이 진실에 따라 보살이 깨달은 것이다.

⑫ 이것은 늙음[老]이다 ; 이것은 늙음의 원인[集]이다 ; 이것은 늙음의 소멸[滅]이다 ; 이것은 늙음의 소멸로 이끄는 길[道]이다. 이것은 죽음[死]이다 ; 이것은 죽음의 원인[集]이다 ; 이것은 죽음의 소멸[滅]이다 ; 이것은 죽음의 소멸로 이끄는 길[道]이다. 이것은 근심[憂], 슬픔[悲], 괴로움[苦], 한탄[惱], 절망[愁] ; 이와 같이 그 소멸까지. 이것이 큰 고통의 무더기뿐인 이 세간의 근원이다.

이것은 고통[苦] ; 이것은 고통의 원인[集] ; 이것은 고통의 원인을 소멸함[苦集滅] ; 이것은 고통의 원인을 소멸함으로 이끄는 길[苦集滅道] ; 바로 이것이 보살이 진실에 따라 깨달은 것이다.

이와 같이 마지막 밤[後夜] 새벽에 사람들이 잠들었을 때, (새벽을 알리는) 북을 치는 순간에 [漢譯은 後夜分 明星出時], 한 남자(男子), 착한 남자, 수승한 남자, 위대한 남자[偉人], 우왕(牛王), 상왕(象王), 좋은 벗, 도사(導師), 위대한 영웅[大雄], 인간들 중에 백련화, 무거운 짐을 질 수 있는 남자, 무상사, 조어장부인 보살은 이러한 위대한 명철함을 가지고 알아야 할 것, 깨달아야 할 것, 얻어야 할 것, 보아야 할 것, 이 모든 것을 한 순간[一念]에 지혜와 상응하여 위없는 올바르고 완전한 깨달음(無上正等覺)을 얻고 세 가지 명철함[三明]을 구족했다.

그때에 천상신들은 말했다. "친구들이여, 꽃을 뿌려. 세존께서 정말로 한 부처[佛]가 되셨어." 그러나 거기 모인 전에 부처님들을 본 천자들은 말했다. "친구들이여, 세존께서 어떤 신호를 하지 않는 한 꽃을 뿌리지 말게. 왜냐하면 전에 부처님들은 어떤 징조, 신기한 징조를 보이셨기 때문이야."

그때에 여래는 이 천자들의 의심을 알아 차리시고 공중에 일곱 다라수 높이로 올라가 공중에 머물러 이러한 환희스러운 말을 읊

으셨다. (석가모니의 오도송)

　도로는 차단되었고 먼지는 가라앉았으며 마른 개울은 더 이상 흐르지 않노라.
　도로가 차단되었기에 괴로움의 끝장이 있느니라.
　(범본) Cchinna vartmopaśānta rajāḥ śuṣkā āsravā na punaḥ sravanti/ Cchinne vartamani vartata duḥkhasyaiso anta uucyate // iti //

　번뇌는 모두 단절되었고 모든 흐름은 완전히 비고 고갈되었노라.
　다시 다음 생은 받지 않노라. 이것을 괴로움의 때가 다한 것이라고 하노라.
　(한역) 煩惱悉已斷 諸漏皆空竭 更不後受生 是名盡苦際

　그때에 이 천자들은 여래에게 여러 가지 꽃들을 뿌려 드렸으며 무릎까지 오는 천상의 꽃가마를 드렸다.
　이와 같이 여래는 원만불(圓滿佛)이 되셨기에 어둠과 암흑은 사라졌고 애욕[愛]은 청정해지고 견해[見]는 바뀌었으며 번뇌는 떨어져 나갔다. 가시는 빠지고 매듭은 풀어졌으며 오만의 깃발[慢幢]은 거꾸러지고 법의 깃발[法幢]이 펼쳐졌다. 수면(睡眠)은 근절되었으며 여실한 법[法性], 실재(實際), 법계(法界)를 깨달으셨다 : 진정한 (生死의) 종말과 법을 이해하고 존재들[=衆生]의 성질을 잘 파악하신다 : 정정취(正定聚)에 있는 중생들에게는 찬탄을 받으시고 사정취(邪定聚)에 있는 중생들에게는 비난을 받으시며 부정취(不定聚)에 있는 중생들에게는 두려움을 주시고 중생들의 근기[衆

生根器]를 완벽하게 아신다. 중생들의 병에 대한 치료법을 잘 이해하시어 감로의 약을 사용하신다. 모든 괴로움에서 풀려난 열반의 즐거움[涅槃樂]에 안주시키는 의왕(醫王), 여래장인 여래의 의자에 앉으신 대법왕(大法王)이 나타난 것이다. 완전한 해탈에 이르는 방법을 아시고 일체지의 성[一切智城]에 들어가시어 모든 부처님과 광대한 법계(法界)와 합해지신 것이다.

첫 일주일 동안 여래는 보리장(菩提場)에 앉아 계셨다. 바로 거기서 여래는 위없고 올바르고 완전한 깨달음[無上正等覺]을 얻고 시작도 없는[無始] 태어남과 늙음, 죽음의 고통을 끝장낸 것이다.

그리고 보살이 일체지를 얻는 순간 시방의 모든 세계는 큰 광명으로 밝아지고 악과 암흑으로 뒤덮힌 지옥까지도 큰 광명으로 밝혀졌다.」

※ 위의 번역은 산스끄리뜨어 원본, 『Lalitavistara』 제22 「Abhisaṃbhodhana」, p.250.1-254.20 ; 한역본 『방광대장엄경』 「성정각품(成正覺品)」 제22, 권9, 595상 21-596상 8 ; 불어 역본, 『Lalitavistara』, Faucaux 옮김, p.287-295 참조.

석가모니불이 깨달은 12지 연기와 사성제는 후에 불교교리의 핵심을 이룬다. 결국 12지 연기의 관찰은 끝없이 되풀이되는 존재들의 생사 윤회[苦]의 원인[集]을 규명하여 그 해결 방법[道]을 보여주는 것이며, 그 해결된 상태가 바로 열반적정[滅]인 것이다.

후에 제2의 석가로 불리우는 용수(龍樹, Nāgārjuna)보살은 그의 유명한 『중론송(中論頌)』 「관사제품(觀四諦品)」 마지막 게송에서 다음과 같이 말한다.

「연기를 보는 자, 그는 경험세계 (즉 세간의) 고(苦)와 집(集) 그리고 멸(滅), 도(道)를 본다.」

(범본) yaḥ pratītyasamutpādaṃ paśyatīdaṃ sa paśyati / duḥkhaṃ samudayaṃ caiva nirodhaṃ mārgam eva ca //

「그러므로 경전에서는 '연기의 법칙을 본다면 능히 부처를 볼 수 있고 고·집·멸·도(苦集滅道)를 본다'고 설명한다.」

(한역) 是故經中說 若見因緣法 則爲能見佛 見苦集滅道

4) 『화엄경』에서 설명한 12지(支) 연기

대승불교에서 『마하반야바라밀다경(摩訶般若波羅蜜多經)』(『반야경』)과 함께 두 주축을 이루는 『대방광불화엄경』(大方廣佛華嚴經)(『화엄경』)에서는 12지 연기를 자세히 설명하고 있다. ─ 철학적인 면에서 『반야경』은 우주의 존재론, 본체론을 설명하고 『화엄경』은 현상론, 연기론(인과율)을 설명한다.

『화엄경』「십지품」(80권본 제26)에서 보살은 제6현전지(現前地)에서 12지 연기를 자세히 관찰하고 공(空), 무상(無相), 무원(無願)의 삼해탈문(解脫門)을 얻음으로써 생사 윤회에서 해탈한다.

현전지에서 보살은 범부에게 일어나는 12지(支) 연기의 과정에서 생사윤회의 주요 원인을 단계적으로, 즉 생사 윤회의 원인을 단계적으로 세 번 관찰한다.

첫 번째, 범부는 자아, 자기를 집착하기 때문에 12지 연기의 윤회 과정이 형성된다. 그러므로 자기에 대한 집착을 버려, 즉 아상을 버려 '무아'를 깨달으면 12지 연기가 소멸되어 생사 윤회에서 해탈한다.

두 번째, 범부는 제법이 불가득(不可得)이라는 제일의(第一義 또는 勝義)를 깨닫지 못하기 때문에 12지 연기의 윤회 과정이 형성된다. 그러므로 '제일의'를 깨달으면 12지 연기가 소멸되어 생사 윤회에서 해탈한다.

세 번째, 범부는 삼계가 유심(唯心)이라는 일체유심조(一切唯心造)를 깨닫지 못하기 때문에 12지 연기의 윤회 과정이 형성된다. 그러므로 '유심'을 깨달으면 12지 연기가 소멸되어 생사 윤회에서 해탈한다.

여기서 '무아(無我)'나 '제일의(第一義) 또는 승의(勝義)'나 '유심(唯心)'은 같은 내용이다. 문제는 어떻게 우리 범부가 이것을 깨달을 것인가이다. 다음은 『화엄경』의 현전지에 나온 세 단계로 설명한 12지 연기의 내용이다.

① 범부는 자기에 집착하기 때문에 12지 연기가 형성된다.

「보살은 세간의 나고 죽는 생김과 소멸함[生滅]을 관찰하고 이렇게 생각한다. 세간에서 목숨을 받는 것은 모두 자기를 집착하기 때문이다. 만일 이러한 집착을 버리면 태어남은 없을 것이다.

범부는 지혜가 없어 자기에 집착하고 항상 있음이나 없음을 구한다. 올바르지 못한 생각은 잘못된 행위를 일으키고 삿된 길을 향해 간다. 2] 범부는 죄가 되는 행위, 복이 되는 행위, (선악의 과보를 초월한) 부동(不動)의 행위를 모아 증장시킨다. 이러한 모든 행위 중에서 더럽고 취하는 마음의 씨를 심는다. 그리하여 다시 태어남부터 늙음과 죽음이라는 다음 생애를 일으킨다. 말하자면 2] '행위[行]'는 업의 밭이 되고, 3] '의식[識]'은 씨앗이 되어 1] '무명(無明)'이 어둡게 덮어 씌어져 있다. 4] 업의 밭에는 애정의 물이 적시어지고 아만(我

慢)이 물을 대어 사견의 그물이 증장되어 '명색(名色)'이라는 싹이 난다. 5] 명색이 증장하여 다섯 가지 기관[五根: 안·이·비·설·신근]+의근(意根)='6처(六處, 六入)'가 생긴다. 6] 이러한 몸의 기관[根]을 상대로 외부 경계[境]와 '접촉[觸]'이 생긴다. 7] 접촉을 상대로 '감각[受]'이 생긴다. 8] 감각을 느낀 후 맹렬히 구하여 '갈애 또는 애착[愛]'이 생긴다. 9] 애착이 증장하여 자기 것으로 '취함[取]'이 생긴다. 10] 취함이 증장하여 '존재 또는 생애[有]'가 생긴다. 11] 존재가 생긴 후 육취 중에서 오온의 몸이 나타나는 것을 '태어남[生]'이라고 하는 것이다. 12] 태어난 후 쇠약해져 변하는 것이 '늙음[老]'이며 끝내는 죽는 것[死]'이다. 늙어 죽을 때에 타는 듯한 많은 괴로움이 생긴다. 타는 듯한 괴로움으로 인하여 걱정하고 슬프며 탄식하는 많은 괴로움이 범부의 마음에 쌓이는 것이다.」

觀世間生滅作是念 世間受生皆由着我 若離此着 則無生處 … 凡夫無智 執着於我 常求有無 不正思惟 起於妄行.行於邪道 2]罪行福行不動行 積集增長 於諸行中植心種子 有漏有取 復起後有. 生及老死 所謂 業爲田 3]識爲種 1]無明闇覆 4]愛水爲潤 我慢漑灌 見網增長 生名色芽 5]名色增長 生五根 6]諸根相對生觸 7]觸對生受 8]受後希求生愛 9]愛增長生取 10]取增長生有 11]有生己 於諸趣中 起五蘊身名生 12]生己衰變爲老 終歿爲死 於老死時 生諸熱惱 因熱惱故 憂愁悲歎 衆苦皆集.

(『화엄경』,「십지품」권37, 193하20-29.)

② 범부는 제법이 불가득이라는 제일의를 깨닫지 못했기 때문에 12지 연기가 형성된다.

「제일의의 진실을 알지 못하기 때문에 1] '무명'이라고 한다. 2] 지은 바, 행위의 과보가 '행'이다. 3] 행을 의지한 첫 마음[心]이 '(의)식(意識)'이다. 4] 의식과 함께 네 가지 취함이 생기는 것이 '명색(名色)'이다. 5] 명색이 증장하여 '6처(六處: 안·이·비·설·신·의)'가 된다. 6] (6)근(根), (6)경(境), (6)식(識) 세 가지가 화합하는 것이 '접촉[觸]'이다. 7] 접촉과 함께 '감각[受]'이 생긴다. 8] 감각에 집착하는 것이 '갈애[愛]'이다. 9] 갈애가 증장하는 것이 '취함[取]'이다. 10] 취함으로 깨끗하지 않은 업[有漏業]을 일으키는 것이 '존재[有]'이다. 업으로부터 (오)온(蘊=陰)이 나오는 것이 '태어남[生]'이다. 12] 오온이 성숙한 것이 '늙음[老]'이며 오온이 파괴되는 것이 '죽음[死]'이다.」

1]第一義諦不了故名無明 2]所作業果是行 3]行依止初心是識 4]與識共生四取蘊爲名色 5]名色增長爲六處 6]根境識三事和合是觸 7]觸共生有受 8]於受染着是愛 9]愛增長是取 10]取所起有漏業爲有 11]從業起蘊爲生 12]蘊熟爲老 蘊壞爲死. (상동, p.194상3-8.)

③ 범부는 일체유심조라는 유심(唯心)을 깨닫지 못하기 때문에 12지 연기가 형성된다.

「삼계에 존재하는 것은 단지[唯] 한 마음[一心]이다. 여래는 이 (일심)을 12지로 분별하여 설명하신다. 모든 것이 일심을 의지하여 이와 같은 (12지가) 성립된다. 왜 그런가? 3] 일[事]을 따라 탐욕이 마음과 함께 일어나며 마음은 바로 의식[識]이다. 2] 일이란 행위[行]이다. 1] 행위에 대해 미혹한 것이 바로 무명(無明)이다. 4] 무명과 마음이 같이 생기는 것이 명색(名色)이다. 5] 명색이 증장하여 6

처가 된다. 6] 6처의 세 부분[六根, 六境, 六識]이 합하여 접촉[觸]이 된다. 7] 접촉과 함께 감각[受]이 생긴다. 8] 감각을 싫어하지 않고 만족하는 것이 갈애[愛]이다. 8] 갈애를 섭취하고 버리지 않는 것이 취함[取]이다. 9] 이 모든 (여덟) 가지가 생기는 것이 존재이다. 10] 존재가 일어남을 태어남[生]이라고 한다. 11] 태어남이 성숙한 것이 늙음[老])이다. 12] 늙음이 파괴되는 것이 죽음[死]이다.」

　　三界所有 唯是一心 如來於此分別演說十二有支 皆依一心 如是而立 何以故 3]隨事貪欲與心共生.心是識 2]事是行 1]於行迷惑是無明 4]與無明及心共生是名色 5]名色增長爲六處 6]六處三分合爲觸 7]觸共生有受 8]受無厭足爲愛 9]愛攝不捨是取 10]彼諸有支生是有 11]有所起名生 12]生熟爲老 老壞爲死. (상동. P. 194상14-20.)

2. 12지 연기에 대한 설명

　　12지 연기는 우리가 첫 번째 단계에서 설명한 오음(五陰 또는 五蘊, 다섯 더미)을 12가지 형태로 나누어 설명한다고 볼 수 있다. 즉, 첫 번째 더미[陰, 蘊]인 색음(色陰)은 12지 연기에서 4번째 지(支)인 색(色)에 해당한다. 두 번째 수음(受陰)은 7번째 지인 수(受), 세 번째 상음(想陰)은 4번째 지의 명(名), 네 번째 행음(行陰)은 무명에서 유래하는 2번째 지인 행(行), 다섯 번째 식음(識陰)은 3번째 지인 식(識)이다.
　　12지 연기에서 각각의 가지는 다음의 가지를 일으킨다. 즉 첫 번째 가지인 무명을 인연으로[緣] 하여 두 번째 가지인 심적-정신적 요소[行]가 일어남[起] … 등등이다. 무명은 차라리 형이상학적인 순수의식(純粹意識)이라고 볼 수 있으며 무명 자체는 업의 과보에 직접적으로 영향을 주지는 않는다. 그러나 이 순수의식이란 제8식 아뢰야식으로 이것을 절대적인 존재, 자아, 대아(大我) 등등의 어떤 실체로 착각하면 두 번째 가지인 행, 즉 심적-정신적인 요소인 번뇌가 발생하는 것이다. 그리하여 '자아는 실제로 존재한다'는 신견(身見)이 생기는 것이다. 바로 이 신견에서 신·구·의 삼업을 일으키게 되고 세계의 모든 종교적-철학적인 견해, 사견이 발생하는 것이다.

첫 번째와 두 번째 가지, 무명과 행은 세세생생으로 항상 반복하여 이어지는 요소이다. 그리하여 무명과 행으로 인하여 존재들이 창조되고 신·구·의 삼업을 행하면서 나쁜 악의 열매, 좋은 선의 열매, 선과 악을 초월한 열매를 창조한다. 나쁜 악의 열매는 삼악도의 맛을 주고 좋은 선의 열매는 욕계에 거주하는 인천(人天)의 맛, 선과 악을 초월한 열매는 색계와 무색계 천상의 맛을 준다.

전생의 행업의 씨앗을 갖춘 3번째 식(識)이 모태에 정착함으로써 4번째 심적-정신적 요소[名]와 지·수·화·풍의 물질적 요소[色]로 이루어진 한 존재가 금생에 태어날 준비를 한다. 5번째, 6처(또는 六入)는 몸의 여섯 가지 기관인 눈[眼]·귀[耳]·코[鼻]·혀[舌]·살갗[身]·의식[意]이 외부의 경계에 의지하여 6식을 일으킨다. 이것을 6번째, 접촉[觸]이라고 한다. 이 접촉이 7번째, 세 가지 정적인 감각[受] – 싫고, 좋고, 싫지도 좋지도 않은 감각을 일으킨다. 이 세 가지 감각이 8번째, 갈애[愛]를 일으켜 좋은 감각에 대해서는 끝없이 추구하고, 싫은 감각은 어떠한 방법으로도 없애려고 하며 싫지도 좋지도 않은 감각도 결코 잃지 않으려고 한다.

이 목마른 갈애가 자기 것으로 소유하려는 9번째, 취함[取]을 가져온다. 수(愛)와 취(取), 이 두 요소가 10번째인 어떤 생애, 어떤 존재[有]를 형성하는 것이다. 이 어떤 생애가 어떤 행위[行 또는 業]를 일으켜 11번째, 후생에 어떤 새로운 태어남[生]의 과보(果報)를 가져온다. 태어남이 있으면 필연적으로 12번째, 늙음과 죽음[老死]이 있는 법이다.

이와 같이 12지 생사 윤회의 사슬은 우리 범부가 불법의 가르침에 따라 제법의 여실한 성질[法性] 또는 제법실상을 깨달을 때까지 계속되는 것이다. 다음은 12지에 대해 자세히 설명해 보자.

1) 무명(無明. avidyā. 빠리어 avijjā)

무명은 명(明)의 반대어로서 제일의제[勝義諦 또는 眞諦], 법성, 제법실상에 대한 무지(無智)이다. 그러므로 제일의제, 법성, 제법실상에 대해 무지이자 범부에게 윤회의 사슬인 12지 연기는 자연적으로 또는 필연적으로 형성되는 것이다. 무명을 소멸하면 다음에 오는 나머지 지는 힘을 발하지 못하여 생사 윤회의 사슬은 저절로 풀어져 생·노사(生老死)에서 해탈한다.

무명에 대해서는 위의 세 번째 단계에서 범부의 심리상태를 설명할 때 언급했다. 다시 무명에 대해 정의하자면 삼독인 탐심[욕망, 貪], 진심[성냄, 瞋], 치심[어리석음, 癡] 중에서 치심(癡心)의 동의어이다. 이 치심인 무명에서 다섯 가지 잘못된 견해[邪見]가 생긴다. (5 사견에 대해서는 첫 번째 단계와 세 번째 단계에서 설명).

『반야경』은 부처와 사리불의 대화에서 무명과 제법실상, 범부의 관계를 다음과 같이 설명한다.

「佛 : 사리불, 제법의 상(相)은 범부가 애착하는 것과 같지 않다.

사리불 : 세존이시여, 제법의 실상은 어떻게 존재합니까?

불 : 제법은 없는 것[無所有]이다. 이렇게 존재하고 이렇게 존재하지 않는다. 이것을 알지 못하는 것을 무명이라고 한다.

사리불 : 무엇이 무소유며 무엇이 이것을 알지 못하는 것을 무명이라고 합니까?

불 : 색(色)·수(受)·상(想)·행(行)·식(識)이 무소유이다. 왜냐하면 (이 세간법은) 내공(內空)부터 무법유법공(無法有法空)이기 때문이다. 4념처부터 십팔불공법까지가 무소유이다. 왜냐하면 (이 출세간법은) 내공(內空)부터 무법유법공(無法有法空)이기 때문이다. 여기에 범부는 무명의 힘과 갈애로 (이러한 제법을) 잘못 보고 분별하여 설명한다. 이것이 무명이다.

이 범부는 두 가지 극단[邊: 常見과 斷見 또는 有와 無]에 속박되어 제법의 무소유를 알지도 보지도 못하면서 색(色)부터 십팔불공법까지 생각하고 분별하며 집착한다. 이러한 인간은 무소유법에 집착하기 때문에 의식을 놀려 알고 보지만 이러한 범부는 알지도 보지도 못한다. 무엇을 알지도 보지도 못하는가? 색을 알지도 보지도 못하며 계속해서 십팔불공법까지 알지도 보지도 못한다. 이렇기 때문에 어린아이처럼 범부의 수(數)에 떨어져 나오지 못한다[不出]. 이 인간이 어디서 나오지 못하는가? 욕계에서 나오지 못하고 색계, 무색계에서 나오지 못하며, 성문, 벽지불법에서 나오지 못한다. 이 인간이 또한 믿지 않는다[不信]. 무엇을 믿지 않는가? 색이 공한 것을 믿지 않으며 계속해서 십팔불공법이 공한 것을 믿지 않는다. 이 인간은 머물지 못한다[不住)]. 무엇에 머물지 못하는가? 보시바라밀에 머물지 못하며 계속해서 반야바라밀에 머물지 못한다. 아유월치지[=不退地]에 머물지 못하며 계속해서 십팔불공법에 머물지 못한다.

이러한 인연으로 어린아이 같은 범부라고 부르며 또한 집착하는 자[着者]라고도 부른다. 무엇을 집착하는가? 색부터 식까지 집착한다. 안(眼)과 (眼의) 대상부터 의식과 (의식의) 대상까지 집착하며 안식계(眼識界)부터 의식계(意識界)까지 집착한다. 욕망, 성냄, 어리석음에 집착하며 모든 사견에 집착한다. 4념처에 집착하며 계속해서 불도까지 집착한다.」

舍利佛 諸法相不如凡夫所着 舍利佛白佛言 世尊 諸法實相云何有 佛言 諸法無所有 如是有.如是無所有 是事不知名爲無明 舍利佛白佛言 世尊 何等是無所有 是事不知名爲無明 佛告舍利佛 色受想行識無所有 內空乃至無法有法空故 四念處 乃至十八不共法無所有 內空乃至無法有法空故 是中凡夫以無明力渴愛故 妄見分別說 是無明 是凡夫二邊所縛 是人不知不見諸法無所有而憶想分別 着色乃至十八不共法 是人着故 於無所有法而作識知見 是凡夫不知不見 何等不知不見 不知不見 色乃至十八不共法 亦不知不見 以是故墮凡夫數如小兒 是人不出 於何不出 不出欲界 不出色界 不出無色界 不出聲聞 不出僻支佛法中 是人亦不信 不信何等 不信色空乃至不信十八不共法空 是仁不住 不住何等 不住檀那波羅蜜 乃至不住般若波羅蜜 不住阿惟越致地乃至十八不共法 以是因緣故 名爲凡夫如小兒 亦名着者 何等爲着 着色乃至識着眼入乃至意立 着眼識界乃至意識界 着淫怒癡 着諸邪見 着四念處乃至着佛道.

(『반야경』, T223, 제10, 「상행품(行相品)」 권3, 238하2 2-239상16)

생사의 근본적인 원인인 무명을 소멸하려면 순수의식이라고 부를 수 있는 제8아뢰야식을 타파해야 한다. 그렇게 하기 위해서는 위의 경전에서 설명한 것과 같이 제일의제, 유식(唯識), 법성(法性), 제법실상의 도리를 알고[應知] 보아야[應見] 한다. 간단히 말해서 제일의제란 '무소유' 또는 '무소득'으로 세속제(世俗諦)의 '유소득'과 관계가 있다. 유식이란 12지 연기를 한데 묶어 일심(一心)의 도리로 설명한 것이며 법성이란 제법의 공성(空性)을 가리키며 제법실상은 제법의 무상(無相)을 의미한다.

다음 다섯 번째 단계, '공성과 반야바라밀에 대해서' 설명할 때 제일의제에 진입하는 방법을 설명할 것이다. 왜냐하면 제일의제에 진입함으로써 무명이 소멸되기 때문이다.

2) 행(行, saṃskāras, 빠리어 sankhāra)

무명에 가리어 제일의제를 보지 못하는 어린아이 같은 범부는 필연적으로 유위법(有爲法)에 대해 반응하여 아견(我見) 또는 신견(身見)을 일으킨다. 행(行, saṃskāras)은 심적-정신적 요소로서 이것이 행위, 업(業, karman)을 일으키는 것이다. 행이나 업은 모두 산스끄리트어 동사 -KṚ '하다(爲), 행하다(行), 만들다(造)'에서 나온 동의어이지만 '업, karman'이란 어감은 더 한층 나아간 행이다. 업에는 생각으로 짓는 업[意業], 언어로 짓는 업[口業], 행동으로 짓는 업[身業] 등 삼업이 있다. 삼업의 과보로 인하여 즐거운 감각[樂受], 괴로운 감각[苦受], 즐겁지도 괴롭지도 않은 감각[捨受] 등 세 가지 감각[三受]이 따르는 법이다. 이 모든 행, 업은 중생들이 윤회하는 가운데에 끊임없이 되풀이 된다. ― 행은 첫 번째 단계에서 5음(또는 五蘊) 중 네 번째, '행음(行陰) 또는 행온(行

蘊)'을 설명할 때 취급했다.

3) 식(識, vijñāna, 빠리어 viññāṇa)

전생에 습관된 '행, 업'으로 인하여 그 종자(種子)를 갖춘 의식이 생긴다. 이것이 바로 제8아뢰야식이다. 이 8식이 금생에서 후생으로 이어지는 어떤 갈래의 모태에 들어가는 것이다. 제8아뢰야식은 어떤 한 존재가 어떤 습관된 '행, 업'을 일종의 창고에 쌓아 모아 두어 윤회하는 동안 계속 나타나는 의식의 상속으로 시시각각으로 끊임없이 저장되면서 바뀌는 것이다[更新]. 그러므로 각각의 존재는 각각 제8아뢰야식을 갖추고 있으며, '행, 업'에서 유래하는 과보의 종자를 갖춘 이 8아뢰야식은 거기에 부합된 갈래로 향한다. 그것은 마치 벼의 씨를 심으면 쌀을 수확하고 콩의 씨를 심으면 콩을 수확하는 것과 같다. 선의 종자를 갖춘 제8식은 선취(善趣)를 향해 움직이고 악의 종자를 갖춘 8식은 악취(惡趣)를 향해 움직인다. 그리하여 육도윤회는 인과법칙에 부합되는 연기의 현상으로 굴러가는 것이다.

이 세상에서 저 세상으로 윤회하는 범부는 지금 생애[今生]에서 행하는 모든 심적 작용이나 언어, 행위가 남김없이 제8아뢰야식에 저장된다. 전생에 훈습된 '행, 업'과 함께 인연이 되어 현행(現行)되는 것이 마치 필름에서 영상이 나타나는 것과 같다. 또한 금생에 저장된 종자는 미래 생애에서 행하는 '행, 업'과 함께 인연이 되어 과보로 나타날 것이다.

제8아뢰야식의 상속은 범부가 올바른 견해[正見]를 가지고 올바른 선정[正定]을 수습하여 무명을 타파할 때까지 계속된다.

4) 명색(名色, nāma-rūpa, 빠리어 nāma-rūpa)

모태(母胎)에 정착한 식(識)은 태아로 변한다. 이 태아가 인성을 갖추고 모태에서 성장하는 것이 명색(名色)이다. 명색은 다름 아닌 오음(또는 오온)으로, 색(色)은 오음 중에서 색음(色陰)에 해당하는 것으로 지·수·화·풍의 4대 요소로 이루어진 육신을 형성한다.

명(名)은 나머지 네 가지 더미[陰, 蘊]인 감각[受], 개념[想], 심적 요소[行], 의식[識]에 해당하는 것으로 우리가 보통 영혼이라고 부르는 정신적인 요소를 형성한다. 일반적으로 우리가 생각하는 영원불멸한 '영혼'이라든가 '자아'란 단지 명(名)에 해당하는 네 가지 더미인 수(受)·상(想)·행(行)·식(識)일 뿐이다. 그리하여 육신과 정신을 갖춘 오음신(五陰身)인 '명색'이 모태에서 만기가 되면 인격을 갖춘 한 인간이 되어 세상의 빛을 보게 된다.

모태의 과정은 태생(胎生)의 존재들에게만 해당되며 화생(化生)의 존재들은 모태를 거치지 않고 태어날 때 자연적으로 모든 기관을 갖추고 태어난다.

5) 육처(六處, 또는 六入 ṣaḍāyatana)

모태의 과정을 거쳐 태어난 신생아는 여섯 가지 기관[六處, 六入]을 갖고 태어난다. 육처 또는 육입에는 세 부분이 있다. ① 내부적인 육입[內六入]인 육근(六根) – 눈[眼]·귀[耳]·코[鼻]·혀[舌]·몸[身]·의식[意]. ② 외부적인 육입[外六入]인 육경(六境) – 모양, 색깔[色]·소리[聲]·냄새[香]·맛[味]·촉감[觸]·사물[法]. ③ 내육입과 외육입이 합하여 생기는 육식(六識) – 보는 의식[眼識]·듣는 의식[耳識]·냄새맡는 의식[嗅識]·맛보는 의식[舌識]·촉감 의식[觸識]·인식하는 의식[意識]이다.

6) 촉(觸, sparśa)

육처의 세 부분인 내부적인 육처[內六處=六根], 외부적인 육처[外六處=六境], 육식[六識: 전5식과 제6식]이 합하여 접촉[觸]이 된다. '촉'은 육처의 세 부분이 합하여 생기는 감각의 인식체계를 말한다. 감각의 인식체계에서 전5식인 안식은 눈으로 보기 때문에, 이식은 귀로 듣기 때문에, 후식은 코로 냄새를 맡기 때문에, 설식은 혀로 맛보기 때문에, 촉식은 몸으로 접촉하기 때문에 생기며 제6식인 의식은 사물을 생각하기 때문에 생기는 것이다.

주의할 점은 감각의 인식체계에서 말하는 '식(識)'은 안·이·비·설·신·의에서 생기는 여섯 가지 육식(六識)을 말하고, 12지 연기에서 3번째 지인 '식(識)'은 제8식인 아뢰야식을 말한다.

※ 6식과 8식에 대해서 첫 번째 단계 참조할 것.

7) 수(受, vedanā)

접촉[觸]에 따라서 정적인 감각 또는 감정[受]이 작용하기 시작한다. 정적인 감각은 어떤 대상, 사물을 인식할 때 일어나는 어떤 인상, 감각을 말한다. 그 어떤 인상, 감각은 세 종류가 있다. ① 즐거운 대상을 대할 때는 행복한 감각[樂受], ② 싫은 대상을 대할 때는 괴로운 감각[苦受], ③ 즐겁지도 괴롭지도 않은 대상을 대할 때는 중간적인 감각[非樂非苦受]이다.

8) 애(愛, tṛṣṇā)

세 가지 정적인 감각으로 인하여 애착 또는 갈애(渴愛=愛)가 작용하기 시작한다. 갈애는 세 종류가 있다. ① 욕계(欲界)에서 괴로움을 감수하는 존재들에게 일어나는 성욕(性欲)의 갈애. ② 색계

(色界)의 4선(禪) 중에 초선, 제2선, 제3선에서 생기는 행복한 감각에 애착하는 색욕(色欲)의 갈애. ③ 제4선과 무색계에서 생기는 행복한 감각을 초월한 무심한 감각[捨受]에 애착하는 무색욕(無色欲)의 갈애이다.

인간 세계에서 범부들은 행복한 감각을 목마르게 추구하는 갈애의 포로들이다. 그들의 탐욕스러운 태도는 모두 감각에 의해 좌우될 뿐이다. 어떤 대상에 즐겁고 행복한 감각을 느끼면 놓칠세라 끝없이 집착하며 괴로운 감각을 느끼면 어떻든지 떨쳐 버리려고 하고 무심한 감각도 결코 버리지 않는다.

갈애의 욕망은 끊임없이 쾌락을 추구하고 번뇌와 더불어 점점 더 새롭게 증가된다. 범부들은 보는 즐거움, 듣는 즐거움, 냄새 맡는 즐거움, 맛보는 즐거움, 촉감의 즐거움이라는 오욕락을 즐긴다. 더욱이 생각으로는 온갖 망상을 지어내며 희론한다. 또한 다른 종류의 갈구하는 욕망이 있다 ― 재욕, 권세욕, 명예욕, 색욕 등등의 욕망은 범부들을 미치게 하며 그것들이 단지 '고(苦)'의 근본이라는 것을 알지 못하고 세월을 보낸다.

9) 취(取, upādāna)

세 가지 감각[三受]으로 인하여 갈애에 목마른 범부들에게 취함[取]이 작동된다. 취함[取]은 의욕과 애착에서 오는데 네 종류의 '취(取)'가 있다.

① **오욕을 취함[欲取]** 눈으로는 좋은 형상[色]을 보기 원하고 애착하며 취한다. 귀로는 좋은 소리[聲]를 듣기 원하고 애착하며 취한다. 코로는 좋은 향기[香]를 원하고 애착하며 취한다. 혀로는 좋은 맛[味]을 원하고 애착하며 취한다. 몸으로는 부드러운 촉감[觸]

을 원하고 애착하며 취한다.

② **잘못된 견해를 취함[邪見取]** 범부는 잘못된 견해를 취하고 애착한다. 수많은 종류의 사견이 있으나 그중에 62종류의 사견을 열거한다.

③ **계율이나 의식을 집착하며 취함[戒禁取見取]** 범부는 어떤 종교를 수행하기 위해 어떤 잘못된 계율[戒]이나 의식(儀式)을 애착하며 취한다.

④ **자아가 실재로 존재한다는 견해를 취함[我見取]** 범부는 자아(自我)나 자기 것[我所]이 언제나 진실로 존재한다고 믿고 애착한다.

10) 유(有, bhava)

취함[取]과 취하는 자[取者]로 인하여 생애라는 한 존재[有]가 생성된다. 존재란 바로 오음(五陰, 五蘊)이며 '행(行)'과 '업(業)'이다. 육체적-정신적 요소[=五陰]를 갖춘 인간은 일생동안 '취(取)'를 통하여 신·구·의 세 가지 행위[業]를 짓고 이 삼업은 차례로 다음 생애를 위한 원인[因]과 조건[緣]이 된다.

금생에 한 인격으로 형성된 오음 중에서 색음(色陰)은 신업과 구업의 본질을 형성하고 나머지 네 가지 수(受)·상(想)·행(行)·식음(識陰)은 의업(意業)의 본질을 형성한다.

만일 취하는 자가 '수(受, 감각)'의 포로가 되지 않고 출세간(出世間)의 지혜[智]를 이용하여 네 종류의 '취(取, 취함)'를 없앤다면 존재[有]는 형성되지 않는다. 다시 말하자면 생사 윤회에서 해탈된다.

11) 생(生, jāti)

지금 생애인 존재에 이어 다음 생애의 태어남, 탄생[生]이 작용한다. '생(生)'이란 전생에서 지은 삼업에 부합된 오음(五陰)이 다시 생기는 것을 말한다.

('生'에 대해서는 두 번째 단계, 2. 윤회하는 존재의 네 가지 존재과정 참조할 것.)

12) 노사 (老死, jarā-maraṇa)

태어남, 탄생[生]이 있기 때문에 늙음과 죽음[老死]이 필연적으로 오는 것이다[必死]. 늙음[老]이란 오음이 성숙된 것이다. 마치 가을[秋]이 오면 초목은 색깔이 변하고 곡식이 성숙하는 것처럼.

죽음[死]은 오음이 파괴되는 것이다. 죽음이 닥쳐올 때 죽어가는 자에게 근심[憂], 슬픔[悲], 고통[苦], 번민[惱]이 뒤따른다. 근심은 어리석음 속에서 죽어가는 생에 집착하는 자의 마음을 태우는 것이다. 고통은 오근(五根)이 받는 불쾌한 충격이며 슬픔은 의근(意根)이 받는 불쾌한 충격이다. 번민은 다량의 고통과 슬픔에서 오는 것이다.

(12지 연기에 대해서는 졸저, 『중관학 연구』, 부록 「쁘라산나빠다」 제26장 十二支의 고찰[觀十二因緣品), p.595-623, 참조할 것.)

위와 같이 설명한 12지 연기의 윤회에서는 이러한 고통의 더미[苦蘊]가 유일하게 있을 뿐이다. 12지 중에서 첫 번째, 2번째 – '무명'과 '행'은 과거 전생에서 온 원인이며, 3번째부터 7번째 – '식', '명색', '육처', '촉', '수'는 현재 금생에서 받는 과보이다. 8번째부터 10번째 – '애', '취', '유'는 미래 후생의 과보를 결정하는 원인이며 11번째, 12번째 – '생'과 '노사'는 윤회하는 동안 끝없이 반복되는 요소이다.

첫 번째 '무명'과 8, 9번째 '애', '취'가 단절되지 않음은 번뇌로 가는 길[煩惱道]이고 2번째 '행'이 단절되지 않음은 업으로 가는 길[業道]이며 나머지 모두가 단절되지 않음은 고통으로 가는 길[苦道]이다. '무명'의 요소는 형이상학적인 불안을 가져오고 '애'는 감성적인 애정욕의 갈구, 이성적인 절대욕의 갈구를 일으켜 거기서 오는 '취'라는 향락이 윤회라는 대양에서 넘실거리지만 이 세 가지 요소는 번뇌라는 길[煩惱道]을 형성하는 단지 '고'일 뿐이다.

이러한 12지 연기에서 세 종류의 고통[苦]이 출현한다. 첫 번째부터 5번째 – '무명', '행', '식', '명색', '육처'는 심적 요소에서 일어나는 고통[行苦]이고 6번째, 7번째 – '촉', '수'는 고통의 감각으로서 고통[苦苦]이며 나머지는 변함에서 일어나는 고통[壞苦]이다.

그러면 어떻게 이 12지를 갖춘 윤회고를 멈출 수 있을까? 우리는 위에서 윤회고의 주요 원인은 '무명'이라는 것을 여러 번 설명했다. 무명은 12지 연기에 대해 올바른 사유[正思惟]로서 올바른 선정[正定]을 수습하면 소멸될 수 있다. 왜냐하면 정사유와 정정을 통해 12지를 포함한 일체 연기법의 진실한 성질[眞性]을 보기 때문이다. 연기법의 진실한 성질은 바로 공성(空性)이다. 모든 일체법이 연기, 공이라는 것은 석가모니불이 정각을 이룬 후 처음으로 녹야원에서 설법할 때 이미 언급되었다. 이것을 석가모니불이 그의 제자인 교진여를 위해 설법한 내용을 전한 석가모니의 전기, 『방광대장엄경』(=Lalitavistara)을 통해 살펴 보자.

「교진여, 모든 법은 원인[因]과 조건[緣]으로부터 생기고 체성(體性)이 없다. (모든 법은) 영원함[常]과 단멸[斷]이 없으며 허공과 같다. (모든 법은) 짓는 자[作者]와 받는 자[受者]가 없지만 선과 악의 법은 결코 없어지는 것이 아니다.

교진여, 물질(또는 형상, 色)은 영원한 것이 아니며[無常], 고통[苦]이며, 빈 것[空]이며, 자아가 없다[無我]. 감각[受], 개념[想], 심적-정신적 요소[行], 의식[識]도 또한 이와 같다. 갈애는 물이 되어 인연을 적시어 주어 모든 고통이 증가된다. 만약 성스러운 도를 증득하여 제법의 체성이 모두 공함(空)을 보면 바로 이와 같은 모든 고통을 소멸할 수 있다.

교진여, 그 분별(심)과 올바르지 못한 사유[不正思惟]로 인하여 1) 무명이 생기며 다시 무명의 다른 원인은 없다. (그러나) 이 분별(심)은 무명에 이르지 않는다. 또한 무명이 존재하여 제행(諸行)이 생기지만 이 무명은 제행에 이르지 않는다. 계속해서[乃至] : 2) 행을 조건으로 식[行緣識]. 3) 식을 조건으로 명색[識緣名色]. 4) 명색을 조건으로 육처[名色緣六處]. 5) 육처를 조건으로 촉감[六處緣觸]. 6) 촉감을 조건으로 감각[觸緣受]. 7) 감각을 조건으로 갈애[受緣愛]. 8) 갈애를 조건으로 취함[愛緣取]. 9) 취함을 조건으로 존재[取緣有]. 10) 존재를 조건으로 태어남[有緣生]. 11-12) 태어남을 조건으로 늙음과 죽음, 근심, 슬픔, 고통, 괴로움[生緣老死憂悲苦惱]이 (생긴다). 이와 같은 것들이 세간의 원인이고 다시 그 원인이 되는 것은 없다. 모든 법이 생기지만 원인은 (생긴) 법에 이르지 않는다.

다시 자아[我], 인간[人], 중생(衆生), 받는 자[受者, 壽者]가 없지만 이[此] 몸을 버리고는 저[彼=후생의] (오)온[五蘊=몸]에 이른다.

이치에 맞는[如理] 사유(思惟)와 분별[심]이 없는 즉, 바로 무명이 소멸한다. 1) 무명의 소멸로 인하여 바로 심적-정신적 요소가 소멸한다[由無明滅卽行滅]. 2) 심적-정신적 요소가 소멸한 즉, 의식이 소멸한다[行滅卽識滅]. 3) 의식이 소멸한 즉, 명색이 소멸한다[識滅卽名色滅]. 4) 명색이 소멸한 즉, 육처가 소멸한다[名色滅卽六處滅]. 5) 육처가 소멸한 즉, 촉감이 소멸한다[六處滅卽觸滅]. 6) 촉감이 소멸한 즉, 감각이 소멸한다[觸滅卽受滅]. 7) 감각이 소멸한 즉, 갈애가 소멸한다[受滅卽愛滅]. 8) 갈애가 소멸한 즉, 취함이 소멸한다[愛滅卽取滅]. 9) 취함이 소멸한 즉, 존재가 소멸한다[取滅卽有滅]. 10) 존재가 소멸한 즉, 태어남이 소멸한다[有滅卽生滅]. 11-12) 태어남이 소멸한 즉, 늙음, 죽음, 근심, 슬픔, 고통, 괴로움이 소멸한다[生滅卽老死憂悲苦惱滅].

만약 이와 같이 (5)온(蘊), (12)계(界), (18)처(處)에 대한 원인과 조건을 완전히 깨달으면 그때, 여래(如來)-응공(應供, 아라한)-원만불(圓滿佛: 삼막삼불타)을 성취한다. 이와 같이 깊고 미묘한 법은 이교도[異道]들이 깨달을 수 있는 것이 아니다.」

憍陳如 一切法從因緣生 無有體性.離常離斷 猶如虛空 雖無作者及以受者 善惡之法而不敗亡 憍陳如 色是無常苦空無我 受想行識亦復如是 由愛爲水潤漬因緣 衆苦增長 若得聖道證見諸法體性皆空 卽能永滅如是衆苦 憍陳如 由彼分別不正思惟而生無明 更無有餘爲無明因 而此分別 不至無明 復有無明而生諸行 而此無明不至諸行 乃至行緣識 識緣名色 名色緣六處 六處緣觸 觸緣受 受緣愛 愛緣取 取緣有 有緣生 生緣老死憂悲苦惱 如是等世間因 更無有餘能爲其因 雖生諸法而因不至法 更無我人衆生受者 捨於此身而至彼蘊 如理思惟無所分別卽滅無明 由無明滅卽行滅 行滅卽識滅 識滅卽名色滅 名色滅卽六處滅 六處滅卽觸滅 觸滅卽受滅 受滅卽愛滅 愛滅卽取滅 取滅卽有滅 有滅卽生滅 生滅卽老死憂悲苦惱滅 若能如是於蘊界處了悟因緣 爾時得成多陀阿伽

道阿羅訶三邈三佛陀 如是甚深微妙之法 非諸異道所能了悟.

(『방광대장엄경』「전법륜품(轉法輪品)」제26, 권21, 608상3-24.)

12지 연기와 관계하여 범부들의 윤회과정을 다시 간단히 복습하자면 범부들이 생사 윤회하는 곳에서 그 근본 원인은 무명이며, 이 무명이 12지 중 8, 9번째인 갈애[愛], 취함[取]과 화합하여 번뇌라는 고통스러운 길[煩惱道]을 형성하여 생사를 반복하는 것이다. 무명, 갈애, 취(取)함 이 세 요소들은 우리 범부의 생사 윤회의 원인이다. 근본적인 무명을 소멸하기 위해서는 12지 연기를 정확하게 보아야 한다. 12지 연기를 정확하게 보는 자는 모든 우주의 삼라만상, 일체법(=諸法)은 본래의 근본 성질이 없는 무자성(無自性)으로 원인[因]과 조건[緣]이 화합해서 생기는[起] 것, 즉 보편적이고 평등한 빈 성질인 공성(空性)을 보는 것이다. 그러므로 생사의 근본 원인인 무명도 또한 그 자체의 성질이 없다. 그렇기 때문에 무명은 소멸될 수 있는 것이다.

그런 의미에서 연기는 공(空)이다. 용수(나가르주나)는 그의 『중론송』제24, 「관사제품(觀四諦品)」(게송 18)에서 다음과 같이 말했다.

「연기, 그것을 우리는 공성(空性)이라고 말한다. 그것은 (=공성)은 의존된 가명(假名)이며 그것은 또한 중도(中道)이다.」

(범본) yaḥ pratītyasamutpadāḥ śūnyatāṃ tāṃ pracakṣmahe / Sā prajñaptirupādāya pratipatsaiva madhyamā //

「여러 가지 인연으로 생긴 존재를 나는 바로 무(無=空性)라고 말한다. 그것은 또한 가명이며 또한 중도라는 뜻이다.」

(한역) 衆因緣生法 我說卽是無 亦爲是假名 亦是中道義

연기를 보면, 즉 공성(空性)을 깨달으면 무명이란 결국 진실한 성질이 없는 '무무명(無無明)'임을 깨닫게 된다. '무명'이 '무무명'임을 깨닫고는 다시 무명의 원인과 조건을 만들지 않는다[無和合]. 그리하여 무명이 없기 때문에 노사는 없다[無老死]. (반야심경: 無無明 亦無無明盡 乃至 無老死 亦無老死盡.)

공성은 바로 모든 사물, 제법(諸法)의 진실한 성질인 법성(法性)이다. 연기법, 다시 말해 연기는 공이고(연기=공) 공은 연기(공=연기)라는 것을 깨달으면 생사 윤회에서 자유로워지는 해탈문(解脫門)에 이른다.

이것이 제6지(地), 현전지(現前地)의 보살이 12지 연기를 열 가지 측면에서 관찰하면서 연기법의 진실한 성질을 깨닫고 삼해탈문에 이르는 것이다. 해탈문에 이르는 것이 바로 생사 윤회에서 해탈하는 것이다. 삼해탈문은 ①공해탈문 ②무상해탈문 ③무원 또는 무작해탈문이다.

이것을 『화엄경』은 다음과 같이 설명한다.

「보살마하살은 이와 같이 열 가지 모양[十種相]으로 모든 연기를 관찰하고 자아란 없는 것이며[無我], 인간도 없고[無人], 수명도 없으며[無壽命] (연기의) 자성은 공[自性空]이다. (그러므로) 짓는 자[作者]와 받는 자[受者]가 없음을 안다. (그때에) 바로 공해탈문이 나타나 얻는다. (보살은) 모든 (12)지를 관찰하고 모든 (12지)의 자성을 소멸하여 해탈에 이른다. (그러므로) 조그마한 법상

(法相)도 생기지 않는다. (그때에) 바로 무상해탈문이 나타나 얻는다. 이와 같이 공과 무상(해탈문)에 들어간 후에는 단지 중생을 교화하기 위해 으뜸인 큰 자비를 제외하고는 소망하거나 구하는 것이 없다. 그때에 바로 무원해탈문이 나타나 얻는다. 이와 같이 세 가지 해탈문을 수행한 보살은 나[我]와 다른 사람[彼]이라는 생각[想]이 없고 짓는 자와 받는 자라는 생각이 없으며 있음, 또는 존재의 있음[有]과 없음, 비존재(非存在, 無)이라는 생각이 없다.

불자여, 이 보살마하살은 큰 자비가 점점 증가하고 열심히 노력하며 수행하여 아직 채우지 못한 깨달음의 요소[菩提分]를 채우기 위해 이렇게 생각한다. ― 모든 유위(有爲)는 화합(和合)이 있음으로 굴러 작동한다[轉]. 화합이 없으면[無和合] 작동하지 않는다[不轉]. 조건이 모임[緣集]으로 굴러 작동하고 조건이 모이지 않으면[緣不集] 작동하지 않는다. 나도 이와 같이 유위법의 많은[多] 잘못[過患]을 알기에 이 화합의 인연을 끊어야 한다. 그러나 중생을 성취시키기 위해 또한 제행(諸行)을 필경 소멸해서는 안된다.

불자여, 보살은 이와 같이 유위법의 많은 잘못을 관찰하지만 (그 자성에 있어서는) 자성이 없으며[無有自性] 생김도 없고[不生] 멸함도 없다[不滅]. 그러나 중생을 버리지 않고 항상 큰 자비를 일으킨다. (보살은 그때) 반야바라밀의 현전을 얻는다[得現前]」.

菩薩摩訶薩 以如是十種相 觀諸緣起 知無我無人無壽命自性空 無作者無受者 卽得空解脫門現在前 觀諸有支 皆自性滅畢竟解脫 無有少法相生 卽時得無相解脫門 現在前 如是入空無相已 無有願求 唯除大悲爲首教化衆生 卽時得無願解脫門現在前 菩薩如是 修三解脫門 離彼我想 離作者受者想 離有無想

佛子 此菩薩摩訶薩 大悲轉增 精勤修習 爲未滿菩提分法 令圓
滿故作是念 一切有爲 有和合則轉 無和合則不轉 緣集則轉 緣不
集則不轉 我如是 知有爲法 多諸過患 當斷此和合因緣 然爲成就
衆生故 亦不畢竟滅於諸行

佛子 菩薩如是 觀察有爲 多諸過患 無有自性.不生不滅 而恒起
大悲 不捨衆生 卽得般若波羅蜜現前.

(『화엄경』80권본「십지품」, 권37, 194중29-하15.)

삼해탈문의 명칭인 공(空), 무상(無相) 무원(無願) 또는 무작(無
作)은 또한 관행자(觀行者)의 대상이기도 하다. 이러한 경우에는
'삼삼매(三三昧)'라고 부른다.

(삼해탈문과 삼삼매에 대해서는, 졸저『반야경』의 출세간법』
p.178-198 참조.)

우리가 생사 윤회하는 세계로부터 '해탈'이라는 목적을 가지고
발심하여 출세간의 무루법을 수행하면 12지 연기 중에서 생사 윤
회의 3대 원인인 무명(無明)은 출세간의 지혜(智慧)로, 갈애[愛]는
자비(慈悲)로, 취함[取]은 무소득(無所得)으로 전환될 것이다[轉
依]. 생사 윤회로부터 해탈까지의 여정, 이것이 바로 해탈도인 보
살도인 것이다.

다섯 번째 단계

공(空)과 반야바라밀에 대해

제5장 중생공(衆生空)과 법공(法空), 반야바라밀

불교용어에서 '공(空)'이란 단어의 어원은 산스끄리뜨어 형용사 'śūnya'(빈, 비어있는)에 추상명사의 성질을 나타내는 접미어 -tā를 첨가한 'śūnyatā'이다. 아무것도 없는 비어 있는 성질이란 뜻으로 '공(空), 공성(空性, śūnyatā)'으로 한역한다. 불교에서 의미하는 '공'은 서양철학의 '니힐니즘'이나 중국의 노장사상에서 말하는 '허무(虛無)'와는 다르다. 불교 입장에서 보면 니힐니즘이나 허무사상은 변견(邊見)으로 '단멸'에 해당하며 '공, 공성'은 방금 위에서 나가르주나가 설명한 것과 같이 '연기'이다. 공성은 우주 만물[一切法, 諸法]의 보편적인 진실한 성질로서 모든 법은 고정된 자체의 성질[自性]이나 실체, 본체 또는 자아가 없으며, 원인[因]과 조건[緣]에 의하여 생기하는 것이다. 그러므로 공성을 보는 자는 일체 만물이 이루어진 원인과 조건, 다시 말해서 연기를 보는 것이다.

일반적으로 공은 중생공(衆生空)과 법공(法空)으로 구분한다. '중생공(衆生空)', '생공(生空)', '아공(我空)', '인아공(人我空)'은 동의어로 인무아(人無我)라고 부르고 법공은 법무아(法無我)라고 부른다. 소승불교는 중생공을 가르치는데 이것은 모든 존재나 인간, 개인아(個人我)는 공하다는 것이다. 대승불교는 더 나아가 중생뿐만 아니라 현실에 존재하고 상상할 수 있는 모든 법도 공하다는 법공을 가르친다 .

'공, 공성'은 두 차원에서 설명할 수 있다. 첫째는 존재론 또는 본체론적인 입장에서 어떤 유일하고 절대적인 것을 지칭하는 신이라든가 영혼, 본체, 실체, 아뜨만, 브라흐만 따위의 것은 존재하지 않는다는 것이다. 그러므로 '공'은 형이상학이나 절대, 본체, 실체가 아니다. 그런 의미에서 부처는 인도의 전통 브라만교도들이 주장하는 아트만-브라흐만[小我-大我]을 부정하고 무아를 설법했다. 둘째는 수행의 입장에서 '공관(空觀)'을 함으로써 우리들의 탐·진·치 삼독에서 일어나는 모든 번뇌를 소멸하여 누진(漏盡)에 이르는 길이다. 이것은 삼독의 근본 원인은 아견(我見), 신견(身見)에서 일어나기 때문에 오음으로 구성된 개인아는 존재하지 않는다는 무아를 관하는 것이다.

1. 중생공 (衆生空, sattva-śūnyatā)

1) 사법인(四法印)

초기불교 경전에서 '중생공', 줄여서 '생공(生空)'은 '무아'로 표현되는데 이것은 불교교리에서 중요한 네 가지 법인(法印) 중의 하나이다. 원인과 조건으로 구성된 모든 유위법은 생기고는[生], 얼마동안 머물고[住], 변질되며[異], 없어지는[滅] 것으로 세 가지 공통적인 상[共相]이 있다. 그것은 ① 영원함이 없는 무상(無常)이다. ② 즐거움이 없는 고통[苦])이다. ③ 실재적인 또는 실체적인 자아가 없는 무아이다. 이 세 가지를 삼법인이라고 하고 ④ 유위법이 사라진 '적멸은 열반이다'를 첨가하여 사법인이라고 한다.

불교는 특히 '무아' 사상을 강조한다. 인간들이 심적-정신적-물질적으로 구성된 오음(=五蘊)의 구성체를 실재적인 자아로 착각하고 집착하여 아견(我見)이 생기기 때문이다. 오음아(五陰我)의 집착은 고통과 악의 근본이며, 이것은 지혜가 없는 무명에서 온다.

오음(五陰)은 무상이며 고이며 실재적인 또는 실체적인 자아가 없는 무아이다. 자연현상이나 인간사를 살펴보면 아는 바와 같이 모든 것은 변하기 때문에 '무상'이다. 그렇기 때문에 우리 인간은 태어나면[生] 어떤 기간 동안 살다가[住] 늙음이 와서 병이 들면[異] 결국은 죽고[滅] 마는 것이다. 모든 존재의 무상은 바로 '무아'를 보여 준다. 초기경전 『아함경』은 오음이 내가 아님을 다음과 같이 설명한다.

「형상[色]은 내가 아니다. 만약 그것이 나라면 이 몸은 고뇌에 지배를 받지 않을 것이며 이 몸을 만지면서 '몸이 될지어다. 몸이 되지 말지어다'라고 말할 수 있어야 한다. 그러나 그러한 경우는 전혀 없다. 나머지 네 가지 더미[陰, 蘊]인 감각[受], 개념[想], 심적-정신적 요소[行], 의식[識]도 마찬가지이다.」

다시 말하자면 모든 존재가 무아가 아닌 실재적인 자아라면 그것은 변함이 없는 영원 또는 상주, 독자적인 것이기 때문에 모든 변화를 받지 않을 것이다. 그리하여 모든 태어난 존재들은 생사의 고뇌를 받지 않을 것이다. 그러나 사실은 그렇지 않기 때문에 '고(苦)'를 불러 일으키는 것이다. 다시 아함경은 '무상'과 '무아'에 관계하여 '고'에 대해 다음과 같이 설명한다.

「짧고 빠른 인간 생애는 고통과 고뇌가 많다. 그것은 마치 산에서 내려오는 멀리 가고 급히 흐르는 강이 가는 길마다 모든 것을 휩쓰는 것과 같다. 그것은 한 시간, 일 분, 일 초도 머무르지 않는다. 앞을 향하여 가는 그것은 소용돌이치며 빨리 서두른다. 여기(世間)에 태어나는 것은 영생이란 아무것도 없다.」

그러면 마음[心]인 나[我]는 영원하다고 위로할 수 있을까? '아니다'라고 아함경은 설명한다.

「차라리 일년, 이년 또는 백년이나 더 이상도 유지할 수 있는 몸[身]을 나라고 생각하는 것이 낫지, 마음을 나라고 생각할 것이 아니다. 왜냐하면 마음[心], 의지[意], 의식[識]이라고 부르는 것은 밤낮으로 변하고 계속되는 변화에서 생기고는 사라진다. 마음은 마치 숲에서 한 나뭇가지를 잡고 또 다른 것을 잡기 위해 그것을 놓는 나뭇가지를 타는 원숭이와 같은 것이다.」

일체 제법 또는 유위법의 상(相)인 '무상', '고', '무아'의 삼법인을 깨달으면 네 번째 법인, 유위법으로 이루어진 생사 윤회에서 해탈된 '적멸'의 상태인 '열반'에 이르는 것이다. 이것이 불교의 목표이며 이 관문이 바로 '무아' 사상을 배워서 이해하고 철저하게 수행하는 일이다.

2) 인무아(人無我, pudgala-nairātmya)

유위법으로 우리들의 육체와 정신을 구성하는 색(色)·수(受)·상(想)·행(行)·식(識)인 오음[=五蘊]은 태어나서 얼마동안 지속되고 결국은 사라지고 만다. 이러한 오음이 생사 윤회를 통해 12지 연기법에 의해 굴러가는 것이다. 그러므로 12지 연기의 상속으로 굴러가는 오음에서 실재적이거나 실체적 또는 독자적인 자아 또는 영혼을 구하려고 해도 소용이 없는 일이다. 태어나서는 죽음을 감수하고 또 다른 오음을 형성하는 '人(인간)'은 실재적, 독자적인 자아가 없는 허깨비[幻]나 꿈[夢]과 같은 존재로서 시시각각으로 변하는 '무상'이다. 이 무상한 인간인 나[我]는 12지 연기의 산물로서 행위[業]를 하고 그 과보를 받는 것이다.

그러나 범부의 입장에서 보면 일상생활에서 생각하고 말하고 행동하며 고락을 감수하는 '나'라는 '인간'은 존재하는 것으로서 나와 나에게 부속된 모든 것이 영원히 계속될 것처럼 착각하여 희망하고 행동하며 삶을 영위한다. 따라서 이러한 인간[人]에게 '고통'은 필연적으로 동반하게 된다. 영원한 것은 지상에서나 천상에서나 삼계의 꼭대기인 비유상비무상천에도 존재하지 않기 때문이다. 그리하여 인간을 포함한 삼계의 모든 존재들은 아무리 영원과 같은 즐거운 삶을 산다고 해도 죽음이라는 '괴고(壞苦)'를 피할 수 없는 것이다. 이것을 아함경은 이렇게 설명한다.

「만일 '나, 자기, 자아'가 존재한다면 '나에게 속한 것[我所]'도 존재할 것이고 나에게 속한 것이 존재한다면 나, 자아도 존재할 것이다. 그러나 사실은 확실히 자기나 자기에 속한 것이 존재하지 않기 때문에 내가 죽은 후 '나는 항상하고 견고하며 영원하게 변하지 않을 것이며 이와 같이 나는 영원함에 머무를 것이다'고 믿는 것은 완전히 미친 짓이 아닌가?」

나의 몸과 마음[자기, 자신]이 실로 존재한다고 생각하고 믿는 것은 잘못된 '신견(身見)'으로 '아만(我慢)'을 불러 일으키며 태어나고 죽는 윤회고, 생사고의 원인이 된다. '인무아(人無我)'는 부처님이 가르친 12지 연기법으로 우리의 몸과 마음은 원인과 조건에 의해 생긴 것으로 애착, 집착할 대상이 아니라는 의미를 갖고 있다.

생사를 반복하는 윤회고를 면하려면 나라는 존재는 오음으로 구성된 일시적인 것으로 실재적으로 존재하지 않는다는 '인무아', 다시 말하자면 '생공(生空), 중생공(衆生空)'을 배우고 수행해야 한다.

3) 신견(身見)

우리가 생각하는 몸과 마음이라는 '자아'는 색·수·상·행·식의 오음으로 구성된 시시각각으로 변하는 유기체의 '상속'이다. 이것을 일시적으로 세간의 관습에 따라 '순희', 또는 '영철'이라는 이름을 지어 부르는 것이다. 그러므로 '자아'란 우리의 심의식이라는 원인과 시간이라는 조건에 따라 변하는 '가아(假我)'라고 정의할 수 있다.

그러나 우리는 나, 인간, 자아는 실재로 존재한다는 '신견(身見)'에 사로잡혀 있다. 이 신견은 범부의 입장에서는 정당한 견해로서 신견 자체는 직접적으로 죄의 원인을 주지 않는다. 또한 '나, 자아'를 믿는 범부 중에는 죽은 후 인간이나 천상에 태어나기 위하여 또는 현세에 좋은 과보를 받기 위해, 인류에 공헌하기 위해 갖가지 좋은 행위, 보시, 지계(持戒) 등등을 수행한다. 우리는 신견을 가지고 있기 때문에 형이상학적인 본체론, 존재론 입장에서 절대적인 '자아', '대아(大我)', 'Ātman', 'Brahman', '신', '물자체(物

自體)', '무(無)' 등등이 존재한다고 생각하여 찾고 구하는 것이다. 그러나 이러한 '자아'는 삼세 시방(十方) 어느 때, 어느 곳에도 존재하지 않는 것이다.

　소위 고상한 인간들이 방금 언급한 절대적인 어떤 것을 찾아 선행, 계행, 고행 등등의 수행을 한다면 그들은 인간보다 고상한 천상 신(神)의 지위는 획득하겠지만 삼계에서 해탈하여 깨달음[覺]을 얻는 지위에는 도달하지 못한다. 왜냐하면 그들은 '신견', '아견'을 가지고 수행하기 때문이다. 『대지도론』은 '신견'과 관계하여 자아가 존재하지 않음을 다음과 같이 설명한다.

　「하늘과 땅 사이, 내부(內部=안·이·비·설·신·의 육근; 오음 중 色陰), 외부(外部=색·성·향·미·촉·법 육경; 오음 중 色陰)에서나 삼세, 시방에서 자아는 찾아보아도 존재하지 않는다. 단지 12입(入=육근과 육경)이 화합하여 육식(眼識·耳識·嗅識·舌識·觸識·意識; 오음 중 識陰)을 생기게 한다. (이) 세 가지가 화합하는 것을 접촉[觸: 12지 연기 중 6번째]이라고 부른다. 접촉은 감각[受; 오음 중 受陰], 개념[想; 오음 중 想陰], 의지[思] 등등의 심적 요소들[心數法; 오음 중 行陰]을 생기게 한다. 이 (佛)법에서는 무명(無明)의 힘에 의하여 신견(身見)이 생긴다. 신견이 생기기 때문에 신(神=大我)을 말하는 것이다. 이 신견은 괴로움에 관한 진실[苦締], 괴로움에 관한 여법한 지혜[苦法智], 괴로움에 관한 결과를 아는 지혜[苦比智]를 보는 즉시 단절된다. (신견이) 끊어질 때 자아의 존재를 보지 않는다.」

　天地間若內若外. 三世十方求我不可得 但十二入和合生六識.

三事和合名觸. 觸生受想思等心數法. 是法中無明力故 身見生. 身
見生故謂神. 是身見見苦諦苦法智苦比智則斷. 斷時則不見有神.

(『대지도론』 권12, 149하7-11)

'나, 자아'를 믿는 '신견'이 우리를 지배하는 한 우리는 생사해
탈을 할 수 있는 성인의 지위에는 도달할 수 없다. 자아를 믿는 신
견은 모든 사견의 근본으로 정법, 정견을 가르치는 부처님의 가르
침[佛法]과는 반대로 가는 것으로 불교적인 정신수행과는 일치하
지 않는다. 이를 비유해 아함경에서 부처는 조그만 덩어리의 퇴비
를 손가락에 쥐고 한 비구에게 다음과 같이 말한다.

「항상하고 견고하고 영원하며 변하지 않는 나의 존재를 믿는
것은 그것이 아무리 작은 분량일지라도 고의 완전한 소멸에 이르
는 범행(梵行)을 망친다.」

우리 범부가 자아를 믿는 견해[我見]나 자기 몸과 마음을 믿는
견해[身見: 아견과 신견은 동의어임]를 제거하면 번뇌는 자연적으
로 소멸되기 때문에 범행의 과보인 아라한과, 성문각(聲聞覺)을
얻고 열반에 도달할 수 있다.

(※ 아함경의 인용은 졸저, 『반야경』의 십팔공법』 p.26-33 참조.)

4) 인무아(人無我)의 수행에서 오는 과보

'무아'를 이해하고 실천하면 자기에 대한 애착이 없어지기 때문
에 특히 진에심[瞋]이 적어지며 인과법에 대한 의심[疑]이 사라진
다. 또한 많은 종교들의 전유물인 계율과 의식에 집착하는 '계금취

견(戒禁取見)'도 자연히 소멸된다. 더욱이 인간사에 대한 연기법, 즉 선악의 행위[業]에 대한 과보, 청정한 수행(=梵行)에 대한 과보 등등을 이해하는 탁월한 지혜가 생기므로 자리이타(自利利他)를 성취하게 된다.

'자리(自利)'란 무아의 법([衆生空, 生空]을 믿고[信], 이해하고[解], 실천하며[行], 증득함[證]으로써 생사에서 해탈하는 일이다. 그러기 위해서는 우선 불교 성인의 첫 지위인 견도위(見道位)에 들어가 수다원과[入流果]를 얻어야 한다. 일단 견도위에 들어가면 삼악도는 단절되며 생사 중에서도 고(苦)를 느끼지 않고 '현법락주(現法樂住)'라고 부르는 법락(法樂)에 주하게 된다. 계속해서 예류과(預流果), 불래과(不來果), 아라한과, 4과를 완전히 증득하면 생사 윤회는 끝을 맺고 다음 생애를 받지 않는다. 그리하여 아라한과를 얻은 성인은 여섯 가지 신통[六神通: 天眼通·天耳通·神足通·他心通·宿命通·漏盡通]을 얻고 죽으면 열반(涅槃)에 들어간다. 육신통 중 누진통으로 열반의 상태에 이를 수 있다. 누진통이란 탐·진·치 삼독을 완전히 소멸하는 지혜이며 열반이란 삼독이 완전히 소멸된 상태이다. 이것이 소승불교의 이상(理想)이다.

자리를 성취한 자는 육도를 윤회하는 존재들에 대해 불쌍한 마음, 즉 자비심이 자연적으로 생기므로 이타(利他)를 하게 되는 것이다.

2. 법공(法空, dharma-śūnyatā)

법공(法空)은 중생공[=我空]의 계속으로 개인인 자아뿐만 아니라 우주 삼라만상의 모든 법[諸法]의 성질도 또한 자체가 없는 공이라는 대승불교의 교리이다. 소승불교는 주로 오음아(五陰我=個人我)의 무아인 아공(我空)을 배우고 수행하지만 모든 법은 각각 고유한 자성(自性)을 가지고 있다고 주장한다. 그리하여 번뇌로 구성된 오음아를 소멸하여 아라한과를 증득하고 다시 생사 윤회를 받지 않는 열반에 들어감을 목적으로 한다.

그러나 대승불교는 더 나아가 인무아(人無我)뿐만 아니라 법무아(法無我)인 법공을 깨달아 제불의 구경각(究竟覺)인 무상정등각(=아뇩다라삼먁삼보리)을 성취하여 일체중생을 구제하는 것을 목적으로 한다[上求菩提 下化衆生]. 법공을 소개한 경전은 특히 대승불교의 초기 경전인 『반야경』이다. 『반야경』은 중관학(中觀學)의 소의 경전이다. 중관학의 초조(初祖)인 용수보살은 당시 소승불교도들의 법공(法空)에 대한 무지를 한탄하고 그들이 '제법의 자성(自性, svabhāva)을 인정하는 것'은 석가모니의 가르침인 중도(中道)에 어긋난다고 주장했다. 간단히 말해 법공이란 제법의 자성[性空, prakṛti-śūnyatā]이 스스로 공함[性空]을 의미한다.

『반야경』은 중생공과 법공을 포함한 제법의 공을 18종류로 구분하여 18공법(空法)을 설명한다. 18공의 목록은 다음과 같다.

① 내공(內空)

② 외공(外空)

③ 내외공(內外空)

④ 공공(空空)

⑤ 대공(大空)

⑥ 제일의공(第一義空=勝義空)

⑦ 유위공(有爲空)

⑧ 무위공(無爲空)

⑨ 필경공(畢竟空=究竟空)

⑩ 무시공(無始空=無際空)

⑩ 산공(散空)

⑫ 성공(性空=本性空)

⑬ 자상공(自相空)

⑭ 제법공(諸法空=一切法空)

⑮ 불가득공(不可得空)

⑯ 무법공(無法空=無性空)

⑰ 유법공(有法空=自性空)

⑱ 무법유법공(無法有法空=無性自性空)

18공 중에서 ①내공 ②외공 ③내외공은 아공(=중생공)에 해당한다.

(※ 18공의 설명에 대해서는 졸저, 『般若經의 十八空法』경서원, 2008, p.89-263 참조할 것.)

1) 제법(諸法)의 진성(眞性=法性)은 법공(空性)

우리는 일반적으로 사물의 고유한 성질인 자성(自性)이 실재로 존재한다고 생각한다. 예를 들면 지·수·화·풍의 고유한 성질인 견고한 성질, 흐르는 성질, 뜨거운 성질, 뜨는 성질이라든가 어떤 자의 화내는 성질, 자비로운 성질, 탐내는 성질 등이 존재한다고 생각하는 것이다. 그러나 모든 법[諸法]의 진실한 성질[法性]은 공성(空性)으로 모두 평등하다. 다시 말하자면 제법의 현상은 원인과 조건에 의해 나타난 것이고 원래 그 자체의 성질이 없는[無自性] 공(空)한 성질이다. 모든 법의 성질은 원래 없는 것이기 때문에 허공과 같이 평등하다. 그렇기 때문에 액체인 물의 흐르는 성질은 환경에 따라 고체인 얼음이 될 수 있고 기체인 증기도 될 수 있다. 악인이 선인이 될 수 있고 선인도 악인이 될 수 있는 것이다. 그러한 의미에서 용수보살은 그의 유명한 『중론송』에서 "연기(緣起, pratītyasamutpāda), 그것을 우리는 공성(空性, śūnyatā)이라고 말한다. 그것(=공성)은 의존된 가명(假名)이며 그것은 또한 중도(中道, madhyamā-pratipad)이다."라고 말한다.(전 단계 12지 연기 참조할 것.)

제법이 자체의 성질이 없는 공(空)이라면 어떻게 현상적인 세계, 곧 우주에서 사물이 나타나 보이는가? 모든 사물[諸法]은 원인과 조건에 의해 나타나고 소멸하기에, 다시 말해서 연기로 나타나기 때문에, 실체가 없는 공성으로 나타나기에 현상세계에 나타나는 형상[色]은 바로 공인 것이다. 이것이 「반야심경」에서 말하는 '色卽是空 空卽是色 受想行識 亦復如是'이다.

그러므로 현상세계를 바로 공으로 이해하는 것이 법공을 이해하는 것이다. 공으로 나타나는 현상세계를 이해하는 자는 자연히 그것을 실체, 근본이 없는 환상과 같이 이해하는 것이다. 이와 같이 현상세계를 관찰함에 대해 『반야경』은 여섯 가지 비유를 든다 ─ '꿈[夢]과 같이[如], 메아리[響]와 같이, 아지랑이[焰]와 같이, 마술[幻]과 같이, 그림자[影]와 같이, 변화[化]와 같이' 일체의 제법을 본다[見一切諸法 如夢 如響 如幻 如焰 如影 如化]. 이러한 현상세계를 묘사한 금강경의 마지막 게송이다.

一切有爲法 如夢幻泡影 如露亦如電 應作如是觀
「모든 유위법은 꿈, 마술, 물거품, 그림자와 같고, 이슬과 같고 또한 번개와 같다. 이와 같이 관찰할지어다.」

보편적인 평등한 공성은 어떤 원인과 조건이나 절대에 의해 만들어진[作爲, 創造] 것이 아닌 영원히 그와 같은 것[如, 眞如; tathata]이다. 이러한 제법의 공성인 법성(法性, dharmatā)은 부처가 세상에 출현하거나 말거가 언제나 항상 그대로 있는 것[常住]이다. 이러한 법성, 공성을 『반야경』은 다음과 같이 설명한다.

「부처님이 스스로 말씀한 것처럼 모든 법의 평등함은 성문이 만든 것이 아니고 보살마하살이 만든 것도 아니며 모든 부처님이 만든 것도 아니다. 부처님이 계시든 안 계시든 모든 법의 성질은 항상 공(空)하다. 성질의 공함이 바로 열반이다.」

如佛自說諸法平等. 非聲聞作 非僻支佛作 非菩薩摩訶薩作 非諸佛作. 有佛無佛 諸法性常空. 性空卽時涅槃.
(『마하반야바라밀경』, 권26, 제87 「여화품(如化品)」, 416상6-9.)

「수보리야, 무엇이 제법의 평등인가? 말하자면 그와 같은 것[如, 현장역은 眞如], 다름이 없는 것[不異], 법의 상[法相, 현장역은 法界], 법의 성질[法性], 법의 주함[法住], 진실의 끝[實際]이다. 부처가 있거나 없거나 법성은 항상 주하는 것이다.」

須菩提 何等是諸法平等 所謂 如 不異 法相 法性 法住 實際 有佛無佛法性常住.
(『마하반야바라밀경』 권26, 「평등품(平等品)」 제26, 413하 17-19.)

『해심밀경』에서는 '법성 상주'의 의미를 더 자세히 알려준다.

「법의 무아성이 나타난 것이 승의(勝義=第一義)이다. 자체의 성질이 없는 성(性)은 언제나 언제나 항상 모든 법의 성질[法性]로 편안히 머물어 지음이 없다[無爲]. 왜냐하면 모든 여러 가지 더러움과 상응하지 않기 때문이다. 언제나 언제나 항상 모든 법의 법성은 편안히 머물기 때문에 지음이 없으며 지음이 없기 때문에 생함이 없고[無生] 멸함이 없다[無滅]. 본래 고요하여 스스로 성질이 열반인 것이다.」

法無我性所顯勝義 無自性性 於常常時 於恒恒時 諸法法性 安住無爲 一切雜染不相應故 於常常時 於恒恒時 諸法法性 安住故 無爲 由無爲故 無生無滅 本來寂靜 自性涅槃.

(『해심밀경』권2,「무자성상품(無自性相品)」제5, 695중17-22.)

우리 범부가 알지도 못하고 보지도 못하는 일체 제법의 법성, 공, 공성, 성공, 무성, 무아성, 무자성, 무자성성, 진여, 법계, 실제 등등(이러한 용어는 모두 동의어이다)은 부처가 세상에 출현하거나 말거나 평등상으로 일체처, 일체시에 항상 상주(=法住)인 것이다.

그러면 누가 이러한 법공, 법성을 배우고 수행하는가? 대승불교에서는 그러한 자를 '보살(Bodhisattva)'이라 부른다. 보살은 제불의 구경각을 목적으로 발심하여 일체법을 배우고 수행하는 자리이타행을 하는 자이다. 『반야경』은 보살을 다음과 같이 소개한다.

「무엇이 보살인가? 이 자는 아뇩다라삼먁삼보리를 위해 큰 마

음을 일으킨다. 그렇기 때문에 보살(Bodhisattva, 覺有情)이라고
부른다. 그는 또한 모든 법과 모든 종류의 모양[相]을 알지만 거기
에 집착하지 않는다. 그는 색상을 알지만 집착하지도 않는다. 계속
해서 십팔불공법상을 알지만 집착하지 않는다.」

何等是菩薩 爲阿褥多羅三邈三菩提是人發大心 以是故名爲菩
薩 亦知一切法 一切種相 是中亦不着 知色相亦不着 乃至知十八
不共法相亦不着.

(『마하반야바라밀경』 권7, 제26 「무생품(無生品)」 270중21-24.)

법공(法空)에 앞서 우리는 아공(我空)을 배우고 수행해야 한다.
왜냐하면 아상으로 인하여 공견(空見)을 일으킬 수 있기 때문이
다. 공견이란 모든 법은 공하다는 견해를 가지고 제법의 실상을 보
지 못할 뿐만 아니라 연기법의 인과법칙을 이해하지 못하는 것이
다. 이러한 자는 만심(慢心)을 일으켜 소위 '막행막식'하거나 '위
득미득(謂得未得)'의 증상만이 되어 불법을 파괴한다. 대승경전은
이러한 폐단을 경고하고 있다. 『대보적경』은 '공(空)'과 '공견(空
見)'에 대해 다음과 같이 설명한다.

「진실한 관(觀)이란 공(空)으로 제법을 공하게 하는 것이 아니
라 단지 법의 성질[法性]이 공한 것이다. … 만약 공을 얻음으로 공
에 의지한다면 그것은 불법(佛法)에서 물러서는 것이다. 이와 같
이 가섭아, 아견(我見)을 수미산처럼 일으킬지언정 공견(空見)으
로 증상만을 일으킬 것이 아니다. 왜 그런가? 모든 견해는 공으로
해탈할 수 있다. 그러나 만약 공견을 일으킨다면 (모든 견해는) 제

거할 수 없다. 가섭아, 비유하자면 의사가 약을 주어 병을 고치는
데 이 약이 몸에 머무르고 나오지 않는다면 이러한 환자가 병이 낳
을 수 있다고 생각하느냐?

"아닙니다. 세존이시여. 이 약이 나오지 않으면 병은 더욱 중해
집니다."

이와 같다. 가섭아, 일체의 모든 견해는 단지 공이 소멸한다. 그
러나 만일 공견을 일으킨다면 (모든 견해는) 제거할 수 없다.」

眞實觀者 不以空故令諸法空 但法性自空….若以得空便依於
空 是於佛法則爲 退墮 如是迦葉 寧起我見積若須彌 非以空見起
增上慢 所以者何 一切諸見以空得脫 若起空見則不可除 迦葉 譬
如醫師授藥令病優動 是藥在內而不出者 於意云何 如是病人寧得
差不 不也世尊 是藥不出其病轉增 如是迦葉 一切諸見唯空能滅
若起空見則不可除.

(『대보적경』「普明菩薩會」, 권112, 634상6-19.)

법성으로서 공(空)은 사물[=法]을 공으로 만들거나 사물이 공이
라는 본체(本體)라든가 실체(實體)로 인하여 생기게 하는 것이 아
니다. 사물의 성질은 스스로 공하기 때문에 공은 사물이 생기는 것
을 방해하지 않는다. 만일 공이 사물을 공으로 만든다거나 공이라
는 본체로 인하여 생긴다면 공은 단지 허무라든가 무(無)라는 단멸
일 것이다. 그러나 사물의 성질은 스스로 공하기 때문에 사물은 연
기로서 생멸이 가능하여 인연이 화합하면 생기고 인연이 다하면
멸하는 것이다. 그러므로 사물은 아무렇게나 생기는 것도 아니고
어떤 것이나 누구에 의하여 생기는 것도 아니다. 사물의 생멸은 원

인과 조건에 부합되는 실로 논리적인 것[如理]이다. 그러므로 범부의 업을 지으면 범부가 되고 보살행을 하면 보살이 되고 구경각(究竟覺=아뇩다라삼먁삼보리)을 성취하면 부처[佛]가 되는 것이다. 이러한 논리를 『반야경』은 '色不異空 空不異色'으로 다음과 같이 설명한다.

「부처님은 수보리에게 말씀하신다. 만일 물질[色]이 (그) 성질의 공함[性空]과 다르다면, 만일 감각[受], 개념[想], 심적-정신적인 요소[行], 의식[識]들이 (그) 성질의 공함과 다르다면, 계속해서 아뇩다라삼먁삼보리(無上正等覺)가 (그) 성질의 공함과 다르다면 보살마하살은 일체종지(一切種智)를 얻지 못한다. 수보리야, 지금 물질은 (그) 성질의 공함과 다르지 않다. 계속해서 아뇩다라삼먁삼보리는 (그) 성질의 공함과 다르지 않다. 그렇기 때문에 보살마하살은 일체법의 성질이 공함을 알고 마음을 내어[發意, 發心] 아뇩다라삼먁삼보리를 구한다. 왜 그런가? 이 (아뇩다라삼먁삼보리)에는 실재거나 항상한 법이 없다. 범부는 단지 (五陰, 五蘊인) 물질[色], 감각[受], 개념[想], 심적-정신적인 요소[行], 의식[識]에 집착하여 물질의 모양[色相]을 취하고 감각, 개념, 심적-정신적 요소의 상(相)을 취한다. 범부는 나라는 생각을 가지고 내부나 외부의 법에 집착하기 때문에 후생의 몸인 (五陰, 五蘊이라는) 색, 수·상·행·식을 받는다. 이러한 원인과 조건 때문에 태어나고, 늙고, 병들어 죽는 슬픔과 근심, 고뇌에서 해탈하지 못하고 다섯 가지 길[五道: 지옥·아귀·축생·인간·천상]을 오고 간다. 이러한 사건으로 인하여 '성공(性空)바라밀'을 수행하는 보살마하살은 색(色) 등등의 공하든가, 공하지 않든가 모든 법의 상[法相]을 파괴하지 않는다.

　왜 그런가? 물질의 성질[色性]이 공한 상[空相]은 물질을 파괴하지 않는다. 이를테면 이것은 물질이고 이것은 공이다. 이것은 수・상・행・식, 계속해서 아뇩다라삼먁삼보리도 마찬가지이다. 비유하자면 허공은 허공을 파괴하지 않는다. 내부의 허공은 외부의 허공을 파괴하지 않고 외부의 허공은 내부의 허공을 파괴하지 않는다. 이와 같이 수보리야, 물질은 물질의 공한 상을 파괴하지 않으며 물질의 공한 상은 물질을 파괴하지 않는다. 왜 그런가? 이 두 가지 법은 파괴되는 성질이 없다. 이를테면 이것은 공(空)이고 이것은 공이 아니다[非空]. ― 다시 말하자면 두 가지 법에서 물질의 공상(空相)은 '공(空)'이고 물질은 '비공(非空)'이라는 것 ― 계속해서 아뇩다라삼먁삼보리도 마찬가지이다.」

　佛告須菩提 若色與性空異 若受想行識與性空異 乃至阿褥多羅三邈三菩提 與性空異 菩薩摩訶薩不能得一切種智 須菩提 今色不異性空 乃至 阿褥多羅三邈三菩提不異性空 以是故 菩薩摩訶薩知一切法性空 發意 求阿褥多羅三邈三菩提 何以故 是中無有法若實若常 但凡夫着色受想行識 凡夫取色相取受想行識相 有我心着內外法故 受後身色受想行識 以是因緣故 不得脫生老病死憂悲苦惱 往來五道 以是事故 菩薩摩訶薩行性空波羅蜜 不壞色等諸法相 若空若不空 何以故 色性空相不壞色 所謂是色是空 是受想行識乃至阿褥多羅三邈三菩提 亦如是 譬如虛空不壞虛空 內虛空不壞外虛空 外虛空不壞內虛空 如是 須菩提 色不壞色空相 色空相不壞色 何以故 是二法無有性能有所壞 所謂是空是非空 乃至阿褥多羅三邈三菩提 亦如是.

(『마하반야바라밀경』 권25, 제80「실제품(實際品)」, 403중7-27.)
『반야경』의 다른 품에서는 또한 다음과 같이 설명한다.

「법의 성질[法性=空性, 空]에는 물질[色]이 없고 감각[受], 개념[想], 심적-정신적인 요소[行], 의식[識]이 없다. (그러나) 제법의 성질은 또한 물질, 감각, 개념, 심적-정신적 요소, 의식을 버리지도 않는다. 물질이 바로 법성이고 법성이 바로 물질, 감각, 개념, 심적-정신적 요소, 의식인 것도 마찬가지이다. 모든 법이 또한 이와 같은 것이다.

부처님이 수보리에게 말씀하시기를, "그렇도다. 그렇도다. 네가 말한 바와 같다. 물질이 바로 법성이고 감각, 개념, 심적-정신적 요소, 의식이 바로 법성이다. 수보리야, 보살마하살이 반야바라밀을 수행할 때 만일 법성 외에 법이 있어 (구한다면 그것은) 아뇩다라삼먁삼보리를 구하는 것이 아니다. 보살마하살이 반야바라밀을 수행할 때 모든 법의 성질[法性=空]이 바로 아뇩다라삼먁삼보리임을 안다. 그렇기 때문에 보살마하살이 반야바라밀을 수행할 때 모든 법이 바로 법성[=空]임을 알고는 이름과 모양[名相]이 없는 법으로서 (법의) 이름[名]과 모양[相]을 설명한다. 이를테면 '이것은 물질이고 이것은 감각, 개념, 심적-정신적 요소, 의식이다.' 계속해서 '이것은 아뇩다라삼먁삼보리이다'라고 설명한다.」

法性中無色無受想行識 諸法性亦不遠離色受想行識 色卽是法性 法性卽 是色受想行識 亦如是 一切法亦如是 佛告須菩提 如是如是 如汝所言 色卽是法性 受想行識卽是法性 須菩提 菩薩摩訶薩行般若波羅蜜時 若法性外有法者爲不求阿褥多羅三邈三

菩提 菩薩摩訶薩行般若波羅蜜時 知一切法性卽是阿褥多羅三邈
三菩提 以是故 菩薩摩訶薩行般若波羅蜜時 知一切法卽是法性
己 以無名相法以名相說 所謂是色是受想行識 乃至是阿褥多羅
三邈三菩提.

(『마하반야바라밀경』 권25, 제79 「선달품(善達品)」, 400상19-중1.)

『반야경』에 의하면 우리 범부는 이 모든 현상, 법의 진실한 성질, 즉 '공, 공성'을 깨닫지 못하기 때문에 '아심(我心), 아소심(我所心)'이 생기고 4상인 '아상, 인상, 중생상, 수자상'이 생긴다. 이러한 전도된 마음과 상(相)으로 인하여 삼계에서 나고 죽는 일을 끝없이 되풀이하며 생사해탈을 못하는 것이다.

『반야경』은 최상의 자리이타인 아뇩다라삼먁삼보리를 성취하기 위해 법공을 깨닫기 위해서는 반야바라밀을 배우고 수행할 것을 권유한다.

2) 제법의 실상은 무상(無相)

우리는 존재나 비-존재, 일체의 모든 사물, 법을 명명(命名)할 때 그 법에 내재된 성질[性]과 표상된 모양[相]으로 정의한다. 법공(法空)에서는 생·주·이·멸을 감수하는 일체 유위법(有爲法)에 내재된 진실한 성질[法性]은 '공' 또는 '성공(性空)'이고 표상된 진실한 상[實相]은 '무상(無相)'이다.

그러므로 삼법인으로 표현되는 모든 유위법의 공통된 모양[共相]인 '고', '무상', '무아'도 그 실상은 그 자체로서 공한 '비고(非苦)', '비무상(非無常)', '비무아(非無我)'인 무상(無相)이다. 『반야경』은 이것을 다음과 같이 설명한다.

「부처님이 수보리에게 말씀하셨다.

미륵보살마하살이 아뇩다라삼먁삼보리를 얻을 때 이렇게 설법함을 알아야 한다. 물질(또는 모양, 色)은 항상함[常]이 아니고 무상이 아니다. 물질은 고(苦)가 아니고 즐거움[樂]이 아니다. 물질은 자아[我]가 아니고 무아(無我)가 아니다. 물질은 깨끗한 것[淨]이 아니고 더러움[不淨]이 아니다. 이렇게 설법함을 알아야 한다. 물질은 구속[縛]이 아니고 해탈[解]이 아니다. 이렇게 설법함을 알아야 한다. 감각[受], 개념[想], 심적-정신적인 요소[行], 의식[識]은 항상함이 아니고 무상(無常)이 아니다. 계속해서 구속이 아니고 해탈이 아니다. 이렇게 설법함을 알아야 한다. 물질은 과거가 아니다. 물질은 미래가 아니다. 물질은 현재가 아니다. 이렇게 설법함을 알아야 한다. 수·상·행·식도 마찬가지이다.」

佛告須菩提. 彌勒菩薩摩訶薩阿褥多羅三邈三菩提時 當知是說法 色非常非無常 色非苦非樂 色非我非無我 非淨非不淨 當知是說法 色非縛非解 當知是說法 受想行識非常非無常 乃至非縛非解 當知是說法 色非過去 色非未來 色非現在 當知是說法 受想行識亦如是. (『마하반야바라밀경』권12, 제43 「무작실상품(無作實相品)」, 310상18-27.)

법공에서는 모든 상대적인 또는 이원적인 것은 존재하지 않기 때문에 '무상'이며 이것이 제법의 진실한 상이다. 『반야경』은 이것을 다음과 같이 설명한다.

「이 일체법은 모두 화합이 아니고[不合], 흩어진 것이 아니며[不散], 물질이 아니고[無色], 형상이 아니며[無形], 상대적인 것이 없는[無對] 한 가지 상[一相]이다. 이를테면 상이 없는 것[無相]이다.」

是一切法 皆不合不散 無色無形 無對一相 所謂無相.(『마하반야바라밀경』권4, 제12, 「구의품(句義品)」242하2-4 ; 권7, 제26, 「무생품(無生品)」, 271상8-10 ; 하26-27 ; 권8, 제29, 「산화품(散花品)」, 278상4-6 등등, 이 구절은 수없이 반복된다.)

3) 가명(假名)으로서 제법의 상(相)

제법의 상은 실상(實相)으로 무상이기 때문에 제법의 상은 이 세간, 우주에 표상될 수 있으며 세간의 존재들도 제법의 상을 인식하여 그것들을 명명(命名)한다. 제법은 무상이기 때문에 사물[法] 사이에 장애가 없으며 사물이 생기고 사라질 수 있는 것이다. 이것은 사물의 진성인 공성과 같은 여법한 이치[如理]이다. 공성(空性)이 사물의 고유한 성질[自性]로서 내적(內在)인 것이라면, 사물의 무상(無相)은 제법의 상(相)으로 나타나는 표상인 것이다. 우리는 표상된 모든 사물을 모두 명명할 수 있다. 세간에 표상된 모든 법을 명명할 수 있는 것이 세간사의 진실[世俗諦]이다. 『반야경』은 제법의 상을 세속제와 제일의제의 입장에서 다음과 같이 설명한다.

「무엇이 일체법의 상(相)인가? 수보리는 말한다. 만일 이름[名字], 원인과 조건이 모인 것 등등으로 (우리는) 제법을 안다. (이를테면) 이것은 모양, 이것은 소리, 향기, 맛, 감촉, 법, 이것은 내부, 이것은 외부, 이것은 유위법, 이것은 무위법이다. 이러한 이름의 상과 언어로 제법을 안다. 이것을 제법의 상을 아는 것이라고 부른다.

… 지금 세간(世間)의 이름으로서 아는 것이 있고 얻는 것이 있다. 세간의 이름으로 수다원부터 아라한, 벽지불, 부처님들이 계신다.

(그러나) 제일의(第一義) 중에는 아는 것이 없고 얻는 것이 없으며 수다원부터 부처님도 없다. 사리불이 말하기를, "수보리여, 만일 세간의 이름으로서 아는 것이 있고 얻는 것이 있다면 육도(지옥·아귀·축생·인간·아수라·천상)는 각각 다르며, 또한 세간의 이름으로서 있는 것이지 진실한 제일의로서 아니지 않느냐?" 수보리가 말하기를, "세간의 이름과 같기 때문에 아는 것이 있고 얻는 것이 있다. 진실한 제일의로서가 아니다. 왜그런가? 사리불이여, 진실한 제일의 중에는 행위[業]가 없고 과보[報]가 없으며 태어남이 없고[不生] 소멸함이 없으며[不滅], 깨끗함이 없고[不淨], 더러움이 없다[不垢]."」

何等爲一切法相 須菩提言 若以名字因緣和合等知諸法 是色是聲香味觸法 是內是外 是有爲法是無爲法 以是名字相語言知諸法 是名知諸法相 … 今以世間名字故 有知有得 世間名字故 有須陀洹乃至阿羅漢 僻支佛諸佛 第一實義中 無知無得 無須陀洹乃至無佛 舍利佛言 須菩提 若世間名字故 有知有得 六道別異 亦世間名字故有 非以第一實義耶 須菩提言 如世間名字故 有知有得 非以第一實義 何以故 舍利佛 第一實義中無業無報 無生無滅 無淨無垢. (『마하반야바라밀경』권7, 제26, 「무생품(無生品)」, 270중25-29…271하9-17.)

세간사는 모든 법이 이름[名字]과 언어로 나타나는 '일시적으로 의존된 이름'인 가명(假名)으로 유지된다. 그러므로 세간에서는 모든 법의 상은 가명으로 명명되고 우리는 이 가명으로 모든 법을 구분하며 아는 것이다. 이것을 세간의 진실, 세속제(世俗諦)라고 한다. '진실[諦]'이라고 부르는 것은 세간사에서의 모든 행위, 그 원인과 결과 또는 과보가 아무렇게나 이루어진 것이 아니라 어떤 원인과 조건[因緣]에서 생기기에 그 결과가 인과법칙으로 이루어진 진실이기 때문이다. 그러므로 가명으로 나타난 제법의 상은 원인과 조건에 의해 나타난 연기, 인과법이며 그것을 배우고 아는 것이 세속제에 순응하는 것이다.

3. 반야바라밀(prajñā-pāramitā)

대승불교 중관학파의 소의경전인 『반야경』은 법공을 배우고 부처의 구경각을 이루기 위해서는 반야바라밀의 수행이 필요하다고 강조한다. '반야(般若)'는 'prajñā'의 음역으로 한역하여 '지혜(智慧)'라 한다. 지혜는 제법, 사물의 요소 등등을 분별할 수 있는 능력[根]으로 범부의 지혜인 세간의 지혜와 성인의 지혜인 출세간의 지혜로 구분할 수 있다. 출세간의 지혜를 '택법(擇法)'이라고도 부르며 이것은 각(覺)의 조건인 칠각분(七覺分) 중 하나이다.

지혜의 수준에는 세 등급이 있다. 첫 번째는 문혜(聞慧)로 타인으로부터 가르침을 받아 듣거나 서적을 통해 얻는 지혜이다. 두 번째는 사혜(思慧)로 듣고 읽어서 아는 것을 깊이 사유하여 얻는 지혜로 일종의 철학적인 지혜이다. 세 번째는 수혜(修慧)로 몸과 정신을 집중시켜 선정(禪定)을 닦음으로써 얻는 지혜이다.

우리 범부가 생사 윤회에서 해탈하여 세 종류의 각(覺)인 성문의 보리나 벽지불의 보리, 원만불의 무상정등각(아뇩다라삼먁삼보리)인 구경각을 성취하기 위해서는 출세간법을 수혜(修慧)함으로써 얻어진다. 출세간법을 수혜하는 것이 바로 '지혜의 완성'인 반야바라밀의 수행이다.

1) 제법의 분류

세상만사에 존재하는 일체의 모든 법, '제법(諸法)'이란 무엇인가? 소승불교나 대승불교에서 제법은 유위법(有爲法)과 무위법(無爲法)의 두 종류로 분류한다. 유위법은 모든 물질적·정신적 또는 심적인 요소를 지칭하는 것으로 이 법이 생사 윤회를 지탱한다. 무위법은 유위법이 사라진 적멸된 상태인 열반(Nirvāṇa)을 지칭한다.

우리는 첫 번째 단계에서 5음(陰), 22근(根), 부정적인 심적 요소[=不善法], 긍정적인 심적 요소[=善法]를 설명함으로써 대부분의 유위법을 열거했다.

다음은 소승불교의 아비달마에서 분류한 제법과 대승불교의 『반야경』에서 분류한 제법을 살펴보기로 하자.

① 아비달마의 제법 분류

소승불교의 아비달마는 제법을 소위 5위(位) 75법으로 나누어 설명하고 대승불교의 유식학은 아비달마의 제법을 계승하여 더 자세하게 5위 100법으로 나누어 설명한다. 아비달마에서는 제법을 72유위법과 3무위법으로 구분하는데 72유위법은 4위로서 다음과 같다.

㉠ 11종류의 색법(色法)

육체의 다섯 기관인 5근(眼·耳·鼻·舌·身), 외부의 다섯 경계인 5경(色·聲·香·味·觸), 1무표색(無表色: 눈에 보이지 않는 원소도 아닌 잠재적인 에너지) : 이 법들은 5음 중 색음(色陰)에 해당한다.

ⓛ 1종류 심왕(心王)

전5식과 제6식을 다스린다 : 이 법은 오음 중 식음(識陰)에 해당한다.

ⓒ 46종류의 정신적인 또는 심적인 요소[心數法]

⇒ 10종류의 누구나 일반적으로 가지고 있는 심적-정신적 요소[大地] : 정적인 감각[受], 개념[想], 사유[思], 촉감[觸], 의욕[欲], 지성력[慧], 기억력[念], 의지력[作意], 결정력[勝解], 집중력[三昧, 定].

⇒ 10종류의 착한 법[善] : 믿음[信], 오욕락을 삼감[不放逸], 쾌활함[輕安], 부끄러움[慚], 남을 생각하는 예의[愧], 침착함[捨], 부지런함[勤], 비폭력[不害], 욕심 없음[無貪], 성내지 않음[無瞋].

⇒ 6종류의 부정적인 심적 요소[煩惱] : 어리석음[癡], 오욕락에 취함[放逸], 게으름[懈怠], 믿지 않음[不信], 산란함[棹擧], 무기력함[昏沈].

⇒ 2종류의 착하지 않음[不善] : 부끄러움이 없음[無慚], 남을 생각하지 않는 뻔뻔함[無愧].

⇒ 10종류의 부차적인 번뇌[隨煩惱] : 분노[忿], 질투[嫉], 인색함[吝], 감춤[覆], 원한[恨], 폭력[害], 번민[惱], 속임[māyā], 아첨[諂], 잘난 체함[憍].

⇒ 8종류의 선하지도 악하지도 않은 심적 요소[不定] : 연구[尋], 판단[伺], 후회함[惡作], 수면[眠], 욕심[貪], 성냄[瞋], 거만함[慢], 의심[疑].

ⓔ 마음과 연결되지 않은 14종류 유위법[心不相應法] : 얻음

[得], 얻지 못함[非得], 수명(命根), 같은 종류의 업[同分], 무상천(無想天)에 태어남[無想果], 무상정(無想定), 멸진정(滅盡定), 단어[名身], 구절[句身], 문장[文身], 태어남[生], 주함[住], 늙음[老] 또는 변함[異], 무상(無常) 또는 멸함[滅] : 46심수법과 14심불상응법은 오음 중 행음(行陰)에 해당한다.

ⓜ 3종류의 무위법

허공(虛空) : 허공은 어느 것에도 장애를 받지 않으면서 일체 만물을 포용하여 자유자재하게 행동하게 하는 상주불변하는 공간이다.

택법(擇滅) : 모든 유위법의 속박에서 해탈된 열반의 상태로 출세간법의 수행에서 유출된 무루의 지혜력으로 얻어진다.

비택멸(非擇滅) : 유위법의 조건[緣]이 없어 생기지 않는 법[緣缺不生法]을 지칭하는 것으로 무루의 지혜력에 의해 얻어지는 것이 아니기 때문에 '비-택멸'이다.

② 『반야경』의 제법 분류

아비달마와 유식학의 제법의 분류와는 달리 중관학파의 소의경전인 반야부 경전에서 취급하는 제법의 분류가 있다. 『반야경』은 제법을 12위(位)로 나누어 설명하고 있다. 그중에서 특별히 주목을 끄는 것은 출세간법명(出世間法名)이다. 『반야경』의 구조는 일군의 출세간법명을 일련성 없이 열거하면서 이 출세간법을 수행할 것을 권유하고 있다. 『반야경』에서 출세간법의 열거는 일견으로는 혼잡하게 보이지만 『반야경』의 핵심적인 구조를 이루고 있다. 그것은 무위열반을 얻기 위해서나 또는 제불의 무상정각을 깨닫기 위해서는 아비달마나 유식학과는 달리 제법을 유위법의 법명에 중점을 두어 나열할 것이 아니라, 출세간법에 중점을 두어 수행하여 무루의 지혜력을 얻게 하기 위한 것이 더욱 중요하기 때문이다. 그런 의미에서 반야부 경전에 따른 제법의 분류를 설명해 보자.

『반야경』에서 구체적으로 제법을 12위로 분류한 품(品)은 『마하반야바라밀경』 제12 「구의품(句義品)」(현장의 한역 『대반야바라밀다경』은 제12 「보살품」, 무라차 역의 『방광『반야경』은 제14 「마하살품」)이다. 12위는 ①선법(善法) ②불선법(不善法), ③기법(記法) ④무기법(無記法) ⑤세간법 ⑥출세간법 ⑦유루법 ⑧무루법 ⑨유위법 ⑩무위법 ⑪공법(共法) ⑫불공법(不共法)이다. 『반야경』에 의한 12위의 제법의 분류는 다음과 같다.

㉮ 세간 선법과 불선법

세간 선법 : 부모에게 효순하고 사문과 바라문을 공양하고 윗사람을 존중한다. 보시, 지계, 수선(修禪)의 복된 일을 행하고 권하며 (이러한) 방편은 복덕을 낳는다.

⇒ 세간의 십선도와 구상(九相. 9가지 생각) :

1]부풀은 시체 생각[脹相] 2]피가 나는 시체 생각[血相] 3]파괴되는 시체 생각[壞相] 4]짓무른 시체 생각[膿爛相] 5]푸르딩딩한 시체 생각[靑相] 6]동물에게 먹히는 시체 생각 7]흩어지는 시체 생각[散相] 8]뼈로 되는 시체 생각[骨相] 9]타는 시체 생각[燒相].

⇒ 사선(四禪), 사무량심(四無量心), 사무색정(四無色定).

⇒ 십념(十念) : 1]염불 2]염법(念法) 3]염승(念僧) 4]염계(念戒) 5]염사(念捨) 6]염천(念天) 7]염선(念善) 8]염안반(念安般) 9]염신(念身), 10]염사(念死).

불선법(不善法) :

십불선도(十不善道) : 1]살생[奪他命] 2]도둑질[不與取] 3]부정한 사음행위, 4]거짓말[妄語] 5]두 가지 말[兩舌] 6]욕지거리[惡口] 7]때에 맞지 않는 말[非時語] 8]욕심[貪], 9]해치는 마음[惱害] 10]잘못된 견해[邪見].

㉯ 기법(記法)과 무기법(無記法)

기법(記法) : 선법과 불선법.

무기법(無記法) : 과보가 결정되지 않은[無記] 신업(身業), 구업(口業), 의업(意業), 무기의 4대(四大), 무기의 오음, 십이입(十二入), 십팔계(十八界), 무기의 과보.

㉰ 세간법과 출세간법

세간법 : 오음, 십이입, 십팔계, 십선도, 사선, 사무량심, 사무색정.

출세간법 :

a. 삼십칠조도법 : 사념처, 사정근, 사여의족, 오근, 오력, 칠각분, 팔성도분.

b. 삼해탈문 : 공해탈문, 무상해탈문, 무작해탈문.

c. 삼무루근 : 미지욕지근(未知欲知根), 지근(知根), 지기근(知已根).

d. 삼삼매(三三昧) : 유각유관삼매(有覺有觀三昧), 무각유관삼매(無覺有觀三昧), 무각무관삼매(無覺無觀三昧).

e. 명(明), 해탈(解脫), 념(念), 혜(慧), 정억(正憶).

f. 팔배사(八背捨); 초배사(初背捨) ; 색으로서 색을 관한다. 제2배사; 내부로는 색상(色相)이 없고 외부로는 색을 관한다. 제3배사; 몸의 청정함을 증득한다. 제4배사; 모든 색상을 뛰어넘고, 대상이 있음을 멸하며 모든 이상(異相)을 생각하지 않기 때문에 무변허공처(無邊虛空處)에 들어간다. 제5배사; 모든 무변허공처를 뛰

어넘어 무변식처(無邊識處)에 들어간다. 제6배사; 모든 무변식처를 뛰어넘어 무소유처(無所有處)에 들어간다. 제7배사; 모든 무소유처를 뛰어넘어 비유상비무상처(非有想非無想處)에 들어간다. 제8배사; 모든 비유상비무상처를 뛰어넘어 멸수상정(滅受想定)에 들어간다.

g. 구차제정 : 1]욕심과 악, 불선법을 여의고 유각유관(有覺有觀)과 여읨에서 생긴 기쁨과 즐거움인 초선에 들어간다. 2]모든 각관(覺觀)을 멸하고 내부가 청정함으로써 일심(一心), 무각무관(無覺無觀)의 정(定)인 제2선에 들어간다. 3]기쁨을 여의고 사(심)[捨心]을 행하며 몸의 쾌락함을 느끼는 성인이 증득하는 사(捨), 념(念), 락(樂)의 제3선에 들어간다. 4]고와 락을 끊기 위해 우선 근심과 기쁨을 없애고 불고불락(不苦不樂), 사(捨), 념(念), 청정의 제4선에 들어간다. 5]모든 색상을 뛰어넘고, 대상이 있음을 멸하며 모든 이상(異相)을 생각하지 않기 때문에 무변허공처(無邊虛空處)에 들어간다. 6]모든 무변허공처를 뛰어넘어 무변식처에 들어간다. 7]모든 무변식처를 뛰어넘어 무소유처에 들어간다. 8]모든 무소유처를 뛰어넘어 비유상비무상처에 들어간다. 9]모든 비유상비무상처를 뛰어넘어 멸수상정에 들어간다.

h. 내공(內空)부터 무법유법공(無法有法空). 십팔공(十八空)

i. 불십력(佛十力), 사무소외(四無所畏), 사무애지(四無碍智), 십팔불공법, 일체지.

(※ 현장 역에는 육바라밀, 오안(五眼), 육신통, 도종지(道種智), 일체종지, 대자대비 대희대사(大喜大捨)가 첨가됨.)

㉕ 유루법(有漏法)과 무루법(無漏法)

유루법 : 오수음(五受陰), 십이입, 십팔계; 육종(六種), 육촉(六

觸), 육수(六受), 사선(四禪)부터 사무색정.

무루법 : 사념처부터 십팔불공법 그리고 일체지.

㉳ 유위법과 무위법

유위법 : 생(生), 주(住), 멸(滅)의 법. 욕계, 색계, 무색계. 오음부터 의촉(意觸)의 인연으로 생기는 감각. 사념처부터 십팔불공법 그리고 일체지.

무위법 : (법의) 불생(不生), 부주(不住), 불멸(不滅).

⇒ 욕심이 끊어짐[染盡], 증오심이 끊어짐[瞋盡], 우치심이 끊어짐[癡盡].

⇒ 여(如), 불이(不異), 법상(法相), 법성(法性), 법위(法位), 실재(實際).

㉴ 공법(共法)과 불공법(不共法)

공법 : 사선, 사무량심, 사무색정.

불공법 : 사념처부터 십팔불공법.

이 12위 제법은 6쌍인 ①선-불선법 ②기(記)-무기법(無記法) ③세간-출세간법 ④유루-무루법 ⑤유위-무위법 ⑥공-불공법으로 축소시킬 수 있으며, 또한 2쌍인 ①유루-무루법, ②유위-무위법으로 축소시킬 수 있다. 그리고 선-불선법, 기-무기법, 세간법, 공법이 유루법의 범주에 들어가며 출세간법, 불공법이 무루법의 범주에 들어간다. 유루-무루법의 한 쌍은 유위법에 흡수되어 일체의 제법은 단지 유위법과 무위법으로 구분되는데 이것은 소승불교의 아비달마와 같은 결론이다.

2) 『반야경』의 출세간법

『반야경』이 설명한 제법의 분류에서 유위법은 세간법과 출세간법으로서 유루법은 세간법이고 무루법은 출세간법인 동시에 불공법(不共法)임을 알 수 있다. 『대지도론』에 의하면 불공법은 범부법과 같지 않기 때문에 불공법이라고 하며 공법(共法)은 범부와 성인이 같이[共] 태어나고 입정(入定)하는 장소이므로 공법이라고 한다. 다시 말하자면 사선, 사무량심, 사무색정은 세간선법과 출세간법의 범주에 같이 들어가 범부와 성인이 같이 수행할 수 있는 법으로서, 세간선법의 경우 색계와 무색계의 과보를 받고 출세간법의 경우는 무루법과(無漏法果)인 세 종류의 보리[覺]인 성문의 보리, 벽지불의 보리, 원만불의 구경각, 아뇩다라삼먁삼보리[無上正等覺]를 얻는다.

『반야경』의 12위 중에서 주목할 점은 출세간법을 상세하게 설명하는 점이다. 출세간법은 대부분 수선(修禪)에 관한 내용이다. 출세간법 중에서 팔배사(八背捨, 혹은 八解脫)와 9차제정(九次第定)을 구체적으로 서술하고 있는데 이 두 법은 팔배사에서 제4배사~제7배사는 사무색정, 제8배사는 멸진정에 해당된다. 9차제정은 사선+사무색정+멸진정이다. 우리는 세 번째 단계에서 수선에 대해 자세히 설명했다. 『반야경』은 출세간법을 거의 각 품마다 상세하게 또는 간단하게 끊임없이 나열하며 '보리도', '열반도', '보살도'로 명명하기도 한다.

또한 주목할 점은 제법의 유위법과 무위법의 분류에서 소승불교의 아비달마와 대승불교의 『반야경』에는 관점의 차이가 있음을 볼 수 있다. 아비달마는 법공, 법무아의 무지로 인하여 유위법과 무위법을 이분화시킨 점이다. 아비달마에서는 '열반'이 유일한 무위법이다. 왜 그러한가? 석가모니불이 열반한 후 불교 승려들은 윤회에서 해탈된 상태인 '열반'에 대해 최상의 '절대'인 무위법으로 사유하고 그곳에 안주하려는 경향이 있었다. 그 방법은 탐·진·치의 삼독을 소멸하여 인무아(人無我)에 이르면 생사 윤회에서 해탈되어 영원히 열반에 안주할 수 있다고 생각했다. 그리하여 '윤회'와 '열반', 즉 유위법과 무위법을 이분화시켰다. 이것은 부처의 구경각의 반경(半徑)만 편력한 길로서 소승불교인 것이다. 후에 대승불교는 법공, 법무아를 가르쳐 소승불교의 결점을 교정했다.

그러면 대승불교의 『반야경』은 유위법과 무위법의 관계를 어떻게 보는가? 『반야경』에서 유위법은 결국 무위법의 성질에 흡수되는데, 왜냐하면 제법은 모두 무상(無相)이기 때문이다. 이것을 『반야경』은 다음과 같이 표현하고 있다.

「모든 법은 무상인 무위성(無爲性)에 들어간다. 이러한 인연으로 법성(法性)을 배우는 것이, 즉 일체법을 배우는 것이다.」
　一切法皆入無相無爲性中 以是因緣故 學法性 則學一切法.
　　　　　　(『대품반야경』제79, 「선달품(善達品)」권24, 399하22-24.)

『반야경』에서는 유위법이나 무위법은 이분된 이원론이 아닌 평등이다. 이분된 이원론이란 윤회와 열반, 범부와 성인, 유위와 무위 등등이 서로 떨어진 관계로서 평등을 유지할 수 없다. 그렇다고 『반야경』에서 설명하는 평등이 이원론이 합해진 단일론은 아니다. 서로 연대 관계를 유지하는 불리(不離)의 평등이다. 『반야경』은 불리의 평등을 다음과 같이 설명한다.

「제법의 평등 중에는 (범부의 인간은) 범부가 아니며 또한 범부를 여읜 것도 아님을 알아야 한다. 계속해서 (부처는) 부처가 아니며 또한 부처를 여읜 것도 아니다. 수보리가 부처님에게 말씀하기를, "세존이시여, 이 평등은 유위법입니까 무위법입니까?" 부처님이 말씀하시기를, "유위법도 아니고 무위법도 아니다. 무슨 까닭인가? 유위법을 여의고 무위법은 존재하지 않는다. 무위법을 여의고 유위법은 존재하지 않는다. 수보리야, 유위의 성질과 무위의 성질, 이 두 가지 법은 화합이 아니고[不合] 흩어진 것이 아니며[不散], 물질이 아니고[無色], 형상이 아니며[無形]. 상대적인 것이 없는[無對] 한 가지 상[一相]이다. 이를테면 상이 없는 것[無相]이다."」

當知諸法平等中 非凡夫人亦不離凡夫人 乃至 非佛亦不離佛
須菩提白佛言 世尊 是平等爲是有爲法 爲是無爲法 佛言 非有爲
法非無爲法 何以故 離有爲法無爲法不可得 離無爲法有爲法不可
得 須菩提 是有爲性無爲性 是二法不合不散 無色無形 無對一相
所謂無相.

(『대품반야경』제86,「평등품(平等品)」권 26, 415중11-24.)

나가르주나도 그의 『중론송』에서 윤회와 열반의 평등을 다음과 같이 말한다.

윤회는 열반과 어떠한 차이가 없다. 열반은 윤회와 어떠한 차이가 없다.(19)
열반의 끝은 윤회의 끝이다. 그 둘의 사이에는 그 어떠한 미세한 사이도 존재하지 않는다.(20)

涅槃與世間 無有少分別 世間與涅槃 亦無少分別 (게송19)

涅槃之實際 及與世間際 如是二際者 無毫釐差別 (게송20)

(『중론송』 제25, 「관열반품(觀涅槃品)」, 게송19-20.)

(※ 출세간법에 대해서는 졸저, 『般若經의 出世間法』 제2부, -대지도론의 설명과 라모뜨의 주석-, 경서원, 2006, 참조할 것.)

3) 반야바라밀은 제불(諸佛)의 어머니

범부는 출세간법의 수행으로 성인의 지위인 '견도(見道)'에 이를 수 있다. 이 견도로부터 '수도(修道)'를 완전히 편력하면 소승의 근기는 아라한이나 벽지불이 되고, 대승의 근기는 원만불이 되는 것이다. 『반야경』은 대승의 근기를 가진 자, 즉 공법(法空)을 깨닫기 위하여 반야바라밀을 수행하는 자를 '보살마하살'이라고 부른다. 이러한 보살들은 제불의 후보자로서 반야바라밀을 수행하여 법공을 깨닫고 구경각을 성취하여 일체중생을 이익되게 한다. 그러므로 반야바라밀은 모든 부처를 탄생시키는 '제불의 어머니'라고 부른다. 『반야경』은 이것을 다음과 같이 설명한다.

「이 깊은[深] 반야바라밀은 모든 부처를 낳으며 모든 부처의 일체지(一切智)를 주고 세간의 모양[世間相]을 보여 준다. 그렇기 때문에 모든 부처는 부처의 눈으로 이 깊은 반야바라밀을 주시한다. 또한 반야바라밀로서 선정바라밀이 생기고 내공(內空) 계속해서 무법유법공(無法有法空)이 생긴다. (반야바라밀로서) 사념처부터 팔성도분이 생기고 불십력부터 일체종지가 생긴다. 이와 같이 반야바라밀은 수다원, 사다함, 아나함, 아라한, 벽지불, 모든 부처를 낳는다. 수보리야, 모든 부처가 아뇩다라삼먁삼보리를 이미 얻었고, 지금 얻고, 미래에 얻는 것은 반야바라밀의 인연 때문이다. 수보리야, 만일 불도(佛道)를 구하는 선남자 선여인이 이 깊은 반야바라밀을 쓰고 계속해서 올바르게 기억한다면, 모든 부처는 부처의 눈으로 항상 이 사람을 주시한다. 수보리야, 시방의 모든 부처는 보살도를 구하는 이러한 선남자 선여인을 항상 수호하며 아뇩다라삼먁삼보리에서 물러나지 않게 한다.」

是深般若波羅蜜能生諸佛 能與諸佛一切智 能示世間相 以是故 諸佛常以佛眼 視是深般若波羅蜜 又以般若波羅蜜能生禪那波羅蜜 能生內空乃至無法有法空 能生四念處乃至八聖道分. 能生佛十力乃至一切種智 如是般若波羅蜜能生須陀洹 斯陀含 阿那含 阿羅漢 僻支佛 諸佛 須菩提 所有諸佛己得阿褥多羅三邈三菩提 今得當得皆因深般若波羅蜜因緣故得 須菩提 若求佛道 善男子 善女人 當書是深般若波羅蜜乃至正憶念 諸佛常以佛眼視是人 須菩提 是求菩薩道 善男子 善女人 諸十方佛常守護 令不退阿褥多羅三邈三菩提.

(『대품반야경』제48,「불모품(佛母品)」권14, 323중3-17.)

반야바라밀, 다시 말하면 출세간법의 수행으로 얻은 지혜, 중생공(=人空)을 깨달음으로써 얻은 지혜는 성문의 4과(四果)인 수다원과·사다함과·아나함과·아라한과를 얻게 하고, 법공(法空)을 깨달음으로써 얻은 지혜는 부처의 무상정등각을 얻게 한다. 그러므로 생사 윤회에서 해탈한 성인이 되고 싶은 범부는 선남자 선여인으로서 반야바라밀을 수행해야 한다.

그러면 반야바라밀로 인하여 무상정등각(아뇩다라삼먁삼보리)

을 얻은 부처란 어떠한 자인가?『반야경』은 계속 설명한다.

「부처님이 수보리에게 말씀하셨다. 반야바라밀은 모든 부처의 어머니[佛母]이며 반야바라밀은 세간의 모양을 보여 준다. 그렇기 때문에 부처는 이 (반야바라밀)법의 수행에 의지하며 이 법을 공양하고 공경하며 존중하고 찬탄한다. 무엇이 이 법인가? 말하자면 모든 부처는 반야바라밀을 의지하며 반야바라밀에 머물고 이 반야바라밀을 공경하고 공양하며 존중하고 찬탄한다. 왜 그런가? 반야바라밀은 모든 부처를 낳는다. 부처는 (업을) 짓는 사람[作人]을 안다. 만일 어떤 사람이 정확한 질문을 하면 짓는 사람을 알고 정확한 대답을 줌에 부처를 능가할 자가 없다. 왜 그런가?, 수보리야, 부처는 짓는 사람을 알기 때문에 (과거에) 부처가 탄 법, 부처가 따른 법으로서 아뇩다라삼먁삼보리를 얻는 것이다. 이러한 바퀴[乘], 이러한 길[道]을 부처는 도리어 공경하고 공양하며 존중하고 찬탄하며 수지하고 수호한다. 수보리야, 이것을 부처가 짓는 사람을 아는 것이라고 부르는 것이다. 수보리야, 또한 부처는 일체법의 무작상(無作相)을 아는데 짓는 자[作者]란 존재하지 않기 때문이다. (부처는) 일체법의 무기상(無起相)을 아는데 사건의 형상은 존재하지 않기 때문이다. 수보리야, 부처는 반야바라밀로 인하여 일체법의 무작상(無作相)을 안다. 이러한 인연으로 부처는 작자(作者)를 아는 것이다. 수보리야, 또한 부처는 반야바라밀로 인하여 일체법의 불생(不生)을 얻는다. 왜냐하면 일체법은 존재하기 않기 때문이다[以無所得故].」

佛告須菩提 般若波羅蜜是諸佛母 般若波羅蜜能示世間相 是故佛依支是法行 供養恭敬尊重讚歎是法 何等是法 所謂般若波羅

蜜諸佛依支 般若波羅蜜住 恭敬供養尊重讚歎是般若波羅蜜 何以
故 般若波羅蜜出生諸佛 佛知作人 若人正問 知作人者正答無過
於佛 何以故 須菩提 佛知作人故 佛所乘乘法 佛所從來道 得阿褥
多羅三邈三菩提 是乘是道佛還恭敬供養尊重讚歎受持守護 須菩
提 是名佛知作人 復次須菩提 佛知一切法無作相 作者無所有故
一切法無起相 形事不可得故 須菩提 佛因般若波羅蜜知一切法無
作相 以是因緣故 佛知作人 復次須菩提 佛因般若波羅蜜得一切
法不生 以無所得故.

(『대품반야경』「문상품(問相品)」제49, 권14.)

'作人, 作者'란 업[=行爲, 作爲]을 짓는 모든 존재들, 즉 중생을
가리킨다. 무상정등각(아뇩다라삼먁삼보리)을 얻은 부처는 모든
중생이 짓는 행위의 원인과 결과를 완벽하게 알기 때문에 부처라
고 부르는 것이다. 그것은 바로 반야바라밀, 수승한 지혜[=般若]의
완성[바라밀]에서 오는 결과인 것이다. 그리하여 부처의 공덕인 십
지력(十智力), 사무소외(四無所畏), 사무애지(四無碍智), 십팔불공
법(十八不共法), 일체종지(一切種智), 대자대비(大慈大悲)를 완성
한다. 십지력은 중생을 제도하기 위해 필요한 지혜로 부처만이 완
전하게 갖추고 있으며, 다른 성인들은 부분적으로 갖고 있다. 십지
력은 '불십력(佛十力)' 또는 간단히 '십력(十力)'이라고도 부른다.
    '일체법은 불생(不生)'이기 때문에 또한 불멸이다. 일체법은 무
시(無始) 이래 존재하지 않기 때문에 무시 이래로 윤회하는 생사
또한 존재하지 않는 것이다. 이 '일체법의 불생을 얻음'이란『화엄
경』의 보살도에서 보살이 제8지, 부동지에서 얻는 무생법인(無生
法忍)의 얻음이다. 제8지부터 보살은 거의 부처와 같은 지위로서

반야바라밀을 종횡무진으로 사용하여 중생교화를 하는 것이다. 불과위(佛果位)가 15일 보름달이라면 제8, 9지는 14일 달로 비유한다.

(※ 부처의 십력, 사무소외, 사무애지, 십팔불공법에 대해서는 졸저, 『반야경』의 출세간법』 p.280-443, 일체종지에 대해서는 졸저, 『반야경』의 십팔공법』 p.264-303 참조할 것.)

4) 반야바라밀과 세간(世間)의 상(相)

반야바라밀의 수행으로 인하여 수행자는 부처가 되며 부처가 된 자[覺者]는 중생을 위하여 그들의 근기(根器), 즉 이해하는 능력에 따라 설법을 한다. 부처는 우선 중생들이 애착하는 우리의 몸과 마음의 구성 요소를 설명한다. 그것이 바로 오음(五陰)이라는 중생세간(衆生世間)이다. 그러므로 오음의 모양[相]이 중생의 모양[衆生相], 세간의 모양[世間相]이다. 수행자는 반야바라밀의 수행으로 인하여 오음상, 중생상, 세간상과 그것들의 진실한 모양[實相], 진여(眞如 또는 如)를 이해하고 깨닫는 것이다. 『반야경』은 반야바라밀이 어떻게 세간상을 보여주는가? 다시 말하자면 반야바라밀의 수행으로 어떻게 세간상과 세간의 진실한 상을 알 수 있는가를 다음과 같이 설명한다.

「수보리가 부처님께 말했다. "세존께서 말씀하신 바 반야바라밀은 모든 부처를 낳으시고 세간의 모양을 보여줍니다. 세존이시여, 어떻게 반야바라밀이 모든 부처를 낳고 어떻게 세간의 모양(相 lakṣaṇa)을 보여 줍니까? 어떻게 모든 부처가 반야바라밀로부터 탄생하며 어떻게 모든 부처가 세간의 모양을 설명합니까?"

부처님이 수보리에게 말씀하셨다. "이 깊은 반야바라밀 중에서 부처의 십력이 생긴다. 계속해서 (부처의) 십팔불공법과 일체종지가 생긴다. 수보리야, 이러한 법들을 얻은 인연으로 부처라고 부르는 것이다. 수보리야, 그렇기 때문에 깊은 반야바라밀은 모든 부처를 낳는 것이다." 수보리가 말했다. "세존이시여, 어떻게 깊은 반야바라밀에서 오음의 모양을 설명하시며 어떻게 반야바라밀에서 오음의 진여(眞如)가 보입니까?"

"수보리야, 반야바라밀은 오음의 흩어짐이나 무너짐을 보이지 않는다. (오음의) 생김, 멸함, 더러움, 깨끗함, 증가, 감소, 들어감, 나감, 과거, 현재, 미래를 보이지 않는다. 왜 그런가? 빈 모양[空相]은 흩어지지도 않고 무너지지도 않는다. 모양이 없는 모양[無相相]이나 행위가 없는 모양[無作相]은 흩어지지도 않고 무너지지도 않는다. 일어나지 않는 법, 생하지 않는 법, 존재하지 않는 법, 성질의 법은 흩어지지도 않고 무너지지도 않는 모양이다. 이와 같이 (반야바라밀은 오음인 세간의 모양을) 보여준다. 수보리야, 부처는 이와 같이 깊은 반야바라밀이 세간의 모양을 보여줌을 설명한다. 수보리야 모든 부처는 또한 반야바라밀로 인하여 무량무변한 끝없는 중생이 짓는 마음의 행을 모두 안다. 수보리야, 이 깊은 반야바라밀 중에는 중생이 없고 중생의 이름[名]이 없으며 물질[色], 물질의 이름이 없다. 감각[受], 개념[想], 심적요소[行], 의식[識]이 없으며 감각, 개념, 심적요소, 의식의 이름이 없다. 눈이 없고 계속해서 뜻이 없으며 눈의 의식 계속해서 뜻의 의식이 없다. 눈의 감각 계속해서 뜻의 감각이 없으며 더 나아가 일체종지(一切種智)가 없으며 일체종지라는 이름도 없다. 수보리야, 이와 같이 이 깊은 반야바라밀은 세간의 모양을 보여주는 것이다."」

須菩提白佛言 世尊所說 般若波羅蜜能生諸佛 能示世間相 世
尊 般若波羅蜜 云何能生諸佛 云何能示世間相 云何諸佛從般若
波羅蜜生 云何諸佛說世間相? 佛告須菩提 是深般若波羅蜜中生
佛十力 乃至十八不共法.一切種智 須菩提 得是諸法因緣故名爲
佛 須菩提 以是故深般若波羅蜜能生諸佛 須菩提 諸佛說五陰 是
世間相 須菩提言 世尊 云何深般若波羅蜜中說五陰相? 云何深般
若波羅蜜中示五陰如?

須菩提 般若波羅蜜不示五陰破 不示五陰壞 不示生 不示滅 不
示垢 不示淨 不示增 不示減 不示入 不示出 不示過去 不示現在
何以故 空相不破不壞 無相相無作相不破不壞 不起法 不生法 無
所有法 性法 不破不壞相 如是示 如是須菩提 佛說深般若波羅蜜
能示世間相 復次須菩提 諸佛因般若波羅蜜 悉知無量無邊阿僧祇
衆生心所行 須菩提 是深般若波羅蜜中 無衆生 無衆生名 無色 無
色名 無受想行識 無受想行識名 無眼乃至無意 無眼識乃至無意
識 無眼觸乃至無意觸 乃至無一切種智 無一切種智名 如是須菩
提 是深般若波羅蜜能示世間相.

(『대품반야경』 제 48,「불모품(佛母品)」권14, 323중18-.)

세간상이란 또한 우리 범부들이 항상 사용하는 마음[心]의 상
이다. 부처는 반야바라밀을 완성했기 때문에 한량없는 중생들의
마음, 그들이 번뇌에 따라 일어나는 마음의 용심(用心)을 안다. 반
야바라밀을 완성한 자에게는 세간이나 출세간의 마음이 없기 때
문에 부처의 마음은 모든 부정적인 심의식, 모든 번뇌가 깨끗이 청
소된 밝은 거울[明鏡]과 같이 모든 중생의 마음이 그의 마음에 비

쳐져 알고 세간의 관습(慣習)에 따라 중생을 교화한다.

모든 것을 초월해서 세간이라는 피안을 건너간[到彼岸] 자, 성인이 된 아라한, 벽지불, 보살, 부처[覺者]는 바로 출세간의 지혜[般若]로부터 얻은 과보[果]인 것이다.

5) 이제(二諦)와 반야바라밀

『반야경』과 중관학파는 세속제와 제일의제인 이제(二諦)를 밝힌다. 다시 말해서 진실에는 두 가지가 있다. 그러므로 서양철학의 입장에서 '절대'를 지칭하는 '진실[諦]은 단지 하나'라고 생각하는 것은 세속제에 대한 무지이고 또한 제일의제에 대한 무지이다.

한 진실은 세속제로서 우주 삼라만상, 생사를 윤회하는 삼계 육도에서 벌어지는 모든 모양[諸相]에 대한 차별, 인과법칙, 이원론이 적용되는 진실로서 행위, 관습, 언어, 생각 등등으로 표현된다. 그러므로 세속제에는 진실과 거짓, 정법(正法)과 사법(邪法)이 있는 것이다. 또한 진실은 세속제와 대칭되는 제일의제(또는 승의제, 진제)로서 세속제가 끊어진 적멸의 상태, 차별이 없는 평등으로 세속제가 적용되지 않는 진실이다.

반야바라밀의 수행은 범부의 번뇌라는 부정적인 심의식(心意識)을 청소함으로써 범부의 의식을 성인의 지혜[智]로 변형시킨다. 성인의 지혜는 바로 제일의제에 도달함으로써 얻어지는 것이다. 범부의 의식이 성인의 지혜로 바뀌는 과정은 세속제라는 수행을 의지해서 이루어진다. 반야바라밀의 수행은 세속제에서 행해지고 반야바라밀의 수행으로 제일의(第一義 또는 勝義)를 깨닫는다. 제일의를 깨달음으로써 해탈경계인 열반, 제일의제에 이른다. 제일의를 깨달은 성인은 범부의 견문각지(見聞覺知)가 아닌 성

(聖) 지혜로 세속제의 언어를 사용하여 중생을 교화하는 것이다.

『반야경』의 구조는 세간법, 출세간법, 유위법, 무위법으로 구분되는 일체제법을 반야바라밀을 매개로 하여 세속제와 제일의 두 단계로 설명한다. 그리하여 반야바라밀의 수행을 통해 세속제에서 제일의제에 도달하는 과정을 설명하는 것이다. 우선 반야바라밀의 수행으로 얻는 과보는 수행자의 근기에 따라 단계적으로 다양하다. 이것은 세속제는 차별이 있는 진실로서 원인과 조건에 따라서 천차만별의 결과가 나타나는 것을 보여준다. 반야바라밀의 수행에서 최소한의 과보는 지옥·아귀·축생의 삼악도와 인간의 가난함을 면할 수 있는 것이다. 계속해서 욕계·색계·무색계의 천상을 거쳐 이 삼계를 초월하는 성과(聖果)인 3종의 보리[覺: 성문의 4과(四果), 아라한의 보리, 벽지불의 보리]와 최상의 과(果)인 부처의 구경각(究竟覺), 아뇩다라삼먁삼보리를 얻는 것이다.

① 반야바라밀에서 제일의제까지

세속제에서 반야바라밀의 수행이 불퇴의 보리심(菩提心)을 가지고 수행해서 얻어진 성과(聖果), 즉 아라한과의 보리, 벽지불과의 보리, 원만불과인 구경각, 이 삼종의 보리는 제일의제에 도달함으로써 얻어짐이 없는 '무소득' 또는 '불가득'이다. 우리는 바로 제일의제가 '무소득', '불가득'이라는 의미에 주의해야 한다. 『반야경』에서 부처는 반야바라밀이 주는 욕계·색계·무색계의 과보로부터 제일의제까지 이르는 차제를 수보리에게 다음과 같이 설명한다.

「수보리야, 반야바라밀은 큰 보물이다. 무엇을 큰 보물이 보여주는 것인가? 이 반야바라밀은 지옥, 축생, 아귀와 인간에서 가난함을 능히 면제해 준다. (반야바라밀은) 큰 가문의 왕족, 바라문, 거사를 수여한다. (반야바라밀은) 사천왕의 자리 계속해서 비유상비무상의 자리를 수여한다. (반야바라밀은) 수다원과, 사다함과, 아나함과, 아라한과, 벽지불도, 아뇩다라삼먁삼보리를 수여한다. 왜 그런가? 이 반야바라밀에서 십선도, 사선, 사무량심, 사무색정, 사념처부터 팔성도분, 보시바라밀, 지계바라밀, 인욕바라밀, 정진바라밀, 선정바라밀, 반야바라밀을 자세하게 설명한다. 내공부터 무법유법공을 자세하게 설명한다. 불십력부터 일체지를 자세하게 설명한다.

이 (반야바라밀)을 배우는 가운데에서 (복덕이 있는 인간) 큰 가문의 왕족, 바라문, 거사가 출생한다.

(욕계의 육욕천) 사천왕천, 삼십삼천, 야마천, 도솔천, 화락천, 타화자재천이 출생한다.

(색계의 초선지) 범신천, 범보천, 범중천, 대범천, (색계의 2선지 光天) 소광천, 무량광천, 광음천, (색계의 3선지 淨天) 소정천, 무량정천, 편정천, (색계의 4선지) 아나파가천[=無雲天], 득복천[=福生天], 광과천, [색계의 정범지 無想天] 아부하나천[=無煩天], 무열천(無熱天), 선견천(善現天), 묘견천(妙見天), 아가니타천[色究竟天]이 출생한다.

(무색계의 4천) 허공무변처천, 식무변처천, 무소유천, 비유상비무상처천이 출생한다. 이 법을 배우는 가운데에서

(성인의 4과와 벽지불의 覺, 부처의 究竟覺) 수다원과, 사다함과, 아나함과, 아라한과, 벽지불도, 아뇩다라삼먁삼보리를 얻는다. 수보리야, 그렇기 때문에 반야바라밀을 큰 보물이라고 부른다.

(제일의제의 입장에서) 큰 보물바라밀에는 생기거나 소멸하는

법, 더럽거나 깨끗한 법, 취하거나 버리는 법이 없다. 보물바라밀에는 또한 착하거나 착하지 않는 법, 세간이나 출세간의 법, 유루거나 무루의 법, 유위거나 무위의 법이 없다. 수보리야, 그렇기 때문에 얻을 것이 없는[無所得] 보물바라밀이라고 부른다. 수보리야, 이 보물바라밀은 오염되는 법이 없다. 왜 그런가? 사용되는 더러운 법이란 얻을 수 없기[不可得] 때문이다. 수보리야, 그렇기 때문에 더러움이 없는 보물바라밀이라고 부른다.

수보리야, 만일 보살마하살이 반야바라밀을 수행할 때 또한 이와 같이 앎이 없으며 분별이 없고, 또한 이와 같이 얻음이 없고, 또한 이와 같이 희론이 없으면 이것이 능히 반야바라밀을 수행하는 것이다.」

須菩提 般若波羅蜜是大珍寶 何等示大珍寶 是般若波羅蜜能拔地獄畜生餓鬼 及人中貧窮 能與刹利大姓 婆羅門大姓 居士大家 能與四天王處 乃至 非有想非無想處 能與須陀洹果 斯陀含果 阿那含果 阿羅漢果 辟支佛道 阿耨多羅三邈三菩提

何以故 是般若波羅蜜中廣說 十善道 四禪 四無量心 四無色定 四念處乃至八聖道分 檀那波羅蜜 尸羅波羅蜜 羼提波羅蜜 毘梨耶波羅蜜 禪那波羅蜜 般若波羅蜜 廣說內空 乃至無法有法空 廣說佛十力 乃至一切智 從是中學出生刹利大姓 婆羅門大姓 居士大家 出生四天王天 三十三天 夜摩天 兜率陀天 化樂天 他化自在天 梵身天 梵輔天 梵衆天 大梵天 光天 少光天 無量光天 光音天 淨天 小淨天 無量淨天 遍淨天 阿那婆迦天 得福天 廣果天 無想天 阿浮訶那天 不熱天 快見天 妙見天 阿迦尼陀天 虛空無邊處天 識無邊處天 無所有天 非有想非無想處天

是法中學得須陀洹果 斯陀含果 阿那含果 阿羅漢果 得辟支佛道 得阿耨多羅三邈三菩提 以是故 須菩提 般若波羅蜜名爲大珍寶 大珍寶波羅蜜中無有法可得 若生若滅 若垢若淨 若取若捨 珍寶波羅蜜亦無有法 若善若不善 若世間若出世間 若有漏若無漏 若有爲若無爲 以是故 須菩提 是名無所得珍寶波羅蜜 須菩提 是珍寶波羅蜜無有法能染汚 何以故 所用染法不可得故 須菩提 以是故名無染珍寶波羅蜜

須菩提 若菩薩摩訶薩行般若波羅蜜時 亦如是不知 亦如是不分別 亦如是不可得 亦如是不戲論 是爲能修行般若波羅蜜.

(『대품반야경』제43,「무작실상품(無作實相品)」권12, 310하15-311상14.)

계속해서 『반야경』은 세속제와 제일의에 대해 다음과 같이 설명한다.

「세속제[世諦]의 법 때문에 보살마하살은 아뇩다라삼먁삼보리를 얻는다. 제일의 진실한 뜻이 아니다. 왜 그런가? 제일의 중에는 물질, 모양[色]이 없다. 계속해서 아뇩다라삼먁삼보리가 없으며 또한 아뇩다라삼먁삼보리를 수행한 자도 없다. 이 모든 법은 세속제 때문에 설명하는 것이지 제일의가 아니다. … 부처님이 말씀하시기를 "수보리야, 어떻게 아라한이 깨달음[道]을 얻는 것을 알겠는가?" "세존이시여, 세속제의 법으로서 분별하여 아라한의 깨달음이라고 부르는 것입니다." 부처님이 말씀하시기를, "그러하다 그러하다, 수보리여. 세속제로서 설명하여 보살이라고 이름짓고 수·상·행·식도 계속해서 일체종지라고 이름짓는 것이다. 이 깨달음[菩提, 覺, 道]에는 증가하거가 감소하거나 얻을 것이 없다.

왜냐하면 모든 법의 성질은 공하기 때문이다. 모든 법의 성질이 공하여 얻을 것이 없거늘 어떻게 초지의 마음을 얻으며 계속해서 십지의 마음을 얻을 수 있겠는가? 육바라밀, 삽십칠조도법, 공삼매, 무상, 무작삼매, 계속해서 일체의 불법(佛法)을 얻을 수 있다는 것은 있을 수 없다.

수보리야, 이와 같이 보살마하살은 아뇩다라삼먁삼보리를 수행하고 아뇩다라삼먁삼보리를 얻어 중생을 이익하게 한다.”」

世諦法故 菩薩摩訶薩得阿褥多羅三邈三菩提 非第一實義 何以故 第一義中無有色 乃至無阿褥多羅三邈三菩提 亦無行阿褥多羅三邈三菩提者 是一切法皆以世諦故說 非第一義 […] 佛言 須菩提 云何當知得阿羅漢道者 世尊 世諦法故分別名阿羅漢道 佛言 如是如是須菩提 世諦故說名菩薩 說名受想行識 乃至一切種智 是菩提中無法可得 若增若減 以諸法性空故 諸法性空尙不可得 何況得初地心 乃至十地心 六波羅蜜 三十七助道法 空三昧 無相無作三昧 乃至一切佛法當有所得. 無有是處.

如是須菩提 菩薩摩訶薩行阿褥多羅三邈三菩提 得阿褥多羅三邈三菩提 利益衆生.

(『대품반야경』 제81, 「실제품(實際品)」 권25, 404상9-.)

세속제의 수행을 통해 성과(聖果)인 깨달음[覺, 菩提]을 얻는데, 그 깨달음이란 바로 '얻음이 없으며[無所得]', '없을 수 없고[不可得]', '행이 없으며[無行]', '없을 법이 없음[無法可得]'을 깨닫는 것이다. 다시 말하자면 모든 법의 성질은 그 자체의 성질[自性]이 공하기 때문에 깨달음과 함께 불법을 포함한 일체의 모든 법에 대한 집착이 떨어진다[無着]. 그렇기 때문에 '무소득'인 것이다. 이러한 경지가 제일의제에 도달하는 것이다. 이것을 부처는 수보리에게 다음과 같이 말한다.

「수보리가 부처님께 말했다. "세존이시여, 세존께서 아뇩다라삼먁삼보리를 얻을 때 모든 불법을 얻으십니다. 세속제 때문에 얻으십니까? 제일의 중에서 얻으십니까?" 부처님께서 말씀하시기를, "세속제 때문에 부처가 이 (佛)법을 얻는다고 말한다. 이 (佛)법 중에는 얻을 법이 없다."」

須菩提白佛言 世尊 世尊得阿褥多羅三邈三菩提時 得諸佛法 以世諦故得 以第一義中得 佛言 以世諦故說佛得是法 是法中無有法可得.

(『대품반야경』 제86, 「평등품(平等品)」 권26, 414중18-23.)

『반야경』은 제법의 진성(眞性)인 공성(空性)을 깨달아 제일의제에 도달한 각자(覺者)의 무소득(無所得)을 다음과 같이 설명한다.

「이 세속법은 제일실의가 아니다. 왜 그런가? 이 (自)성이 공함에는 얻은 자가 없고 얻은 법이 없으며 얻은 곳이 없다.」

是世俗法 非第一實義 何以故 是性空中 無有得者 無有得法 無有得處.

(『대품반야경』 80, 「실제품(實際品)」 권25, 401중25-27)

「이 세속법은 제일실의가 아니다. 왜 그런가? 공(空) 중에는 멸함이 없고 또한 소멸된 자도 없다. 모든 법이 필경에는 공한 것이 바로 열반이다.」

是世俗法 非第一實義 何以故 空中無有滅 亦無使滅者 諸法畢竟空卽是涅槃.

(『대품반야경』 제80, 「실제품」 권25, 401중8-10)

세속제나 제일의제에서 모든 법의 성질은 공성이기 때문에 세속제에서 제일의제에 도달할 수 있는 것이다. 그러나 불법, 출세간법, 무루법(이 단어들은 동의어)을 수행하지 않으면 아공, 중생공, 법공, 제법공, 공성(이 단어들은 동의어)을 깨달을 수 없다. 그런데 공성을 바로 깨닫고 증득하지 못하면 무소득, 불가득의 경지, 즉 제일의제에 도달할 수 없으며 아무리 좋은 출세간법, 무루법의 수행일지라도 집착이 있으면 '무소득'이 아니다.

제일의제는 '무소득', '불가득', 얻어지지도 않고 얻을 수도 없다. 그러므로 '제일의제에 도달하기 원하는 자, 윤회에서 벗어나 생사해탈을 원하는 자, 열반을 증득하기 원하는 자, 구경각에 이르기 원하는 자, 일체지·일체종지를 원하는 자, 끝없는 중생을 구하기 원하는 자'(이러한 것은 모두 보살의 서원이다), 인무아(人無我=我空, 衆生空), 법무아(法無我=法空, 諸法空)를 배우고 깨달아 증득해야 한다. 그러기 위해 반야바라밀의 수행이 요구되는 것이다. 그리하여 세간이나 출세간의 수행으로 얻어진 모든 공덕의 과보는 '무소득'이기 때문에[以無所得故] 자연적으로 중생에게 돌려지며[廻向] 이것이 중생을 이익하게 하는 중생교화, 바로 불국토의 장엄이다.

② 제일의제[第一義諦, 승의제(勝義諦), 진제(眞諦)]

삼계 육도에서 죽고 태어나는 윤회를 되풀이하는 삼악도의 중생이나 인간 갈래의 범부나 육욕천·색계·무색계의 천상신 그리고 사물의 진성(眞性=法性)인 공성, 제일의를 깨달아 생사에서 해탈하여 제일의제에 도달한 성인들, 이 모든 존재는 세속제를 여의지 않는다. 그런 의미에서 세속제는 제일의제와 동등한 가치를 갖는다. 그러나 수행자가 제일의제에 도달하기 위해 수행하는 청정한 출세간법일지라도 그것은 세속제이기 때문에 제일의제와는 같지 않다.

세속제가 유위법의 고(苦)·무상(無常)·무아(無我)의 3상을 갖는다면 제일의제는 유위법의 성상(性相)이 적멸된 공성(空性), 무상(無相)의 상을 갖는다. 그런 의미에서 제일의제의 상은 세속제의 상과는 같지 않다. 이것을 『반야경』은 다음과 같이 표현한다.

「출세간법인 청정한 무루법일지라도 또한 제일의상과 같지 않다. 제일의상이란 작함이 없으며 함이 없으며 생김이 없고 모양이 없고 설함이 없다. 이것을 제일의라고 한다. 또한 성질이 공함이라고 부르며, 또한 모든 부처의 깨달음(흔히 覺을 道로 표현)이라고 한다.」

雖無漏法亦不如第一義相 第一義相者 無作無爲無生無相無說
是名第一義 亦名性空 亦名諸佛道.

(『대품반야경』제80,「실제품」권25, 403상12-15)

무작(無作), 무위(無爲), 무생(無生), 무상(無相), 무설(無說), 성공(性空)은 범부들의 신(身)·구(口)·의업(意業)이나 심행(心行)의 경지가 아니다. 단지 범부인 수행자가 세속제에서 출세간법의 수행을 통해 얻어진 지혜를 사용하여 거치른 마음의 행위[意業]나 모든 미세한 마음의 작용[心行]까지 없어져 내적으로 스스로 깨달아 경험해야 이러한 경지에 도달하게 된다. 이러한 경지가 모든 마음과 언어로 표현되는 상대적이거나 이원적인 것이 적멸된 평등의 경지, 열반의 경지, 제일의제의 경지일 것이다. 이러한 경지는 언어로서 희론(戱論)할 수 있는 경지가 아니지만 이 경지에 도달한 성인들은 방편의 언어를 사용하여 보여준다. 다시 말하자면 범부는 세속제에서 수행함으로써 제일의제에 도달하여 성인이 되어 다시 세속제로 귀환한다. 그러므로 부처나 성현의 설법은 모두 세속제의 입장에서 설명되는 것이다.

『반야경』에서 설명한 제일의인 무작, 무위, 무생, 무상, 무설 등등은 세속제의 법인 '유위(有爲)'를 거쳐야만 도달할 수 있기 때문에 '무'와 '유'는 떨어질 수 없는 관계이지만, 이 유와 무를 통달해야 제일의제의 경지인 유와 무가 없는 무상의 '평등'의 경지에 들어갈 수 있다. 이것이 부처의 경지이다.『화엄경』은 이러한 뜻을 다음과 같이 설명한다.

「깊고 깊은 진실한 법성에 머무시는 부처, 적멸함과 상이 없음[無相]이 허공과 같을지어다. 그리고 제일실의[第一義] 중에서 여러 가지 행사를 지어 보이시이다.

중생을 이익되게 하시는 일은 모두가 법성에 의지하여 얻어지이다. 상이 있음[相]과 상이 없음은 차별이 없지만 결국은 모두 무상(無相)에 들어가니라.

여래의 지혜를 얻기를 원하는 자가 있다면 응당 모든 허망한 분별을 여일지어다. 있음과 없음을 통달하여 그 모두가 평등하면 속히 인간과 천상신을 지도하는 큰 스승이 되느니라.」

佛住甚深眞法性 寂滅無相同虛空 而於第一實義中 示 現 種 種 所行事 所作利益衆生事 皆依法性而得有 相與無相無差別 入於 究竟皆無相 若有欲得如來智 應離一切妄分別 有無通達皆平等 疾作人天大導師

(『화엄경』제26, 「십지품(十地品)」권39, p.205상11-16.)

나가르주나는 그의 『중론송』에서 이 제일의상(第一義相)이 바로 제법의 실상(諸法實相)임을 알리기를 다음과 같이 설명한다.

「마음의 작용이 사라지면 언어의 대상이 사라진다. 과연 생기지도 않고 소멸하지도 않는 법성(法性)은 열반과 같다.」

諸法實相者 心行言語斷 無生亦無滅 寂滅如涅槃.

(제18, 「관법품(觀法品)」, 게송 7)

또 나가르주나의 제자인 아리야데바(Āryadeva)는 그의 『백론(百論)』에서 제일의에 대해 다음과 같이 유머스럽게 말하고 있다.

「좋은 것은 바로 세간이지 제일의가 아니다. 세간에는 어떤 것이 존재하지만 제일의에는 아무 것도 존재하지 않는다.」

寧在世間求 非求於勝義 以世間少有 於勝義都無.

언어로 희론하는 것은 바로 제일의제가 아니지만 또한 언어를 여의고 제일의제에 도달할 수는 없다. 대승경전인 『해심밀경(解深密經)』에서 부처는 보살과 대화를 통해 세속제와 제일의제는 다른 것도 아니고[不異 또는 非異], 동일한 것도 아니기[不一 또는 非一] 때문에 수행자는 제일의제에 도달할 수 있지만, 성인이 도달한 제일의제의 상(相)은 세속제에 머물러 있는 범부의 상과는 다름을 다음과 같이 설명한다.

「그때 세존께서 법용보살에게 말씀하셨다. 선남자여, 그러하다. 그러하다. 네가 말한 바와 같이 나는 모든 찾는 생각을 초월했다. 승의제[=第一義諦]의 모양[相]이 무상정등각(=아뇩다라삼먁삼보리)이다. 무상정등각을 깨닫고 다른 사람을 위해 설명하고 가설하여 열어 보이고 비추어 깨닫게 한다. 왜 그런가? 나는 승의(勝義=第一義)란 모든 성자가 내적으로 스스로 증득한 것이라고 설명한다. 찾고 생각하는 소행은 모든 범부가 (윤회를) 돌며 증득하는 것이다. 법용이여, 그런 고로 이러한 도리로 알건대 승의는 모든 찾고 생각하는 경계의 모양을 초월한 것이다.

법용이여, 나는 또한 승의란 모양이 없는[無相] 행위라고 설명한다. 찾고 생각하는 행위는 단지 모양이 있는[有相] 경계이다. 법용이여 그런 고로 이러한 도리로 알건대 승의는 모든 찾고 생각하는 경계의 모양을 초월한 것이다.

법용이여, 나는 또한 승의란 언어로서 설할 수 없는 것[不可言說]이라고 설명한다. 찾고 생각하는 행위는 단지 언어[言說]의 경계이다. 그런 고로 이러한 도리로 알건대 승의는 모든 찾고 생각하는 경계의 모양을 초월한 것이다.

법용이여, 나는 또한 승의란 모든 표상이 끊어진 것[絶諸表示]이라고 설명한다. 찾고 생각하는 행위는 단지 표상[表示]의 경계이다. 그런 고로 이러한 도리로 알건대 승의는 모든 찾고 생각하는 경계의 모양을 초월한 것이다.

법용이여, 나는 또한 승의란 모든 다투는 토론[諍論=戲論]이 끊어진 것[絶諸諍論]이라고 설명한다. 찾고 생각하는 행위는 단지 다투는 토론의 경계이다. 그런 고로 이러한 도리로 알건대 승의는 모든 찾고 생각하는 경계의 모양을 초월한 것이다.

알거라 법용이여, 비유하자면 어떤 자가 평생동안 맵고 쓴맛에 습관이 되어 달고 좋고 미묘한 맛은 생각할 수도 없고 비교하지도 못하고 믿지도 않는다. 또는 오랫동안 탐욕을 좋아해서 모든 욕망의 불에 타기 때문에 모든 보고, 듣고, 냄새맡고, 맛보고, 촉감하는 모양을 소멸해서 이것들을 여읜 묘한 즐거움에 대해 생각할 수도 없고 비교하지도 못하고 믿지도 않는다. 또는 오랫동안 언설을 좋아해서 세간의 부드러운 언설을 즐기고 애착하기 때문에 성자의 내적인 조용한 침묵으로 인한 즐거움에 대해 생각할 수도 없고 비교하지도 못하고 믿지도 않는다. 또는 오랫동안 표상에 대해 보고 듣고 인식하고 아는 것을 좋아해서 세간의 모든 표상을 즐기고 애착하기 때문에 모든 표상을 영원히 끊고 자아(ātman)를 소멸한 구경의 열반에 대해 생각할 수도 없고 비교하지도 못하고 믿지도 않는다. 법용이여, 알거라. 비유하자면 어떤 자가 오랫동안 아소(我所)에 사로 잡혀 여러 가지 다투는 토론을 좋아해서 세간의 모든 토론을 즐기고 애착하기 때문에 아소에 사로 잡히지 않고 다투는 토론을 여읜 북구로주에 대해 생각할 수도 없고 비교하지도 못하고 믿지도 않는다. 법용이여, 이와 같이 찾고 생각하는 자들은 모든 찾고 생각하는 행위를 초월한 승의제(勝義諦=第一義諦)의 상(相)에 대해 생각할 수도 없고 비교하지도 못하고 믿지도 않는다.

그때에 세존께서 이 뜻을 다시 베푸시고자 게송으로 설명하셨다.

내적으로 증득한 상(相)이 없는 행위는 언설로 설명할 수 없고 표상을 끊었노라.

모든 다투는 토론이 없는 승의제는 모든 찾고 생각하는 상(相)을 초월했노라.」

爾時世尊 告法涌菩薩曰 善男子 如是如是 如汝所說 我於超過一切尋思 勝義諦相現等正覺 現等覺己爲他宣說 顯現開解施設照了 何以故 我說勝義是諸聖者內自所證 尋思所行是諸異生展轉所證 是故法涌 由此道理 當知勝義超過一切尋思境相 復次法涌 我說勝義無相所行 尋思但行有相境界 是故法涌 由此道理 當知勝義超過一切尋思境相

復次法涌 我說勝義不可言說 尋思但行言說境界 是故法涌 由此道理 當知勝義超過一切尋思境相. 復次法涌 我說勝義絶諸表示 尋思但行表示境界 是故法涌 由此道理 當知勝義超過一切尋思境相 復次法涌 我說勝義絶諸諍論 尋思但行諍論境界 是故法涌 由此道理 當知勝義超過一切尋思境相.

法涌當知 譬如有人 盡其壽量習辛苦味 於蜜石蜜上妙美味 不能尋思 不能比度 不能信解 或於長夜由欲貪勝解 諸欲熾火所燒然故 於由除滅一切色聲香味觸相 妙遠離樂 不能尋思 不能比度 不能信解 或於長夜由言說勝解 樂着世間綺言說故 於內寂靜聖默然樂 不能尋思 不能比度 不能信解 或於長夜由見聞覺知表示勝

解 樂着世間諸表示故 於永除斷一切表示 薩迦耶滅 究竟涅槃 不
能尋思 不能比度 不能信解 法涌當知 譬如有人 於其長夜由有種
種我所攝受諍論勝解 樂着世間諸諍論故 於北拘盧洲 無我所 無
攝受 離諍論 不能尋思 不能比度 不能信解. 如是法涌 諸尋思者
於超一切尋思所行 勝義諦相 不能尋思 不能比度 不能信解.

爾時世尊 欲重宣此義 而說頌曰：

內證無相之所行 不可言說絶表示 息諸諍論勝義諦 超過一切
尋思相

(『해심밀경』 제2, 「승의제상품(勝義諦相品)」 권1, T676, p.689하21-
890상27.)

(※ 이제(二諦)에 대해서는 졸저, 『반야경』의 출세간법』 p.79-
92 ; 『중관학 연구』 p.496-525 참조할 것.)

6) 세속제(世俗諦)의 중요성

세속제를 넓은 의미에서 정의하자면 모든 법[諸法], 유위법과
무위법에 대한 진실이다. 그것은 인과법칙에 대한 진실로 중생계
에서 벌어지는 모든 행위[業]와 과보(果報), 모든 종류의 수행이라
는 원인[因]에서 오는 과(果) 그리고 생각이나 언어로 표현되는 모
든 경계를 포함한다.

세속제는 또한 제일의제와 서로 떨어질 수 없는 관계이다. 왜냐
하면 세속제의 수행을 거치지 않으면 제일의제에 도달할 수 없기
때문이다. 나가르주나(용수)는 그의 『중론송』 「관사제품(觀四諦
品)」에서 제일의제는 세속제를 통해서 얻어지고 제일의로서 열반
에 도달한다고 설명한다.

「제불의 설법은 이제(二諦)에 의지한다. 한편은 세속제이고 또 한편은 제일의제이다.」(게송 8)

「이 두 가지 진실[諦]을 분별하지 못하는 자들은 불법(佛法)에 있는 심오한 진실을 알지 못한다.」(게송 9)

「(세간의) 언어 관습에 의지하지 않고는 제일의[勝義]는 얻을 수 없다. 제일의를 얻지 않고서는 열반은 증득되지 않는다.」(게송 10)

諸佛依二諦 爲衆生說法 一以世俗諦 二第一義諦(8)
若人不能知 分別於二諦 則於深佛法 不知眞實義(9)
若不依俗諦 不得第一義 不得第一義 則不得涅槃(10)
　　　　　(『중론송』 제24, 「관사제품(觀四諦品)」 게송8-10.)

『반야경』은 세속제와 제일의의 떨어질 수 없는 관계를 불일(不一), 불이(不異)의 입장에서 다음과 같이 설명한다.

「부처님이 또한 세속제 때문에 설(법)하신다. 제일의가 아니다. 왜 그런가? 제일의 중에는 몸의 행위가 없고 언어의 행위, 생각의 행위가 없지만 또한 몸, 언어, 생각을 여의지 않고 제일의를 얻는다. 이 모든 유위법과 무위법의 평등상이 바로 제일의이다.」

佛亦以世諦故說 非以第一義 何以故 第一義中 無身行無口行 無意行 亦不離身口意行得第一義 是諸有爲法無爲法平等相卽是 第一義.
　　　　　(『대품반야경』 제86, 「평등품(平等品)」 권26, 415중21-23.)

우리 범부가 성인, 각자(覺者)가 되기 위해서 수행하는 출세간 법은 바로 세속제로서의 법이다. 세속제의 법 중에서 자리이타를 목적으로 하는 대승불교는 육바라밀의 수행을 권한다. 육바라밀의 수행에는 불교수행의 기본인 계·정·혜 삼학(三學)이 포함된다. '바라밀[pāramitā]'은 '완성'이라는 뜻이고 육바라밀의 수행이란 주는 연습[보시 dāna(단나)], 계율을 지킴[지계, śīla(시라)], 참기[인욕, kṣānti(찬제)], 노력하기[정진, vīrya(비리야)], 참선하기[선정, dhyāna(선나)], 지혜[반야, prajñā(반야)]를 수행하는 것이다. 우리 범부가 성인들이 깨달은 제일의제에 도달하기 위해서는 육바라밀 중에서 반야바라밀을 수행하는 것이 첩경인데, 반야바라밀의 수행은 보시·지계·인욕·정진·선정의 다섯 바라밀이 받침이 되어야 한다.

반야바라밀을 수행한 인연으로, 보살의 근기는 부처의 구경각 (究竟覺), 무상정등각(아뇩다라삼먁삼보리)을 얻고 성문승의 근기는 아라한도, 아라한과, 아라한의 보리를 증득한다. 소승의 성인이나 대승의 무생법인을 얻은 보살, 구경각을 성취한 부처는 모두 제일의제에 도달한 성인들이다. 다시 말해서 이들은 세속제의 수행을 통하여 제일의를 깨닫고 생사에서 해탈된 생사가 없는 경계, 열반의 세계에 도달한 것이다.

그러면 범부인 우리는 어떻게 제일의제에 도달할 수 있는가? 다시 말하자면 어떻게 부처의 구경각을 얻어 생사해탈하고 중생교화를 할 수 있을까?

① 범부(凡夫)와 보살(菩薩)

우리가 범부인 까닭은 자아(自我)라고 부르는 육체와 정신[五

陰, 五蘊], 그리고 제법(諸法)이라고 부르는 모든 사물에 대해 그 존재의 성질[自性])과 모양[自相]이 본래 없다[無]는 것, 공하다는 것을 알지 못하거나 또는 거꾸로 알기[顚倒] 때문이다. 이것을 무명(無明) 또는 제일의에 대한 무지라고 부른다. 그리하여 선악의 업을 지어 태어나고 죽는 윤회를 되풀이하는 것이다. 우리가 이러한 사실을 자각하면 존재에 대한 의문, 사물의 진성(眞性)에 대한 의문을 품게 되며 그 해결 방법을 찾게 된다. 다시 말하자면 윤회에서 해탈할 수 있는 출구를 찾게 된다.

보살이란, 이러한 존재, 사물에 대한 의심을 해결하기 위해 깨달음[覺]을 추구하고 성취하여 모든 중생을 제도하고자 보리심을 발한[發心] 이타주의자이다. 보살에는 두 종류가 있다. 승단(僧團)에 출가하여 비구, 비구니가 되어 수행하는 '출가보살'과 사회에서 생활하면서 수행하는 '재가보살'인 남자 신도[淸信者; 우바새], 여자 신도(淸信女; 우바이)이다. 비구·비구니, 우바새·우바이를 승단에서는 사부대중(四部大衆)이라고 부른다.

보살이 부처의 무아법(無我法), 공법(空法)을 듣고 수행하여 견도(見道:『화엄경』보살도에서 견도는 10주의 첫 번째인 초발심주에 해당한다)에 이르러 사물의 진성(眞性), 제일의인 공성(空性)을 깨달으면 자신의 문제를 해결하고 생사해탈하여 윤회고를 여읜다. 하지만 보살의 목적은 이타(利他)에 있다. 최대의 이타 행위란 바로 부처의 무상정등각(아뇩다라삼먁삼보리)을 취하는 것이다. 이것이 보살이 견도[=初發心住]로부터 불지(佛地)에 이르러 아뇩다라삼먁삼보리를 성취하는 보살도의 여정이다.『반야경』은 보살이 이타행을 하는 원인을 부처와 수보리의 대화를 통해 다음과 같이 서술한다.

「수보리야, 만일 중생이 모든 법이 그 자체의 모양[自相]이 공함[空]을 안다면 보살마하살은 아뇩다라삼먁삼보리를 구하지 않을 것이며 또한 중생을 삼악도나 다섯 갈래를 왕래하는 생사[=윤회] 중에서 나오게 하지도 않을 것이다. 수보리야, 그러나 중생은 실로 모든 법이 그 자체의 성질[自性]이 공함을 알지 못하기 때문에 다섯 갈래의 생사에서 해탈[脫]을 얻지 못하는 것이다. 이 보살은 모든 부처로부터 모든 법의 자상(自相)이 공함을 듣고 생각을 일으켜[發意, 發心] 아뇩다라삼먁삼보리를 구한다.

수보리야, 모든 법은 범부가 집착하는 것과 같지 않다. 이 중생은 존재하지 않는 법[無所有法]에 대해 허망한 생각[妄想]에 거꾸러져 분별하고 법을 얻는다. 없는 중생에 중생이라는 상(相)을 가지며 없는 물질[또는 모양(色)]에 물질이라는 상, 없는 감각[受], 개념[想], 정신 요소[行], 의식[識]에 대해 수·상·행·식이라는 상을 갖는다. 계속해서 존재하지 않는 일체 유위법에 대해 전도된 허망한 생각을 갖고 몸[身], 언어[口], 뜻[意]으로 업의 인연을 짓는다. 그리하여 다섯 갈래의 생사를 왕래하면서 해탈을 얻지 못한다. 이 보살마하살이 반야바라밀을 수행할 때 일체의 착한 법이 내포된 반야바라밀 기운데에서 보살도를 행한다. 그리하여 아뇩다라삼먁삼보리를 얻는다. 아뇩다라삼먁삼보리를 얻고는 중생을 위해 네 가지 성스러운 진실[四聖諦] - 괴로움[苦], 그 원인[集], 괴로움의 멸함[苦滅], 괴로움의 소멸에 이르는 방법[苦滅道]을 열어 보이고 분별하여 설명한다.」

須菩提 若衆生知諸法自相空 菩薩摩訶薩不求阿褥多羅三邈三菩提 亦不拔衆生 於三惡道 至五道往來生死中 須菩提 以衆生實

不知諸法自性空故 不得脫五道生死 菩薩從諸佛所聞諸法自相空 發意求阿耨多羅三邈三菩提 須菩提 諸法不爾如凡夫所着 衆生於 無所有法中 顛倒妄想分別得法 無衆生有衆生相 無色有色相

受想行識有受想行識相 乃至一切有爲法 無所有中顛倒妄想 心 作身口意業因緣 來五道生死中不得脫 是菩薩摩訶薩行 般若 波羅蜜時 一切善法內般若波羅蜜中行菩薩道 阿耨多羅三邈三 菩提 得阿耨多羅三邈三菩提己 爲衆生說四聖諦 苦集苦滅苦滅 道開示分別.

(『대품반야경』제84,「차별품(差別品)」권26, 411하19-142상5.)

범부와 보살의 차이란 단지 모든 법이 그 자체의 성질과 모양 [性相)] 없는 공함[空]을 알고 모르는 것의 차이일 뿐이라고 『반야 경』은 몇 번이나 반복하여 설명한다. 범부가 공의 뜻[義]을 올바 르게 알아 올바른 견해[正見]를 확립하면 무상정등각(아뇩다라삼 먁삼보리)에 대해 물러나지 않는[不退] 믿음[信心], 불퇴의 보리심 (菩提心)을 갖게 되어 보살행을 하게 되는 것이다. 보살행이란 넓 은 의미에서 자기도 좋고[自利] 남도 좋게 하는[利他] 행위로, 가 지고 있는 재물을 남에게 베풀어 주고[財施] 알고 있는 지식과 지 혜를 남에게 가르쳐주는 것[法施]이다. 그러나 진정한 보살행이란 제법의 진성, 공성, 제일의를 깨닫고[我空, 法空] 집착이 없는 무주 상(無住相)에 의해 나오는 행위이다.

범부가 생사에서 자유롭게 되기 위해, 또는 범부지를 넘어 성인 이 되는 보살행을 하기 위해서나, 또는 부처의 구경각을 얻기 위해 서 제일 빠르고 쉬운 방법은 제법의 법성, 공성, 실상, 제일의에 대 한 가르침을 믿고[信], 이해하고[解], 수습하고[行], 증득하는[證]

일이다. 그러면 스스로 연기의 인과법칙을 이해할 수 있기 때문에 자신의 일을 해결할 수 있을 뿐만 아니라 자연적으로 타인의 일도 도와줄 수 있게 될 것이다. 그러기 위해서는 우리는 범부가 갖고 있는 고착관념을 타파해야 한다. 범부의 고착관념은 보고, 듣고, 아는 일체의 사물에 대한 '유상(有相)'이다. 모든 것을 '유상'으로 간주하기 때문에 모든 것을 거꾸로 본다. 이것이 중생사이다.『반야경』은 이러한 '유상, 실체'란 본래 없는 것이라고 반복, 반복하여 말한다.

「부처님이 수보리에게 말씀하셨다. 그와 같다. 그와 같다. 무성 법 중에는 행위[業]가 없으며 (업의) 과보(果報)가 없다. 수보리야, 범부 인간은 성인의 법에 들어가지 않아 모든 법의 성질[性]과 모양[相]이 없는 것을 알지 못한다. 거꾸러져[顚倒] 우치하기 때문에 모든 업의 인연을 일으킨다. … 범부 인간이 집착되어 일으키는 행위[業]의 처소[處]에는 털끝만치도 허용되는 실체라는 사물[實事]은 없다. 단지 (범부 인간은) 거꾸러져 있기 때문이다.」

佛告須菩提 如是如是 無性法中無業無果報 須菩提 凡夫人不入聖法 無知諸法無性相 倒愚癡故 起種種業因緣 […] 凡夫人所着起業處 無如毛髮許實事 但顚倒故.
(『대품반야경』제85,「칠유품(七譬品)」권26, 412하7-9 ; 하28-29.)

몸으로 행동하고 말하고 생각하는[身·口·意] 세 가지 업 중에서 제일 미세한 생각의 행위[心行]가 없기 때문에, 즉 마음이 무심이기 때문에 과보가 생기지 않는 것이다. 제일의제의 경지인 아녹다라삼먁삼보리의 마음은 생각이 없는 마음이기 때문에 중생에게 이익되는 결과만이 생기는 것이다. 마음으로 생각하는 행위[意業]로부터 입으로 말하고 몸으로 행동하기 때문에 마음, 생각[心], 뜻[意], 의식[識: 心, 意, 識은 모두 동의어]은 모든 번뇌와 업의 근본이다. 우리 범부가 전도된 마음만 바로 잡으면 중생의 문제는 해결된다. 범부는 제법을 거꾸로 보기 때문에 업을 일으켜 생사 윤회를 하는 것이다. 전도된 범부의 마음을 바로 잡도록 해 주는 것이 바로『반야경』의 반야바라밀의 수행, 공법(空法)의 수행이다.

② 세간과 출세간의 육바라밀

보살이 제법의 공성을 깨닫고 수행하는 육바라밀에는 집착할 것이 없다. 왜냐하면 '나[自己, 我]', '내 것[我所]'이라는 것은 '불가득(不可得)'임을 체득했기 때문에 자기라는 상(相)이나 생각[想], 바람 없이[無願] 이타행을 한다. 이것이 세속제에서 최상의 가치를 발휘하는 출세간적인 수행이다.『반야경』은 세속제에서 두 종류의 수행, 공성을 깨닫지 못하고 수행하는 범부 보살의 세간적인 육바라밀과 깨달은 보살의 출세간적인 수행을 다음과 같이 설명한다.

「사리불이 수보리에게 질문했다. "보살마하살이 육바라밀을 수행할 때 어떻게 보살도를 깨끗이 하는가?" 수보리가 말하기를 "세간적인 단나(=보시)바라밀이 있고 출세간적인 단나바라밀이 있다. 세간적이고 출세간적인 시라(=지계)바라밀, 찬제(=인욕)바라밀, 비리야(=정진)바라밀, 선나(=선정)바라밀, 반야(=지혜)바라밀이 있다." 사리불이 수보리에게 질문했다. "무엇이 세간적인 단나바라밀이며, 무엇이 출세간적인 단나바라밀인가?" 수보리가 말했다.

"보살마하살이 시주가 되어 사문, 바라문, 가난하여 비는 사람에게 베풀 때 필요한 음식, 음료, 의복, 침대, 의자, 집, 향과 꽃, 장식품, 의약품, 여러 가지 물건을 공급한다. 처자나 국토, 머리, 눈, 팔과 다리 등등 내적과 외적인 물건을 공급하여 준다. 그가 보시를 할 때 이렇게 생각한다. '나는 주고 저 사람은 받는다. 나는 인색하지 않고 시주가 되어 모든 것을 버리며, 나는 부처님의 가르침을 따라 보시하여 단나바라밀을 수행한다.' 이렇게 생각한 후에 '얻은 법은 모든 중생과 함께 아뇩다라삼먁삼보리 회향에 사용할 것이다'고 생각하고 '이 보시의 인연으로 중생으로 하여금 금생에 행복을 얻고 후생에 열반에 들어가는 행복을 얻게 하소서'라고 말한다.

이런 자의 보시에는 세 가지 장애가 있다. 무엇이 세 가지인가? 나[我]라는 상, 타인[他]이라는 상, 주는[施] 상이다. 이 세 가지 상에 집착하는 보시를 세간적인 단나(=보시)바라밀이라고 한다. 무슨 인연으로 '세간(世間)'이라고 하는가? 세간에서 활동할 수 없고 세간에서 나올 수 없기 때문에 이것을 세간적인 단나바라밀이라고 부른다.

무엇을 출세간적인 단나바라밀이라고 하는가? 이를테면 세 가지가 청정한 것이다. 무엇이 세 가지인가? 보살마하살이 보시를 할 때 자기[我]가 없으며[不可得], 받는 자[受者]를 보지 않고, 주는 물건[施物]이 없으며 또한 과보를 원하지 않는다. 이것이 보살마하살의 세 가지가 청정한 단나바라밀이다. 사리불이여, 또한 보살마하살이 보시를 할 때 일체중생에게 베풀어 주지만 중생은 또한 존재하지 않는다[不可得]. 이 보시로써 아뇩다라삼먁삼보리에 회

향하건대 계속해서 미세한 법의 상도 보지 않는다. 이것을 출세간적인 단나바라밀이라고 한다. 왜 그런가? '출세간'이라고 부르는 것은 세간에서 활동할 수 있고 세간에서 나올 수 있기 때문에 출세간적인 단나바라밀이라고 부르는 것이다.

의지가 있는[有所依] 시라(=지계)바라밀은 세간적인 시라바라밀이라고 하고 의지가 없는[無所依] 시라바라밀은 출세간적인 시라바라밀이라고 한다. 찬제(=인욕)바라밀, 비리야(=정진)바라밀, 선나(=선정)바라밀, 반야바라밀이 의지가 있으면 세간적이라고 하고 의지가 없으면 출세간적인 것이다. 나머지도 단나바라밀에서 설명한 것과 같다. 사리불이여, 이와 같이 보살마하살이 육바라밀을 수행할 때 보살도를 청정하게 한다."」

舍利佛問須菩提 菩薩摩訶薩云何行六波羅蜜時淨菩薩道 須菩提言 有世間 檀那波羅蜜 出世間檀那波羅蜜 尸羅波羅蜜 燦提波羅蜜 毘梨耶波羅蜜 禪那波羅蜜 般若波羅蜜 有世間 出世間 舍利佛問須菩提 云何世間 檀那波羅蜜 云何出世間檀那波羅蜜 須菩提言 :若菩薩摩訶薩作施主 能施沙門 婆羅門 貧窮乞人 須食與食 須飲與飲 須衣與衣 臥具牀? 舍香華.瓔珞醫藥 種種所須資生之物 若妻子國土 頭目手足支節等 內外之物以給施 時作是念 '我與彼取 我不간貪 我爲施主 我能捨一切 我隨佛敎施 我行檀那波羅蜜.' 作是念己 用得法與一切衆生共之廻向 阿褥多羅三邈三菩提.' 念言 '是布施因緣令衆生得今世樂 當令得入涅槃樂.'

是人布施有三碍 何等三 我相 他相 施相 着是三相布施 是名世間檀那波羅蜜 因緣故名世間 於世間中不動不出 是名世間檀那波羅蜜 云何名出世間檀那波羅蜜 謂三分淸淨 何等三 菩薩摩訶薩

布施時 我不可得 不見受者 施物不可得 亦不望報 名菩薩摩訶薩
三分淸淨檀那波羅蜜 復次 舍利佛 菩薩摩訶薩布施時 施與一切衆
生 生亦不可得 以此布施廻向 阿耨多羅三邈三菩提 乃至不見微細
法相 是名出世間檀那波羅蜜 以故 名爲出世間 於世間中能動能出
是故名出世間檀那波羅蜜 尸羅波羅蜜有所依 名世間尸羅波羅蜜
無所依是爲出世間尸羅波羅蜜 燦提波羅蜜 毘梨耶波羅蜜 禪那波
羅蜜 若波羅蜜 有所依是名世間 無所依是爲出世間 餘亦如檀那波
羅蜜中說 如是舍利佛 薩摩訶薩行 六波羅蜜時淨菩薩道.

（『대품반야경』제26,「무생품(無生品)」권7, 272상29-하6.）

세간적인 육바라밀을 수행하는 범부 보살은 그 수행의 차이에
따라 위에서 설명한 것과 같이 인간 갈래의 복덕을 갖춘 자나 육욕
천, 색계, 무색계의 천상신의 과보를 받지만 출세간적인 육바라밀
로 공성, 불가득, 제일의(이 단어들은 동의어이다)를 깨달은 대보
살(보살마하살)은 세속제로 귀환하여 오로지 남을 위한 이타행을
할 뿐이다. 제일의제란 '무주(無住)'의 상태이기 때문에 진정으로
공성, 제일의를 깨달은 자는 세속제로의 귀환이 필연적인 것이다.
다시 『반야경』에서 설명한 이러한 대보살의 이타행을 살펴 보자.

「이 보살마하살은 모든 법은 취할 수 없는[不可取=不可得] 상
(相)임을 알고는 발심하여 아뇩다라삼먁삼보리를 구한다. 왜 그런
가? 모든 법은 취할 수 없는 상이며 근본이 있는 정해진 실체(實
體)가 아니다. (모든 법은) 꿈과 같고 변화와 같은 것이다. 취할 수
없는 상법(相法)을 사용하여 취할 수 없는 상법을 얻을 수 없다. 단
지 중생은 이러한 제법의 상을 알지 못하기 때문에 이 보살마하살

은 이러한 중생을 위하여 아뇩다라삼먁삼보리를 구하는 것이다. 이 보살은 처음으로 발심한 이래 모든 중생을 위해 보시하고 계속해서 모든 중생을 위해 지혜를 닦는 것이지 자기를 위한 것이 아니다. 보살마하살은 다른 일을 위한 것이 아니고 단지 모든 중생을 위하여 아뇩다라삼먁삼보리를 구하는 것이다.

이 보살은 반야바라밀을 수행할 때 중생을 중생이 없이 보되 단지 (중생처럼) 중생이라는 상[衆生相]에 머문다. 계속해서 아는 자[知者]나 보는 자[見者]가 없으되 (중생처럼) 아는 상[知相]이나 보는 상[見相]에 머물러 중생으로 하여금 전도(顚倒)된 (相을) 여의게 하고 난 후에 감로성[=空性]에 머물게 한다. 이 (감로성=空性)에는 허망한 생각[妄想]이 없다. (망상이란) 소위 중생이라는 상이며 계속해서 아는 자라는 상[知者相], 보는 자라는 상[見者相]이다. 그때에 보살은 움직이는 마음, 생각하는 마음, 희론하는 마음이 모두 없어진다.」

是菩薩摩訶薩知一切法是不可取相己 發心求阿褥多羅三邈三菩提 何以故 一切法不可取相 本定實 如夢乃至如化 用不可取相法不能得 不可取相法 衆生不知不見如是諸法相.是菩薩摩訶薩爲是衆生故 求阿褥多羅三邈三菩提 菩薩從初發意己來 有布施 爲一切衆生故 乃至有所修智慧 皆爲一切衆生 不爲己身 薩摩訶薩不爲餘事故 阿褥多羅三邈三菩提 但爲一切衆生故 是菩薩行般若波羅蜜時 衆生無衆生 但衆生相中住 至無知者無見者 知見相中住令衆生遠離顚倒 離己置甘露性中住 是中無有妄想 所謂衆生相至知者見者相 是時菩薩動心念心戲論心皆捨.

(『대품반야경』 제86,「평등품(平等品)」권26, 14상29-중16.)

③ 반야바라밀과 공행(空行) 보살

반야바라밀의 수행이란 바로 공관(空觀)이다. 아상과 법상이 공함을 관하여 자신[我]과 일체법에 대한 집착을 놓아 버리는 것이다. 그러면 어떻게 '아(我)'와 '법(法)'의 '공함'을 보기[觀] 위해 어떻게 '공'을 수습할 것인가?『반야경』은 이러한 공을 연습하는 자를 '공행(空行)' 보살이라고 부른다. 이러한 자는 속히 아뇩다라삼먁삼보리를 성취하여 수없는 중생을 제도한다고 한다.『반야경』에서 부처와 사리불의 대화를 통해 공행 보살의 공덕을 살펴 보자.

「사리불이여, 공(空)을 수행하는 보살마하살은 성문이나 벽지불지에 떨어지지 않고 불토를 청정하게 하여 중생을 성취시키며 속히 아뇩다라삼먁삼보리를 얻는다. 사리불이여, 모든 합당한 (수행) 중에서 반야바라밀에 합치[相應]하는 것이 최고로 제일이며 높고 수승하며 묘한 것이고 더 높은 것은 없다. 왜 그런가? 이 보살마하살이 수행하는 반야바라밀은 이를테면 공(空), 상이 없음[無相], 바람이 없음[無願]에 합치하기 때문이다. 알거라. 이 보살은 수기(受記)를 받은 것과 다름이 없거나 수기에 가까운 것이다. 사리불이여, 이와 같이 (空에) 합치하는 보살마하살은 한량없고 수없는(아승지=무수한) 중생을 이익되게 하는 것이다. 이 보살마하살은 이렇게 생각하지 않는다. '나는 반야바라밀과 상응한다. 모든 부처가 나에게 수기를 줄 것이다. 나는 수기에 가까워질 것이다. 나는 불국토를 청정하게 할 것이다. 나는 아뇩다라삼먁삼보리를 얻을 것이며 법륜을 굴릴 것이다.' 왜 그런가?

이 보살마하살은 법성(法性)에서 나오는 자의 법이 있음을 보지 않는다. 또한 반야바라밀의 수행이라는 법이 있음을 보지 않으며 제불의 수기라는 법이 있음을 보지 않는다. 또한 아뇩다라삼먁삼보리를 얻는 법이 있음을 보지 않는다. 왜 그런가? 보살마하살이 반야바라밀을 수행할 때 자기라는 상[我相], 중생이라는 상[衆生相], 계속해서 아는 자라는 상[知者相], 보는 자라는 상[見者相]을 내지 않는다. 왜 그런가? 중생이란 필경에는 생함이 없고[不生], 멸함이 없기[不滅] 때문이다. 중생은 태어남[生]이 없고 멸함[滅=死]이 없다. 만일 법이 생기는 상[生相]이 없다면 소멸하는 상[滅相]도 없다. 어떤 법이 있어 반야바라밀을 수행할 것인가?

사리불이여, 이와 같이 보살마하살은 중생을 보지 않기 때문에 반야바라밀을 수행하는 것이다. 왜냐하면 중생은 받지 않기 때문에, 공하기 때문에, 불가득이기 때문에, 떨어져 있기 때문에 반야바라밀을 수행하는 것이다. 사리불이여, 보살마하살의 모든 합당한 수행 중에서 최고로 제일 합당한 수행이 이를 테면 '공'에 합치하는 것이 다른 합당한 수행보다 수승하다. 이와 같이 '공'을 수습하는 보살마하살은 큰 자애로움[大慈]과 큰 연민[大悲]이 생긴다. 이와 같이 합당한 (수행)을 연습하는 보살마하살은 인색한 마음이 생기지 않고, 계율을 범하는 마음, 성내는 마음, 게으른 마음, 산란한 마음, 지혜가 없는 마음이 생기지 않는다.

舍利佛 空行菩薩摩訶薩 不墮聲聞辟支佛地 能淨佛土 成就衆生 疾得 阿褥多羅三邈三菩提 舍利佛 諸相應中 般若波羅蜜相應 爲最第一 最尊最勝最妙 爲無有上 故 是菩薩摩訶薩行般若波羅蜜相應 所謂空無相無作故 當知是菩薩如受記無異 若近受記 利佛 菩薩摩訶薩如是相應者 能爲無量 阿僧祇衆生作益厚 是菩薩摩訶薩不作是念 與般若波羅蜜相應 諸佛當我受記 我當近受記

我當淨佛土 我當得阿耨多羅三邈三菩提 轉法輪 何以故 是菩薩
摩訶薩不見有法出法性者 亦不見有法行般若波羅蜜 不見有法諸
佛受記 亦不見有法 得阿耨多羅三邈三菩提 何以故 菩薩摩訶薩
行般若波羅蜜時 生我相 衆生相 乃至知者見者相 何以故 衆生畢
竟不生不滅故 衆生無有生無有滅 法無有生相 無有滅相 云何有
法當行般若波羅蜜 如是舍利佛 菩薩摩訶薩 不見衆生故 行般若
波羅蜜 衆生不受故 衆生空故 衆生不可得故 衆生離故 爲行般若
波羅蜜 舍利佛 薩摩訶薩於諸相應中 最第一相應 所謂空相應勝
餘相應 菩薩摩訶薩如是習空 能生大慈大悲 薩摩訶薩 如是習相
應 不生간貪心 不生犯戒心 不生瞋心 不生懈怠心 不生亂心 生無
智心.

(『대품반야경』 제3, 「습응품(習應品)」 권1 224하18-225상17.)

우리가 '공'을 연습하면 세 가지 근본 번뇌인 탐·진·치 3독이
없어지기 때문에 보시바라밀의 반대인 간탐심, 지계바라밀의 반
대인 계율을 범하는 마음, 인욕바라밀의 반대인 성내는 마음, 정진
바라밀의 반대인 게으른 마음, 선정바라밀의 반대인 산란한 마음,
반야바라밀의 반대인 지혜가 없는 마음은 저절로 생기지 않는다.
그리하여 육바라밀을 자연적으로 수습하게 된다.

제법의 공성인 제일의를 깨달으면 자신의 생사해탈을 성취할
뿐만 아니라 거기에 머물지 않는다. 더 나아가 일체중생을 제도하
기 위한 부처의 대지(大智)와 대비(大悲)의 양족(兩足)이 완전히
갖추어진 구경각인 아뇩다라삼먁삼보리(무상정등각)의 마음이 더
욱 일어나게 된다. 그러면 부처의 구경각인 아뇩다라삼먁삼보리
란 무엇인가?

『반야경』은 아뇩다라삼먁삼보리를 실재론, 본체론적인 입장에서 정의하기를 모든 법의 자체적인 성질[自性]과 모양[自相]이 본래 없는 것[無], 공한 것[空]이라고 설명한다. 중생이란 단지 그것을 알지 못하고 보지 못하기 때문에 그것을 일깨워주는 보살의 존재가 요구되는 것이다.

「세존이시여, 무엇이 제법의 있는 그대로의 진실한 상[如實相]입니까? 부처님이 말씀하시기를, "모든 법의 공함[諸法空]을 보는 것이다[觀]." "세존이시여, 무엇이 공관(空觀)입니까?" 부처님이 말씀하시기를, "자체의 상이 공함[自相空]을 (보는 것이다.) 이 보살은 이와 같은 지혜를 사용하여 모든 법의 공함을 보고 볼 수 있는 법의 성질[法性]이 없다(는 것을 깨닫는다. 그리고) 이 (없는) 성(性=無性) 중에서 아뇩다라삼먁삼보리를 얻는다. 왜 그런가? (자체의) 성질[自性]과 모양[自相]이 없는 것[無]이 아뇩다라삼먁삼보리이다.

(無性相])은 제불에 의해 만들어진 것이 아니고, 벽지불에 의해 만들어진 것도 아니며, 아라한에 의해 만들어진 것도 아니고, 또한 (四果의) 후보자에 의해 만들어진 것도 아니고, 또한 보살에 의해 만들어진 것도 아니다. 단지 중생이란 제법의 상에 대해 있는 그대로의 상을 알지도 못하고 보지도 못한다. 이러한 사건 때문에 반야바라밀을 수행하는 보살마하살은 방편의 힘을 사용하여 중생을 위해 설법하는 것이다."」

世尊 云何諸法如實相 佛言 觀諸法空 世尊 云何空觀 佛言 自相空 菩薩用如是智慧.觀一切法空 無法性可見 是性中得阿褥多

羅三邈三菩提 何以故 性相是阿耨多羅三邈三菩提 非諸佛所作
非僻支佛所作 亦非阿羅漢所作 亦非向道人所作 非菩薩所作 但
衆生不知不見諸法相如實相 以是事故 菩薩摩訶薩行般若波羅蜜
以方便力故 衆生說法.

(『대품반야경』 제84, 「차별품(差別品)」 권26, 412중7-16.)

4. 견성(見性)을 위한 구체적인 활구참선법 [看話禪]

첫 번째 단계에서 지금까지 우리는 인도불교의 문헌, 경전과 논
서를 자료로 하여 불교 교리를 설명해 보았다. 인도에서 탄생한 불
교는 이슬람(=회교)이 인도를 침략한 10세기 후에 거의 사라졌다.
그러나 인도의 불교는 이미 중국, 티벳, 동남아시아에 퍼져 세계
적인 종교가 되었다. 그리하여 세 종류의 불교가 지리적, 문화적인
조건에 따라 재구성되었다. 동남아시아로 들어간 불교는 남방불
교, 초기불교로서 '소승(小乘)', 중국 문화권에 들어간 불교는 북방
불교로서 '대승(大乘)', 티벳 문화권에 들어간 불교는 밀교(密敎)로
서 '금강승(金剛乘)'이라고 불리운다. 그러나 '깨달음을 성취하여
모든 생명에게 이익을 준다[上求菩提 下化衆生]'는 근본 사상에서
보면 이 세 종류의 불교 목적은 동일하다.

문화적인 입장에서 인도문화권의 표현이 추상적이고 세부적이
라면 중국문화권은 구체적이고 종합적이다. 이것은 불교의 수용
에 있어서도 잘 나타난다. 인도불교의 2대 산맥이라 할 유식학(唯
識學)과 중관학(中觀學)에서 복잡다단하게 표현된 것들이 중국불
교의 선종(禪宗)에 의해 간단명료하게 설명됨을 주목할 수 있다.
특히 초기 선종의 선사(禪師)들의 말씀에는 인도 교학의 주요 개념

들이 단지 몇 개의 단어로 표현되어 있다. 유식학의 교리를 '일심(一心)'으로, 중관학의 교리를 '무심(無心), 무념(無念), 무상(無相)'으로 환치시켜 선수행의 좌우명을 삼은 것이다. 이 몇 개의 좌우명을 이해하고 수습하기 위해서는 충분한 인도불교 교학(敎學)의 훈련이 필요하다. 그렇지 않으면 선(禪) 수행에 오해(誤解)를 가져올 수 있다.

다음은 초기 선종의 선사, 육조 혜능(六祖 慧能) 선사와 그의 제자 황벽(黃蘗) 선사의 말씀과 한국불교의 선수행인 활구참선법(活句參禪法)을 소개한다.

우리는 위에서 중생공(=我空)과 법공(法空)이라는 제목으로 우리 범부가 알지도 못하고 보지도 못하는 부처가 출현하거나 말거나 평등상으로서 일체처, 일체시에 항상 상주(常住=法住)하는 일체 제법의 법성(法性), 공, 공성, 성공, 무성, 무아성, 무자성, 무자성성, 진여, 법계, 실제, 제일의 등등(이러한 용어는 모두 동의어이다)에 대해서 반야바라밀과 관계하여 살펴 보았다. 우리 범부 중생이 깨달은 선지식(善知識)의 가르침에 따라 이러한 상주의 법성을 이해하고 깨달으면 우리의 중생사인 생·로·병·사의 중생고(衆生苦), 끝없이 태어나고 죽는 육도윤회의 생사 문제는 해결되는 것이다.

우리는 첫 번째 단계에서 수선(修禪)에 있어 두 부류가 있음을 설명했다. 첫 부류는 우리의 몸과 마음을 평화로운 상태로 이끌어 생활에 도움을 주거나 인간 세계를 초월하여 색계나 무색계의 상태까지 도달할 수 있는 일반적인 명상, 선, 범부선(凡夫禪)이다. 두 번째 부류는 불교적인 특별한 수선으로 제법의 진성(眞性), 법성을 깨달음으로써 생사에서 해탈할 수 있는 여래선, 조사선(祖師

禪)이다. 한문 문화권의 선종(=禪家, 禪門)에서는 이것을 '견성(見性: 性을 본다), 성불(成佛: 覺, 부처를 이룬다)'로 표현한다. 여기서 '성(性)'이란 위에서 열거한 제법의 진성, 법성, 부처와 중생의 근본 성질[本性]인 불성(佛性) 등등을 의미한다.

불교의 계율[戒], 선정[定], 지혜[慧]의 3학(三學) 중에서 선정(禪定), 다시 말하자면 육바라밀 중에서 선정바라밀은 불교의 목적인 생사해탈을 실현할 수 있는 구체적인 수행 방법이다. 그러므로 선정의 수습(修禪) 없이 올바르게 부처[佛陀]나 선지식의 진정한 의도를 따를 수 없는 것이다. 부처의 말씀을 전하는 경전(經典)을 배우는 것이 교학(敎學)이라면 부처의 마음을 배우는 것은 선학(禪學)이다. 부처의 마음이 바로 선(禪)이기 때문에 수선함으로써 부처의 마음과 같이 되는 것이다. 그러므로 언어[敎]에서 마음으로 들어가는 선을 올바르고 철저하게 배우기 위해서는 언어를 잊어버려야 한다. 이것을 '사교입선 (捨敎入禪)'이라고 한다. 왜냐하면 듣고 읽어서 아는 지혜[聞慧]나 철학적인 지혜[思慧]가 아닌 선정의 수습으로 얻은 지혜(修慧)가 없이는 생사해탈을 할 수 없기 때문이다. 그러므로 문혜와 사혜의 수습에 이어 수혜의 수습이 필요한 것이다.

1) 지(止, śamatha)와 관(觀, vipaśyanā)

불교적인 특별한 수선은 '관법(觀法)'이다. 다시 말하자면 법을 관함으로써 '선정의 수습으로 얻은 지혜'[修慧]를 생기게 하는 것이다. 이 '수혜'로 모든 번뇌, 부정적이거나 긍정적인 심적-정신직인 요소를 완전히 소멸할 수 있다. '관법'은 산스끄리트어로 'vipaśyanā(觀), 음역하여 비파사나'라고 한다. 비파사나는 동사

'vi-PAŚ : vi-paśyati, 자세히 보다'에서 나온 용어이다. 남방불교 또는 소승불교에서 수행하는 수선법을 '비파사나', 또는 빨리어로 '위빠사나'라고 부르며 한문문화권인 대승불교에서는 '관법'이라고 부른다. 남방불교의 비파사나 수선법은 '사념처' 관법으로 특히 몸의 고통스러운 감각[苦受]을 관찰[受念處]하고 마음의 무상(無常: 心念處), 오음법의 무아(無我: 法念處)를 관찰하여 번뇌를 소멸하고 4과 중 제일 수승한 아라한과를 얻는 것을 목표로 한다. 아라한과를 증득하면 무여열반에 들어가 다음 생애[後生]를 받지 않고 생사 윤회의 끝을 맺는다. 이것이 소승불교의 이상이다.

불교적인 특별한 수선(修禪)인 관법, '비파사나'의 수행에 앞서 마음을 조용하게 하는 'śamatha(사마타: 한역은 止)'의 연습이 필요하다. 일반적인 명상 또는 수선은 보통 이 '사마타'를 수행하는 것으로 그치고 만다. 이것을 불교의 선가(禪家)에서는 범부선 또는 외도선(外道禪)이라 부른다. 이 외도선으로서는 삼계의 꼭대기[有頂], 무색계의 최상인 '비유상비무상처(非有想非無想處)'까지는 도달할 수 있지만 올바른 관법을 할 수 없기 때문에 생사 윤회에서 해탈은 할 수 없다.(제3장 색계와 무색계, 그리고 범부, 성인의 길 참조할 것.) 그러나 불교적인 수선은 '사마타[止]'를 바탕으로 '비파사나[觀]'로 나아가 제법의 진성(眞性), 법성(法性)을 보고 깨닫는 것이 목적이다. 왜냐하면 법성을 보아야, 다시 말하자면 '견성(見性)'을 해야 불교의 목적인 생사해탈하여 부처의 구경각인 아뇩다라삼먁삼보리를 증득할 수 있기 때문이다. 그러므로 사마타[=止]와 비파사나[=觀]를 함께 수행[雙修]해야 불교적인 수선의 목적을 성취할 수 있다. 부처가 마지막으로 설한 『열반경』에서 마지막으로 주는 가르침이 바로 이 두 법, 사마타[=止]와 비파사나

[觀]의 수행이다. 내용은 다음과 같다.

　「부처님이 말씀하셨다. 선남자여, 너희들은 열심히 정진하여 두 법[二法]을 수습해라. 첫째는 사마타(奢摩他, śamatha), 두 번째는 비파사나(vipaśyanā, 毘婆舍那)이다. 착한 비구가 있어 만일 수다원과, 아나함과, 사다함과, 아라한과를 얻기를 원하면 또한 이와 같은 두 법을 수습해야 할 것이다.

　선남자여, 만일 비구가 사선, 사무량심, 육신통, 팔배사, 팔승처, 무쟁지, 정지, 필경지, 사무애지, 금강삼매진지, 무생지를 얻기를 원한다면 또한 이와 같은 두 법을 수습해야 할 것이다.

　선남자여, 만일 십주지, 무생법인, 무상법인, 불가사의법인, 성스러운 행, 깨끗한 행, 천상에 태어날 수 있는 행, 보살행, 허공삼매, 지인삼매, 공, 무상, 무작삼매, 지삼매, 불퇴삼매, 수능엄삼매, 금강삼매, 아뇩다라삼먁삼보리의 부처의 행을 얻기 원한다면 또한 이와 같은 두 법을 수습해야 할 것이다.」

　佛言 善男子 汝勤精進修習二法 一奢摩他 二毘婆舍那 善有比丘 欲得須陀洹果, 那含果, 斯陀含果, 阿羅漢果 亦當修習如是二法 若有比丘 欲得四禪, 四無量心, 六神通, 背捨, 八勝處, 無諍智, 頂智, 畢竟智, 四無碍智, 金剛三昧盡智, 無生智 亦當修習如是二法 欲得十住地, 無生法忍, 無相法忍, 不可思議法忍, 聖行, 梵行, 天行, 菩薩行, 虛空三昧, 忍三昧, 空, 無相, 無作三昧, 地三昧, 不退三昧, 首楞嚴三昧, 金剛三昧, 褥多羅三邈三菩提佛行 亦當修習如是二法.

（『대반열반경』 권36, 「교진여품」 제25, 846중5-17.)

대승불교에서 '관법'은 '관심(觀心)', '공관(空觀)', '진심관(眞心觀)' 등등으로 표현되는데 수선을 통해 진공묘유(眞空妙有)를 깨달음으로써 부처의 구경각을 이루어 끝없는 중생을 제도하는 것을 목표로 한다. 진공(眞空)은 제법의 공성을 깨닫는 것이고 묘유(妙有)는 제법의 연기를 보는 것이라고 표현할 수 있다. 한문 문화권인 선종(禪宗)에서는 교학을 거치지 않고 직접 선을 닦음으로써 '견성'해서 '생사해탈'하고 '성불'해서 널리 끝없는 중생을 제도하는 것[廣度衆生]을 목표로 한다. 1700년의 불교사를 가진 한국불교는 '견성'할 수 있는 수선법으로 '화두(話頭)' 또는 '공안(公案)'을 사용하여 닦는 '간화선[看話禪: 화두(話)를 보면서(看) 선(禪)을 닦는다.]'을 전통으로 이어오고 있다.

2) 생사 윤회와 한 생각[一心]

한 인생을 사는 가운데에 '죽음[死]'이라는 위험이 항상 따르지만, 우리는 그것을 거의 생각하지 않고 살고 있으며 죽음이 닥쳐와도 죽는 줄 모르고 살다가 죽는다. 우리가 병들거나 늙어서 죽을 때 어떻게 '괴로움의 진실[苦諦]'을 대면할 수 있을까? 어떤 인간들이 이 '생사(生死)'라는 문제에 대해 진지하게 생각하고 그 해결방법을 찾고 해결했을까? 인류 사상 그 대표적인 인물이 석가모니불과 조사(祖師)들이다. 그들은 생사 문제를 해결하고 대자유인이되어 그 방법을 후대에 전해 주었다. 이 선지식들의 덕분으로 불교문화권의 많은 인간들이 생사 문제를 해결했다. 이 생사 문제를 직접 스스로 체험하여 해결하는 것이 바로 불교의 수선법이다.

그러면 우리 인생의 '生[태어남]'이란 어떻게 생기는가? 이에 대해 앞의 제4장 12지 연기 중에서 11번째 지(支) '생(生)', 12번째

'노사(老死)'에서 설명했다. 생·노사의 원인은 첫 번째 지(支)인 '무명'에서 기인한다고 했다. '생'은 바로 무명심인 '생각, 마음[心]'에서 일어나는 것이다. 무명심이 삼계와 생사 윤회를 만드는 것이다. 이것을 『화엄경』에서는 "삼계에 존재하는 것은 단지 한 마음이다[三界所有 唯是一心]."(「십지품」) 또는 "모든 것은 단지 마음이 만든 것이다[一切唯心造]."(「야마천궁게찬품」)라고 설명한다. 그러므로 마음이 부처도 만들고 중생도 만드는 것이다. 이것을 『화엄경』은 "마음, 부처 그리고 중생, 이 셋은 차별이 없다[心佛及眾生 是三無差別]."고 한다. 이것을 인도불교 유식학파(唯識學派)에서는 '유식(唯識) 또는 유심(唯心)'이라고 부른다. 이 '일심(一心: 한 생각, 한 마음)'은 불교심리학의 정수이다. 불교심리학은 일체의 모든 법을 이 '일심'으로 축소시킨다.

우리는 제1장에서 오음(五陰=五蘊)에 대해 설명할 때 '번뇌'라고 부르는 부정적이거나 긍정적인 모든 마음, 심적 - 정신적 요소들을 알아보았다. 이 모든 부정적이거나 긍정적인 심적, 정신적 요소들이 구체화됨으로써 삼계 육도가 펼쳐지는 것이다. 부정적인 요소들은 그 강약의 수준에 따라 지옥·아귀·축생의 삼악도를 형성하고, 긍정적인 요소들은 인간·아수라·천상의 삼선도를 형성하는 것이다. 이것이 제2장, 3장의 주제였다.

불교심리학은 '행(行) 또는 제행(諸行)'이라고 하는 이 모든 심적-정신적 요소들이 세 층의 깊이를 이루는 6식(六識), 7식(七識, 말나식), 8식(八識, 아뢰야식)이라는 마음[心]에 기인함을 연구한다. 우리 범부의 제일 깊은 심층에 자리잡은 제8아뢰야식은 무명심으로, 이 제8식이 수선(修禪)에 의해 소멸되면 부처의 대원경지(大圓鏡智)가 나타난다.(부처의 四智에 대해서는 제1장 참조). 한

문문화권의 선종에서는 이것을 '견성성불(見性成佛)'로 표현한다. 유식학파의 종교적인 수행은 이것을 목표로 하며, 그 수행자를 '유가사(瑜伽師: 요가를 수행하는 스승)'라고 부른다.

우리는 바로 이 '마음' 또는 '생각'을 의지해서 선(禪)을 수행해야 한다. 성인이나 범부나 모든 존재가 갖고 있는 '마음, 생각'이란 시작도 끝도 없는 묘한 물건으로 '한 생각'이 일어나면 꼬리를 물고 뭉게구름이 일어나듯 퍼져 나간다. 우리가 일상생활에서 경험하면 알듯이 생각은 아침부터 저녁까지 꿈에서도 끝없이 일어난다. 좋은 생각, 나쁜 생각, 좋지도 나쁘지도 않은 이런 저런 생각, 생각은 결코 우리를 떠나지 않는다. 생각은 몸의 부분처럼 잡을 수도 없고 모양도 없으며 나온 곳도 간 곳도 알 수가 없다, 우리는 잡을 수도 없는 이러한 생각들이 어디에 있는가라고 가끔 자문하기도 한다. 어떤 자는 이것을 '자아, 영혼, 정신' 등으로 명명하면서 두뇌에, 혹은 심장에, 어느 곳에 실제로 있다고 상상한다.

중국 선종에서는 우리의 이 한 생각, 일심을 깨닫는 것을 수선(修禪)의 목적으로 삼았다. 중생의 마음도 그 근원은 부처와 같은 것이다. 그러나 이 마음이 표면화 될 때(또는 현상, 외부로 나타날 때) 중생은 생사 윤회를 일으키는 어두운 '무명심'을 일으키고, 부처는 이 무명심을 깨쳐 어둠이 없는 '무심'이 된다. 중국 선종의 황벽희운(黃檗希運, ?-855) 선사는 '일심'에 대해 다음과 같이 설명한다.

「단지 이 '한 마음[一心]'뿐이다. 다시 티끌만큼도 얻을 수 있는 법은 없다. 바로 마음이 부처다. 지금 도를 배우는 사람이 이 마음의 근원[體]을 깨닫지 못하고 마음 위에 마음을 내어 밖을 향해 부처를 구한다. 모양[相]에 집착하여 수행하는 것은 모두 좋지 않은 법으로 그것은 보리[=覺]를 성취하는 길[道]이 아니다.」

唯此一心 更無微塵許法可得 卽心是佛 如今學道人 不悟此心體 便於心上生心 向外求佛 着相修行 皆是惡法 非菩提道.

「단지 일심을 깨달으면 다시 조금도 얻을 법이 없다. 바로 이것이 참된 부처다. 부처와 중생에 있어 일심은 다름이 없다.」

但悟一心 更無少法可得 此卽眞佛 佛與衆生一心不異.

「이 마음은 바로 무심의 마음이며, 모든 상을 떠난 것으로 중생과 제불은 다시 차별이 없는 것이다.」

此心卽無心之心 離一切相 衆生諸佛更無差別.
　　　　　　　　　　　　　　　(황벽선사, 「전심법요(傳心法要)」)

3) 교외별전(敎外別傳)과 무심(無心)

선종의 가르침은 '교외별전(敎外別傳: 교학을 떠나 따로 전함)' 또는 '불립문자(不立文字: 문자를 세우지 않음)'라고 하여, 부처의 가르침을 설명한 경전에 의지하지 않고 직접 깨달은 선지식의 가르침에 의해 우리 마음의 근원을 깨달아[直指人心] 생사해탈하는 견성법(見性法)을 가르친다. 그리하여 직접 선지식의 가르침에 따라 수선을 통한 지혜로 끝없는 생각[=人心], 번뇌, 망상, 망심의 근원을 통찰하면[=見性] 무념, 무심(또는 眞心)의 상태에 도달할 수 있다. 교외별전을 처음으로 전한 이는 인도에서 온 중국 선종의 초조인 보리달마(菩提達磨: 入中國 527-536)이다. 그는 중국 소림사에서 9년 동안 면벽(面壁) 수행하다가 자신의 법을 제2조 혜가(慧可, ?-?)에게 전해 주었다. 그리하여 선종의 가르침은 제3조 승찬(僧燦, ?-606)→ 제4조 도신(道信, 580-651)→ 제5조 홍인(弘忍, 602-675)을 거쳐 제6조 혜능(慧能, 638-713)에 이르러 번성기를 이루었다. 한국 선종도 그의 가르침에 기인한다. 육조 혜능의 대표적인 가르침을 보자.

「이 법을 깨닫는 것이란 반야(般若)법이며, 이 법을 수행함이란 반야를 수행하는 것이다. 수행하지 않으면 바로 범부요, 한 생각 수행하면 스스로 부처와 같다. 선지식이여, 범부가 바로 부처며 번뇌가 바로 보리(菩提=覺)이다. 전 생각이 어두우면 바로 범부요, 다음 생각이 깨달은 즉 바로 부처다. 전 생각이 경계에 집착하면 바로 번뇌요, 다음 생각이 경계를 떠난 즉 바로 보리이다.

선지식이여, 마하반야바라밀은 최고로 귀하고 높으며 제일로서 주함이 없고 감이 없으며 또한 오는 것도 없다. 삼세의 모든 부처가 거기서 나오는 것이다. 큰 지혜[大智慧]를 사용하여 다섯 더미[五蘊=五陰]의 쓸데없는 티끌 번뇌를 타파하여 여실히 이 법을 수행하면 결정코 불도(佛道=아뇩다라삼먁삼보리)를 성취하며, (탐·진·치) 세 가지 독(毒)이 계(戒)·정(定)·혜(慧)로 변한다.

선지식이여, 나의 법문은 한 반야에서 팔만사천의 지혜가 생긴다. 왜 그런가? 세상 사람들이 팔만사천의 지혜를 가지고 있기 때문이다. 만일 쓸데없는 티끌[번뇌]이 없으면 지혜가 항상 나타난다. 자기의 성질을 떠나지 않고 이 법을 깨닫는 자는 바로 생각이 없고[無念] 후회가 없고[無憶] 집착이 없어[無着] 헛된 망상이 일어나지 않는다. 자기의 본래 가지고 있는 성질[眞如性]을 이용하여 지혜로 비추어 보아 모든 법에 대해 취하지도 않고 버리지도 않으면 바로 '견성(見性)'하여 불도(=아뇩다라삼먁삼보리)를 성취하는 것이다.」

悟此法者 是般若法 修此行者 是般若行 不修卽凡 一念修行 自身等佛 善知識 凡夫卽佛 煩惱卽菩提 前念迷卽凡夫 後念悟卽佛 前念着境卽煩惱 後念離境卽菩提

善知識 摩訶般若波羅蜜最尊最上最第一 無住無往亦無來 三世諸佛從中出 當用大智慧 打破五蘊煩惱塵勞 如此修行 定成佛道 變三毒爲戒定慧 善知識 我此法門 從一般若生八萬四千智慧 何以故 爲世人有八萬四千智慧 若無塵勞 智慧常現 不離自性 悟此法者 卽時無念無憶無着 不起狂妄 用自眞如性 以智慧觀照 於一切法 不取不捨 卽時見性成佛道.

(『법보단경(法寶檀經)』「반야품」)

혜능 선사의 법을 이은 황벽 선사는 이 '법(法)'과 '심(心)', '불(佛)'에 대해 다음과 같이 말한다.

「이 법이 바로 마음이다. 마음 밖에 법은 없으며 이 마음이 바로 법이다. 법 밖에 마음은 없다. 마음은 스스로 무심이며 또한 무심한 자도 없다. 마음을 써서 무심이 되면 마음은 물러가 침묵과 계합할 뿐이라 모든 생각이 끊어진다. 그래서 "언어의 길이 끊어지고 마음이 작용하는 영역이 사라진다."고 말한다.

이 마음의 본래 근원은 청정한 부처로서 모든 인간이 가지고 있다. 움직이는 생명이 있는 것은 모든 부처와 보살과 한 근본[體]으로 다르지 않다. 그것이 망상과 분별이 되어 여러 가지 업의 과보를 만드는 것이다.」

此法卽心 心外無法 此心卽法 法外無心 心自無心 亦無無心者 將心無心 心却成 默契而已 絶諸思議 故曰 '言語道斷 心行處滅' 此心是本源淸淨佛 人皆有之 蠢動含靈 與諸佛菩薩 一體不異 祇 爲妄想分別 造種種業果.

「도를 배우는 사람이 단번에 무심하여 침묵과 계합할 뿐이다. 마음으로 헤아린 즉 어긋난다. 마음으로 마음을 전하는 것, 이것이 올바른 견해[正見]이다.」

學道人直下無心 默契而已 擬心卽差 以心傳心 此爲正見.

본래 일체의 모든 법은 없다. (일체법을) 여읜 것이 바로 이 법이며 (일체법을) 여읠 줄 아는 자가 부처다. 단지 일체의 모든 번뇌를 여위어라. 얻을 수 있는 법은 없다. 생각 생각에 '무상(無相)'이며 생각 생각에 '무위(無爲)'가 바로 부처다.

本無一切法 離卽是法 知離者是佛 但離一切煩惱 是無法可得 念念無相 念念無爲卽是佛.

(황벽 선사의 「전심법요(傳心法要)」)

우리의 마음[人心], 즉 쓸데없는, 허망한, 헛된 생각, 마음[妄想, 妄心, 客塵, 塵勞, 有漏, 부정적이나 긍정적인 심적-정신적 요소, 이러한 단어들은 모두 번뇌의 동의어이다]이 '무심(無心)'이 될 때, 지혜와 자비로 빛나는 불·보살, 성인, 조사, 도인의 마음이 되는 것이다. 선가(禪家=禪門)에서는 이 '무심도인(無心道人)'을 가장 이상적인 인물로 본다. 황벽 선사는 오도(悟道)한 무심자와 모든 것을 추구하는 범부를 다음과 같이 설명한다.

「시방의 모든 부처를 공양하는 것이 한 '무심도인'을 공양하는 것만 못하다. 왜 그런가? 무심자란 일체의 마음이 없는 것이다. (그의 마음은) 그대로 진여의 체(體)로서 안으로는 나무나 돌같이 움직임이 없고 산란함이 없으며 밖으로는 허공과 같이 막힘이 없고 걸림이 없다. 주관과 객관이 없으며 방향이나 장소가 없고 상(相)이나 모양이 없으며 얻음과 잃음이 없다. 추구하는 자는 감히 이 법에 들어오지 못한다. 머무를 곳이 없는 '공(空)'에 떨어질까 무서워 주변을 바라보며 물러서 모두가 줄줄이 널리 '견해'[知見]를 구한다. 그렇기 때문에 견해를 구하는 자는 소털과 같이 (많고) 도를 깨달은 자는 소뿔과 같이 (적다.) 문수보살은 '이치[理]'를 가리키고 보현보살은 '행(行)'을 가리킨다. 이치란 걸림없는 '진공(眞空)'의 이치이며, 행이란 상(相)이 없는 다함이 없는[無盡] 행을 가리킨다.

供養十方諸佛 不如供養一個無心道人 何以故 無心者 無一切心也 如如之體 內如木石不動不搖 外如虛空 不塞不碍 無能所 無方所 無相貌 無得失 趨者 不敢入此法 恐落空無捿泊處 故望涯而退 列皆廣求知見 所以求知見者如毛 悟道者如角 文殊當理 普賢

當行 理者 眞空無碍之理 行者 離相無盡之行.

(황벽 선사의 「전심법요」)

우리의 마음 자체의 성질이 스스로 '무심'(『반야경』에서는 '性空'으로 표현)이기 때문에 무심이 되기 위해서는, 외부로 경계를 따라 추구하고 집착하는 마음을 내부를 향해 깊이 집중해서 무심과 계합해야 한다. 이것을 '견성, 성불, 각, 제일의' 등으로 표현하고, 이것을 성취한 자를 '성인, 각자(覺者), 아라한, 벽지불, 보살, 부처, 무심도인' 등으로 표현하는 것이다. 황벽 선사는 이것을 성취하는 간단하고도 어려운 방법에 대해 다음과 같이 말한다.

「도를 배우는 사람이 중요한 비결을 알고자 한다면 단지 마음에 한 물건도 집착하지 말지어다.」

學道人若欲得知要決 但莫於心上着一物.

「단지 구하지도 않고 집착하지도 않는 것을 배울지어다. 구하지 않은 즉 마음이 일어나지 않고 집착하지 않은 즉 마음이 소멸하지 않는다. 불생불멸이 바로 부처다.」

唯學無求無着 無求卽心不生 無着卽心不滅 不生不滅卽是佛.

「단지 곧 바로 무심이 되면 (마음) 자체의 근본이 스스로 나타난다. 마치 큰 해가 허공에 떠오른 것처럼 시방에 두루 비추어 장애가 없다.」

但直下無心 本體自現 如大日輪昇於虛空 遍照十方無障碍.

(황벽 선사의 「전심법요」)

우리가 '견성'하여 '제일의제', '무심', '묵계(默契)'에 도달하여 성인, 무심도인, 부처 등등의 각자(覺者)가 되면 생사해탈하고 광도중생하여 일대사(一大事)를 성취한다. 그렇지 않는 한 우리는 성인도 아니고 부처도 아니고 무심도인도 아닌 모든 것을 추구하고 집착하는 범부일 뿐이다. 그러면 어떻게 외부로 추구하지도 않고 집착하지도 않는 무심도인(=부처)의 마음이 될 수 있을까?

간단히 말하자면 우리 마음[心], 의식에 쌓인 수많은 번뇌망상이라는 찌꺼기를 씻어내면 저절로 마음 자체의 근본[=無心 또는 眞心]이 나타난다. 왜냐하면 번뇌망상의 성질은 본래 그 근원, 근본이 없기 때문에[=性空] 지혜[=般若]의 광명을 비추면 저절로 사라지는 것이다. 이것을 '견성, 성불, 제일의제, 묵계' 등등으로 표현하는 것이다. 그런 이유로 지관(止觀=禪定)이라는 방편이 필요한 것이다.

한문 문화권의 불교, 교외별전의 중국 선종에서는 수행자[=學道人]의 능력[=根器)이 상근(上根)일 경우 선지식의 한마디 또는 경전의 한 구절로 직하(直下)에 무심이 되어 견성했다. 그 대표적인 본보기가 혜능 선사의 경우이다. 그는 금강경의 한 구절, "머무름이 없이 그 마음을 낼지어다[應無所住 而生其心]."를 듣고 바로 무심이 되어 크게 깨달았다[大悟]. 중국 선종사에서 이러한 경우는 허다하다.

그렇지 않을 경우, 위에서 인용한 『열반경』에서 부처가 설명한 '지(止, śamatha) 관(觀, vipaśyanā)'의 수선의 방편을 써야 한다.

다양한 수선법 중에서 가장 효과적이고 직접적인 방법이 현재 한국불교에 유일하게 전해오는 간화선(看話禪)의 '활구참선법(活句參禪法)'이다. 간화선의 유래는 이러하다.

혜능의 제자 남악회양(南嶽懷讓, 677-744) 선사는 혜능과의 대화에서, "어떤 물건이 이렇게 왔는고?"[是甚麽物 伊麽來]란 물음에 대답을 못하고 꽉 막혔다. 회양은 이 언구를 8년 동안이나 참구하여[=參禪] 깨닫고 혜능에게 가서 답했다.

"한 물건이라고 해도 맞지 않습니다.[說似一物卽不中]"

그러자 혜능이 다시 물었다.

"다시 닦아 증득할 것이 있느냐?[還可修證否]"

그가 대답하기를, "닦아 증득할 것이 없지는 않으나 오염(汚染=번뇌망상)은 없습니다.[修證卽不無 汚染卽不得]"

"이 불오염(不汚染: 번뇌에 물들지 않는다)이라는 것은 모든 부처가 호념하는 바이다. 너도 이미 그렇고 나도 또한 그렇다.[祇此不汚染 是諸佛之護念 汝旣如是 吾亦如是]"

회양은 이로써 혜능의 인가(印可)를 받고 뒷날 선종의 제7조가 되었다.

위 대화에서의 '시심마물(是甚麽物)'이 한국 선문에서 견성하기 위해 수행하는 간화선, 즉 활구참선법의 화두 '시심마(=이것이 무엇인가, 이 뭣꼬)'의 근원이다.

다음은 활구참선법의 수행을 소개한다.

(※ 이 설명은 만공(滿空) 선사의 법맥을 이으신 전강(田岡) 선사(1898-1974)가 후학을 위해 남기신 육성 테이프의 법문을 참조했다.)

4) 활구참선법(活句參禪法)의 수행

교외별전 불립문자를 지향하는 한국 선문에서는 '견성(見性)'하여 생사해탈하는 방법으로 중국 역대 조사들이 사용한 '공안(公案=話頭)'을 참구(參究)하는 선을 수행한다. 이것을 '간화선(看話禪)' 또는 간단히 '참선(參禪)'이라고 부른다. '화두 공안'은 지혜의 광명을 뿜어내는 도구라고 말할 수 있다. 지혜의 광명이 번뇌의 마음을 비추면 번뇌망상은 저절로 사라진다. '쓸데없는 헛된 생각[妄想]', '헛된 마음[妄心=妄念]', '오염된 생각[汚染]'이라고 부르는 모든 번뇌의 마음을 화두를 참구함으로써 모두 소멸하여 '무심'의 경지에 이르면, 이것이 선문에서 말하는 '견성성불'이며 '생사해탈'로서 참선의 최종 목적이다.

한국 선문에는 결제(結制)와 해제(解制)라는 규칙이 있다. 출가한 수선자(修禪者: 首座라고 부름)인 비구·비구니 스님들은 하안거(夏安居: 음력 4월 15일-7월 15일)와 동안거(冬安居: 음력 10월 15일-다음해 1월 15일) 기간에 선방(禪房)에서 규칙적으로 수행할 수 있다. 하지만 사회 생활을 하는 재가신도는 가정에서 일정한 시간을 정해 놓고 꾸준히 하는 것이 바람직하다.

참선의 수행은 '견성성불 생사해탈'이라는 최종의 목적에는 이르지 못하더라도 우리 인생사에 많은 도움을 준다. 우선 참선하는 자의 부정적인 심적 요소, 예를 들면 성내는 마음, 질투하는 마음, 불안한 마음, 무력한 마음 등등이 교정되어 긍정적이고 적극적이며 지혜로운 마음의 자세로 바뀐다. 그리하여 타인과 교제가 개선되어 가정이나 사회에서 지혜롭고 즐겁게 일할 수 있다. 신체적으로는 심장병, 고혈압, 당뇨, 암 등등의 세기의 악질(惡疾)과 질병을 예방할 수 있다. 마음이 지혜롭고 긍정적으로 되기 때문에 자신이

원하는 것을 성취할 수 있으며 타인을 도와줄 수 있다.

또한 우리 범부의 일생에 동반하는 다섯 가지 두려움[五怖畏]을 예방할 수 있다. 다섯 가지 두려움이란 ① 생활수단에 대한 두려움[不活畏]이다. 우리는 충분한 의식주(衣食住)를 소유하지 못할까, 직장에서 해고 당할까, 사업이 안될까 등등에 불안해 하고 두려워한다. ② 남에게 비판 받는 두려움[惡名畏]이다. 우리는 자기 자신의 명예, 가족의 명예가 타인에 의해 훼손됨을 두려워한다. ③ 죽는 두려움[死畏]으로, 우리는 죽기를 싫어하고 죽을 때 고통을 받을까 두려워한다. ④ 우리는 일생동안 좋지 않은 행[惡業]을 의식적으로나 무의식적으로 행하기 때문에, 죽고 난 후 지옥에 떨어질까 두려워한다[墮惡道畏]. 특히 천당과 지옥을 강조하는 일신교를 신앙하는 자는 더욱 그러하다. ⑤ 우리는 많은 대중 앞에 서면 자신도 모르게 두려운 생각이 난다[大衆威德畏]. 참선 수행을 하면 업의 장애가 소멸되기 때문에 이러한 불안과 공포가 감소되거나 없어진다. 이러한 다섯 가지 두려움이 없는 것[無畏]이 초지(初地) 보살의 특징이다.

참선을 수행하기 위해서는 우선 선지식으로부터 화두를 받아야 한다. 인연 있는 견성한 선지식을 찾아가 화두를 받아 참선하되 역대 조사, 선지식처럼 되기 위해 생사해탈, 견성성불의 서원을 일으켜야 한다. 화두(=공안)는 보통 근본적인 화두인 '이 무엇꼬, 시심마'를 사용하지만 그 외에 중국의 선사, 특히 조주(趙州) 선사가 쓴 '무(無)', '정전백수자(廷前柏樹子: 뜰 앞에 잣나무)', '마삼근(麻三斤)', '판치생모(板齒生毛: 판데기 이빨에 털났다)' 등을 비롯해 1700종류가 있다.

참선을 하기 위해서는 자세를 갖추어야 한다. 앉아서 하는 좌선(坐禪)의 자세는 앞의 제1장에서 설명한 것과 같이, 방석 위에서 오른발은 왼발 위에 놓고 반가부좌를 한다. 등을 곧추 세우고 혀는 입천장에 붙이며, 오른손은 왼손 아래에 놓고 두 엄지 손가락을 맞붙여 손을 동그스럼하게 맞댄다. 눈은 보통으로 뜨고 3미터 정도 앞에 시선을 둔다. 숨은 처음에 3번정도 코로 힘껏 마시어 입으로 토해 기(氣)를 깨끗이 한다. 그리고 평상으로 숨을 마시어 아랫배 단전(丹田: 배꼽 밑 3치정도에 위치함)에 3초쯤 머무르고, 숨을 내쉴 때 화두 '이 뭣꼬'를 단전에 두고 생각[觀]한다. '이 뭣꼬'를 생각할 때 어떤 알 수 없는 것이 동시에 떠오른다. 참선이란 바로 이 '알 수 없는 것[疑心]'을 관(觀)하는 것이다. 그리하여 이 '알 수 없는 의심'이 모든 생각, 망상, 망념을 물리치는 도구가 되며, 이 '알 수 없는 것[疑心]'을 관하는 것을 '화두를 든다'고 표현한다. 화두를 단전에 두는 것이 중요한데, 그것은 참선할 때 기(氣)가 머리로 올라가는 것[上氣]을 방지하기 때문이다.

참선, '알 수 없는 화두에 대한 의심'을 참구하는 것은 조용히 앉아서 하는 좌선 때뿐만 아니라 언제, 어디에서나, 어떤 자세로나 항상 해야 하는 것이다. 그것을 행주좌와(行住坐臥: 가고 머물고 앉고 눕는 자세) 어묵동정(語默動靜: 말하고 침묵하고 움직이고 조용함) 12시(時: 24시간을 뜻함)에 '화두를 참구한다'고 한다. 주의할 점은 오로지 이 알 수 없는 화두에 대한 의심만 관해야 한다. 이것을 '활구참선(活句參禪)'이라고 한다. 반대로 화두를 참구할 때 분별심이나 이치로 생각하고 따지면 더욱 망상을 조장할 뿐 '사구참선(死句參禪=義理禪 또는 解釋禪)'이 되어 견성에는 이르지 못한다. 이 알 수 없는 의심이 참선자의 온 심신(心身), 온 세계를 점령할 때까지 계속되어야 한다. 이것을 '의단독로(疑團獨露)

타성일편(打性一片)'이라고 한다.

'견성, 확철대오'하기 위한 참선 수행에는 세 가지 요소인 신심 (信心), 분심(憤心), 의심(疑心, 또는 疑情)이 필수적이다. 이 세 요소를 간단하게 보면 다음과 같다.

① 신심(信心=보리심)

참선자에게 신심이란 자신의 마음이 근본적으로 부처와 같기 때문에 우리가 수행하면 부처가 됨을 믿고 이해하는 것[信解]이다. 이해가 결여된 믿음은 올바른 신심[正信]이 될 수 없으며 올바른 신심이 없으면 '깨달음[=覺, 菩提]'을 성취시키는 '발보리심'을 할 수 없다. 발보리심하여 물러나지 않는[不退] 신심을 갖는 것이 깨달음을 성취하는 '견성성불'의 첫 번째 요소이다.

견성성불하기 위하여 우리는 우선 인생의 무상(無常)을 이해해야 한다. 몸과 마음이라는 것은 색·수·상·행·식의 오온(제1장에서 자세히 설명)으로 구성된 일시적인 가아(假我)에 불과하며, 인생이란 구름처럼 왔다가 달과 같이 시간이 되면 간다. 색(色)과 공(空)은 불가득이지만 부처의 설법인 연기, 과보, 인과법칙에 비추어 볼 때 참선을 수행하면 확실히 견성할 수 있다고 확신하는 것, 이것이 신심, 보리심을 발하는 것[發菩提心]이다.

② 분심(憤心=勇猛心)

일단 발심(發心)이 되어 믿는 마음[信心] 또는 확신이 서면 분한 마음[憤心]을 일으켜야 한다. 분심이란 우리가 지금까지 깨닫지 못한 것을 분하게 생각하고 용감하게 정진하는 용맹심을 일으키는 것이다. 과거의 모든 부처도 우리와 같은 범부였는데 그들은 발보리심하여 용감하게 정진하여 무상정등각(아눅다라삼먁삼보리)을 성취했다. 지금 우리 범부의 사정을 생각하니 초라하고 처량하며 분하다. 이와 같이 분한 생각이 나서 우리도 과거의 제불과 같이 되기 위하여 용맹심을 일으켜 정진할 결심을 하는 것이 분심이다.

③ 의심(疑心 또는 疑情, 疑團)

자기가 참구하는 화두[本參話頭, 또는 公案]에 의심(또는 의단)을 일으키는 것이 참선의 제일 중요한 요소이다. 의단은 '견성'하여 '생사 없는 법'을 깨달아 생사해탈하는 열쇠이다.

활구참선에서 제일 큰 어려움은 '화두에 대한 의심이 일어나지 않는 것'이다. 어째서 화두에 대한 의심이 일어나지 않는가? 조용히 우리 범부의 처지를 생각해 보자. 지금 우리가 깨달아 생사해탈을 했는가? 중생의 경계는 모든 것이 '고(苦)'이며 '깨닫지 못한 괴로움[迷苦]'일 뿐이다. 그러므로 우리는 하지 않으면 안될 도리가 마음에 하나 생긴다. 그것이 바로 깨닫기 위한 '화두에 대한 의심'으로 이어지는 것이다.

그러나 우리는 시작도 없는[無始] 과거부터 지금까지 세세생생(世世生生)을 번뇌망상으로 생활했기 때문에 화두를 들고 좌선을 하면 화두는 커녕 별별(別別) 생각이 일어난다. 이것은 지극히 자연스러운 현상이다. 망상이 일어나거나 말거나 단지 일어나는 생각생각[念念]을 화두로 돌려야 한다. 처음에는 번뇌망상만이 오락가락하고 화두는 간 곳이 없다. 그러므로 억지로라도 화두를 단전에 놓고 계속 자기가 참구하는 화두(이뭣꼬, 무 등등)를 생각[觀 또는 念]하는 습관을 들여야 한다. 화두에 습관을 들이는 것을 '공안을 뚫는다[천착(穿鑿)]'고 표현한다. 마치 광산에서 금을 채취하기 위하여 돌산을 뚫는 것처럼 또는 닭이 알을 품듯이, 고양이가 쥐를 잡듯이, 어린 아이가 엄마 생각하듯이 화두도 그와 같이 정성스럽게 천착해야 한다.

억지로 의심을 일으키려고 하면 도리어 장애가 되기 때문에 처음에 화두를 전제(前提)로 시도하는 것이 효과적이다. 예를 들면 조사가 서쪽에서 온 뜻[祖師西來意]을 물으니 조주 스님은 '무(無)'라고 대답했다. '조주 스님은 어째서 무라고 했는고?'라는 전제를 힘을 쓰지 말고 가만히 생각하는 것이다. 또는 '행주좌와 어묵동정에 항상 이 몸을 끌고 다니는 것, 이것이 무엇인고? 도대체 그 놈이 뭣꼬?' 이와 같이 화두에 대한 의심을 함으로써 조사가 쓴 공안의 뜻[意志]을 찾아내는 것이 활구참선이다.

활구참선에 있어 화두를 머리로 생각하거나 이치나 논리로 궁리하는 것은 금물이다. 이러한 것은 '망상참선(妄想參禪)'이다. 오로지 '화두에 대한 의심, 이뭣꼬 또는 어째서…' 만이 나와야 한다. 또한 화두에 대한 의심이 없이 묵묵히, 조용히 앉아서 마음을 관조하는 것[=묵조선]도 안된다. 묵조선은 단지 '지(止), 적적(寂寂), śamatha'일 뿐 '관(觀), 성성(惺惺), vipaśyanā'이 결여되었기 때문에 견성에는 이르지 못한다. 화두에 대한 의심이 '성성'하며 또한 '적적'한 중도를 이룰 때까지 계속 공안을 천착해야 한다. 그러므로 선사(禪師)는 이렇게 말하는 것이다.

참선은 오로지 조사의 공안을 뚫는 것이다.
묘한 깨달음은 반드시 마음의 길이 끝까지 끊어져야 하느니라.
參禪須透祖師關 妙悟要窮心路絶.

참선자는 수선에 있어 장애되는 다섯 가지[五蓋]를 극복해야 한다. 그것은 ①성욕 ②화내는 마음[瞋心] ③법에 대한 신심이 아닌 의심 ④산란심[망상, 도거(悼擧) 또는 후회] ⑤잠[睡眠 또는 혼침, 무기(無記)]이다.(수선의 장애에 대해서는 제3장 참조.) 참선자가 다섯 가지 장애를 극복하면 화두가 밝고 깨끗하게[惺惺寂寂], 순일하게 잘 되어 나간다. 그러나 화두가 순일하게 잘되어 나갈 때에 마(魔)의 장애(魔障, 또는 魔事)가 나타난다. 마장은 다양하다. 자신에 대한 기쁜 마음[喜]이 생기기도 하고 또는 타인에 대한 불쌍한 마음[悲]이 일어나기도 한다. 무엇이 알아진다거나 견성한 것 같기도 하고, 갑자기 광명이 나타나기도 한다. 참선자는 이러한 현상에 관계하지 말고 오로지 '의심의 덩어리[疑團]'만을 지켜야 한다.

날이 가고 달이 가면 망상번뇌는 점점 소멸되어 사라지고 화두 의단이 물에 비친 달처럼 참선자의 심중에서 떠나지 않는다. 식음도 잊고 행위도 잊고 자나 깨나[悟寐] 꿈에도[夢中]도 오로지 화두뿐이다[話頭一如]. 이것이 '의단독로(疑團獨露)' 또는 '타성일편(打成一片)'이다. 이러한 상태에 도달하면 '견성, 확철대오(廓徹大悟)'에 가까운 징조가 나타나 일주일도 안되어 어떤 기회로 의단이 타파된다. 선지식의 말 한마디에 의단이 타파되기도 하고, 어떤 소리를 듣고 또는 어떤 경계를 보고 의단이 타파된다. 의단이 타파될 기회는 참선자의 근기에 따라 다양하다. 의단이 타파되어 확철대오를 하면 망상번뇌의 두터운 구름은 흩어지고 지혜의 햇빛이 나타나는 것이 바로 '견성'이다.

석가모니불은 '생로병사'라는 의단을 가지고 6년동안 선정을 수행했다. 어느 날 새벽에 제4선에 이르러 샛별[金星]을 보고 확철대오를 했다. 여기서 주목할 점은 제4선에 도달한 수행자의 정서적인 감각[感受]은 기쁨과 노여움[喜怒], 슬픔과 즐거움[哀樂], 사랑과 미움[愛憎]의 감정이 없기 때문에 고통도 즐거움도 없는[不苦不樂] 청정한 평정[捨]이며 염(念, smṛti)과 정(定=三昧, samādhi)을 갖추고 있다. 화두 '의단독로'의 경지에 도달한 수행자도 이와 같이 되어 청정한 평정과 의단을 지키는 순일한 '염(念)'과 '정력(定力)'을 갖추고 있다. (4선(禪)에 대해서는 제3장 참조.)

석가모니불에 이어 가섭은 부처님이 꽃 한 송이를 들어 보이는 것으로, 중국의 동산(洞山) 선사는 물에 비친 자기 얼굴을 보고, 어떤 선사는 복숭아 꽃을 보고, 서산 대사는 닭울음 소리를 듣고, 경허 스님은 이(李)처사의 말을 듣고 확철대오를 했다. 이러한 일화는 선종사에 다양하다.

견성하면 깨달은 경지가 자연히 오도송(悟道頌=道詩)으로 읊어진다. 오도송으로 견성한 선지식에게 점검을 받고 인가(印可)를 받아야 올바르게 견성한 것이라 할 수 있다. 또한 견성한 후에는 다시 수행[保任]을 하여 선지식과 '탁마(琢磨)'를 해야 견성한 경지를 잃지 않고 올바르게 중생을 제도할 수 있다.

一片白雲江上來
幾條綠水岩前去.
한 조각의 흰 구름은 강 위로 내려오고
몇 가닥의 푸른 물은 바위 앞을 지나가는구나.

참선곡 (參禪曲)

경허선사(鏡虛禪師: 1849~1912)

홀연(忽然)히 생각하니 도시몽중(都是夢中)이로다.

천만고(千萬古) 영웅호걸(英雄豪傑) 북망산(北邙山) 무덤이요,

부귀문장(富貴文章) 쓸데없다.

황천객(黃泉客)을 면(免)할소냐.

오호(嗚呼)라! 나의 몸이 풀끝에 이슬이요,

바람속의 등(燈)불이라.

삼계대사(三界大師) 부처님이 정녕(丁寧)히 이르사대,

마음 깨쳐 성불(成佛)하여 생사 윤회(生死輪廻) 영단(永斷)하고

불생불멸(不生不滅) 저 국토(國土)에

상락아정(常樂我淨) 무위도(無爲道)를

사람마다 다할 줄로 팔만장경(八萬藏經) 유전하니

사람 되어 못 닦으면 다시 공부(工夫) 어려우니

나도 어서 닦아 보세.

닦는 길을 말하려면 허다히 많건마는 대강 추려 적어 보세.

앉고 서고 보고 듣고 착의끽반(着衣喫飯) 대인접어(對人接語)

일체처(一切處) 일체시(一切時)에

소소영영(昭昭靈靈) 지각(知覺)하는 이것이 어떤 겐고.

몸뚱이는 송장이요 번뇌망상(煩惱妄想) 본공(本空)하고

천진면목(天眞面目) 나의 부처.

보고 듣고 앉고 눕고 잠도 자고 일도 하고

눈 한번 깜박할 새 천리만리(千里萬里) 다녀오고

허다(許多)한 신통묘용(神通妙用)

분명(分明)한 나의 마음 어떻게 생겼는고.

의심(疑心)하고 의심하되 고양이가 쥐 잡듯이

주린 사람 밥 찾듯이 목마른 이 물 찾듯이

육칠십(六七十) 늙은 과부(寡婦)

자식(子息)을 잃은 후에 자식 생각 간절 듯이

생각생각 잊지 말고 깊이 궁구하여 가되

일념만년(一念萬年) 되게 하여 폐침망찬(廢寢忘餐) 할 지경에

대오(大悟)하기 가깝도다.

홀연히 깨달으면 본래(本來) 생긴 나의 부처

천진면목(天眞面目) 절묘(絶妙)하다.

아미타불(阿彌陀佛) 이 아니며

석가여래(釋迦如來) 이 아닌가.

젊도 않고 늙도 않고 크도 않고 작도 않은

본래 생긴 자기영광(自己靈光) 개천개지(蓋天蓋地) 이러하고

열반진락(涅槃眞樂) 가이없다.

지옥천당(地獄天堂) 본공(本空)하고 생사 윤회(生死輪廻) 본래 없다.

선지식(善知識)을 찾아가서 요연(了然)히 인가(印可) 받아

다시 의심(疑心) 없앤 후에

세상만사(世上萬事) 망각(忘却)하고

수연(隨緣)중생 제도(濟度)하면 보불은덕(報佛恩德) 이 아닌가.

일체계행(一切戒行) 지켜 가면 천당인간(天堂人間) 수복(壽福)하고

대원력(大願力)을 발하여서 항수불학(恒隨佛學) 생각하고

동체대비(同體大悲) 마음 먹어 빈병걸인(貧病乞人) 괄세 말고

오온색신(五蘊色身) 생각하되 거품같이 관(觀)을 하고

바깥으로 역순경계(逆順境界) 몽중(夢中)으로 생각하여

희로심(喜怒心)을 내지 말고 허령(虛靈)한 나의 마음

허공(虛空)과 같은 줄로 진실(眞實)히 생각하여

팔풍오욕(八風五欲) 일체경계(一切境界)

부동(不動)한 이 마음을 태산(泰山)같이 써 나가세.

허튼 소리 우스개로 이날 저날 헛보내고

늙는 줄을 망각(忘却)하니 무슨 공부(工夫) 하여 볼까.

죽을 제 고통중(苦痛中)에 후회(後悔)한들 무엇하리.

사지백절(四肢百節) 오려내고 머리골을 쪼개는 듯

오장육부(五臟六腑) 찢는 중에 앞길이 캄캄하니

한심참혹(寒心慘酷) 내 노릇이 이럴 줄을 뉘가 알꼬.

저 지옥(地獄)과 저 축생(畜生)에 나의 신세(身世) 참혹하다.

백천만겁(百千萬劫) 차타(蹉陀)하여 다시 인신(人身) 망연하다.

참선(參禪) 잘한 저 도인(道人)은

앉아 죽고 서서 죽고 앓도 않고 선탈(蟬脫)하며

오래 살고 곧 죽기를 제 맘대로 자재(自在)하며

항하사수(恒河沙數) 신통묘용(神通妙用)

임의쾌락(任意快樂) 자재하니

아무쪼록 이 세상에 눈코를 쥐어뜯고 부지런히 하여보세.

오늘 내일 가는 것이 죽을 날이 당도하니

푸줏간에 가는 소가 자욱자욱 사지(死地)로세.

이전 사람 참선(參禪)할 제 마디그늘 아꼈거늘

나는 어이 방일(放逸)하며

이전 사람 참선할 제 잠 오는 것 성화하여

송곳으로 찔렀거늘 나는 어이 방일하며

이전 사람 참선할 제 하루해가 가게 되면

다리 뻗고 울었거늘 나는 어이 방일한고.

무명업식(無明業識) 독(毒)한 술에

혼혼불각(昏昏不覺) 지내가니 오호라! 슬프도다.

타일러도 아니 듣고 꾸짖어도 조심 않고 심상히 지내가니

희미한 이 마음을 어이하여 인도할꼬.

쓸데없는 탐심진심(貪心嗔心) 공연히 일으키고

쓸데없는 허다분별(許多分別) 날마다 분요(紛擾)하니

우습도다 나의 지혜 누구를 한탄할꼬.

지각(知覺)없는 저 나비가 불빛을 탐(貪)하여서 저 죽을 줄 모르도다.

내 마음을 못 닦으면 여간계행(如干戒行) 소분복덕(少分福德)

도무지 허사(虛事)로세.

오호라! 한심하다.

이 글을 자세 보아 하루도 열두 시며

밤으로도 조금 자고 부지런히 공부하소.

이 노래를 깊이 믿어 책상 위에 펴어놓고 시시때때 경책(警策)하소.

할 말을 다하려면 해묵서이(海墨寫而) 부진(不盡)이라.

이만 적고 그치오니 부디부디 깊이 아소.

다시 할 말 있사오나

돌장승이 아이 나면 그때에 말하리라.

摩訶般若波羅蜜多心經
(마하반야바라밀다심경 = 般若心經)

현장법사 譯

觀自在菩薩 行甚般若波羅蜜多時
관자재보살 행심반야바라밀다시

照見五蘊皆空 度一切苦厄 舍利子 色不異空
조견오온개공 도일체고액 사리자 색불이공

空不異色 色卽是空 空卽是色 受想行識
공불이색 색즉시공 공즉시색 수상행식

亦復如是 舍利子 是諸法空相 不生不滅
역부여시 사리자 시제법공상 불생불멸

不垢不淨 不增不減 是故空中無色 無受想行識
불구부정 부증불감 시고공중무색 무수상행식

無眼耳鼻舌身意 無色聲香味觸法
무안이비설신의 무색성향미촉법

無眼界 乃至無意識界 無無明 亦無無明盡
무안계 내지무의식계 무무명 역무무명진

乃至 無老死 亦無老死盡 無苦集滅道
내지 무노사 역무노사진 무고집멸도

無智亦無得 以無所得故 菩提薩唾依般若波羅蜜多故
무지역무득 이무소득고 보리살타의반야바라밀다고

心無罣碍 無罣碍故 無有恐怖
심무가애 무가애고 무유공포

遠離顚倒夢想 究竟涅槃 三世諸佛
원리전도몽상 구경열반 삼세제불

依般若波羅蜜多故 得阿褥多羅三邈三菩提
의반야바라밀다고 득아뇩다라삼먁삼보리

故知般若波羅蜜多 是大神呪 是大明呪 是無上呪
고 지 반 야 바 라 밀 다 시 대 신 주 시 대 명 주 시 무 상 주

是無等等呪 能除一切苦 眞實不虛
시 무 등 등 주 능 제 일 체 고 진 실 불 허

故說般若波羅蜜多呪 卽說呪曰 :
고 설 반 야 바 라 밀 다 주 즉 설 주 왈

아제 아제 바라아제 바라승아제 모지 사바하 (3번)

般若心經 終

296

한글 반야심경

관자재보살(Avalokiteśvara bodhisattva)이 깊은 반야바라밀(prajñāpāramitā)을 행하실 때 오온(五蘊, pañca-skandha)이 모두 공함을 비추어 보아 모든 고통을 건너셨노라. 사리자(Śāriputra)여, 물질(色, rūpa)은 빈 것(空, śūnyatā)과 다르지 않고 빈 것은 물질과 다르지 않다. 물질은 바로 빈 것이요, 빈 것이 바로 물질이다. 감각(受, vedanā), 개념(想, saṃjñā), 행위(行, saṃskāra), 의식(識, vijñāna)도 마찬가지이다. 사리자여, 이것이 모든 법의 공한 모양[空相, śūnyata-lakṣaṇa]으로 생기는 것도 아니고[不生, anutpanna], 소멸하는 것도 아니며[不滅, aniruddha], 더러운 것도 아니고[不垢, amala] 깨끗한 것도 아니다[不淨, avimala].

그렇기 때문에 빈 것에는[空, 中śūnyatāyā] 물질이 없으며 감각, 개념, 행위, 의식이 없다. 눈[眼, cakṣur], 귀[耳, śrotra], 코[鼻, ghrāṇa], 혀[舌, jihvā], 몸[身, kāya], 뜻[意, manas]이 없으며 색깔[色, rūpa], 소리[聲, śabda], 냄새[香, gandha], 맛[味, rasa], 촉감[觸, spraṣṭavya], 법(法, dharmāḥ)이 없다. 보는 경계[眼界, cakṣur-dhātu]가 없으며 계속해서 생각하는 경계[意識界, manovijñāna-dhātu]가 없다. 어두움[無明, avidyā]이 없으며 또한 어두움이 다함[盡, kṣaya]도 없다. 늙음과 죽음[老死, jarā-maraṇa]이 없으며 또한 늙음과 죽음의 다함도 없다.

고통[苦, duḥkha], 고통의 원인[集, samudaya], 고통의 소멸[滅, nirodha], 고통의 소멸에 이르는 방법[道, mārga]도 없다. 아는 지혜[智, jñāna]가 없으며 또한 (道의) 얻음[得, prāpti]도 없다. 보살(菩提薩唾, Bodhisattva)은 얻은 바가 없기 때문에[以無所得故, aprāptitvād] 반야바라밀에 의지하여[依, āśritya] 마음[心, citta]에 장애[碍, āvaraṇa]가 없다[無, a-]. 장애가 없기 때문에 두려움[恐怖, trasta]이 없으며 거꾸러짐[顚倒, viparyāsa]과 망상(夢想)이 없어 열반에 도달한다.

삼세의 모든 부처님은 반야바라밀에 의지하기 때문에 아뇩다라삼먁삼보리(anuttara- samyaksambodhi)를 얻는다. 그러므로 알아라. 반야바라밀은 위대한 주문[大神呪, mahā-mantra]이고, 큰 밝은 주문[大明呪, mahā-vidyā-mantra]이며, 위없는 주문[無上呪, anuttara-mantra]이며, 비길 데 없는 주문[無等等呪, asamasama-mantra]이어서 모든 고통[一切苦, sarva-duḥkha]을 소멸하고 참되며 헛됨이 없다.

그러므로 반야바라밀의 주문을 설하노라. 즉 말하자면 : 가자 가자, 저 건너로 가자, 저 건너로 함께 가자. 깨달음이 이루어지소서!

아제 아제 바라아제 바라승아제 모지 사바하(3번).

Gate gate pāragate pārasaṃgate bodhi svāhā.

반야심경 끝

Prajñāpāramitā-hṛdaya-sūtra(산스끄리뜨本)

Namo Bhagavatyā ārya-Prajñāpāramitāyai!

Ārya-Avalokiteśvaro bodhisattvo gambhīrāṃ prajñāpāramitāṃ caramāṇo vyavalokayati sma : pañca-skandhās tāṃś ca svabhāva-śūnyān paśyati sma.

Iha Śāriputra rūpaṃ śūnyatā śūnyataiva rūpaṃ, rūpān na pṛthak śūnyatā śūnyatāyā na pṛthag rūpam, yad rūpaṃ sā śūnyatā yā śūnyatā tad rūpam; evam eva vedanā-saṃjñā-saṃskāra-vijñānam.

Iha Śāriputra sarva-dharmāḥ śūnyatā-lakṣaṇā, anutpannā aniruddhā, amalā avimalā, anūnā aparipūrṇāḥ. Tasmāc Chāriputra śūnyatāyāṃ na rūpaṃ na vedanā na saṃjñā na saṃskārāḥ na vijñānam. na cakṣuḥ-śrotra-ghrāṇa-jihvā-kāya-manāṃsi. na rūpa-śabda-gandha-rasa-spraṣṭavya-dharmāḥ. na cakṣur-dhātur yāvan na manovijñāna-dhātuḥ. na-vidyā na-avidyā na vidyā-kṣayo na avidyā-kṣayo yāvan na jarā-maraṇam na jarā-maraṇa-kṣayo. na duḥkha-samudaya-nirodha-mārgā na jñānam, na prāptir na aprāptiḥ.

Tasmāc Chāriputra aprāptitvād bodhisattvasya prajñāpāramitām āśritya viharaty acittāvaraṇaḥ. cittāvaraṇa-nāstitvād atrasto viparyāsa-atikrānto niṣṭhā-nirvāṇa-prāptaḥ. tryadhva-vyavasthitāḥ sarva-buddhāḥ prajñāpāramitām āśritya anuttarāṃ samyaksambodhim abhisambuddhāḥ.

Tasmāj jñātavyam : prajñāpāramitā mahā-mantro mahā-vidyā-mantro 'nuttara-mantro 'samasama-mantraḥ, sarva-duḥkha-praśamanaḥ, satyam amithyatvāt. prajñāpāramitāyām ukto mantraḥ.

tadyathā : Gate gate pāragate pārasaṃgate bodhi svāhā (3번)

iti prajñāpāramitā-hṛdayaṃ samāptam.

주요 참고문헌

※ T는 『대정신수대장경』의 약자.

『방광대장엄경(方廣大莊嚴經)』: T187

『마하반야바라밀경(摩訶般若波羅蜜經)』: T223

『금강반야바라밀경(金剛般若波羅蜜經)』: T235

『마하반야바라밀다심경(摩訶般若波羅蜜多心經』: T251

『대방광불『화엄경』(大方廣佛華嚴經)』80권본: T279

『대반열반경(大般涅槃經)』: T375

『해심밀경(解深密經)』: T676

『대지도론(大智度論)』: T1509, 용수(龍樹, Nāgārjuna) 지음(造),

『아비달마구사론(阿毘達磨俱舍論)』: T1558,
　　　세친(世親 Vasubandhu) 지음.

『중론(中論)』: T1564, 청목(靑目) 지음, 구마라즙 역.

『유가사지론(瑜伽師地論)』: T1579,, 무착(無着 Asaṅga) 지음.

『대승오온론(大乘五蘊論)』: T1612, 세친(世親 Vasubandhu) 지음.

『대승기신론(大乘起信論)』: T1666, 마명(馬鳴 Aśvaghoṣa?) 지음.

『법보단경(法寶壇經)』: T2007,
　　　육조 혜능선사(慧能禪師) 법어, 법해(法海) 書.

『전심법요(傳心法要)』: T2012, 황벽(黃壁) 단제선사(斷際禪師) 법어,
　　　배휴(裴休) 書.

『언하대오(言下大悟)』, 전강(田岡)선사 법어,
　　　용화선원 출판, 인천, 1999.

『중관학 연구 - 나갈쥬나의 중론송에 대한 강의』, 쟈끄 메 지음,
　　　김형희 옮김, 경서원, 서울, 2000, 2006.

『般若經의 出世間法』, 경서원, 서울, 2006.

『般若經의 十八空法』, 경서원, 서울, 2008.

저자 프로필

金炯熙(김형희)

서울 태생

수도여자고등학교 졸업

한국외국어대학교 불어과 졸업

동국대학교 대학원 불교학과 석사학위 획득

스위스 로잔 문과대학 동양학과 박사학위 획득

저서

『中觀學 硏究 - 나갈쥬나의 中論頌에 대한 강의』:
 쟈끄 메 지음, 김형희 옮김, 경서원, 서울, 2000, 2006.

『般若經의 出世間法』: 경서원, 서울, 2006.

『般若經의 十八空法』: 경서원, 서울, 2008.

- Buddhisme in East Asia : 'The Relation between Emptiness and Mind-only According to the Life of the Bodhisattva as Described in the Avataṃsaka-sūtra', Harrassowitz, Verlag, 2012.

- La carrière du Bodhisattva dans l'Avataṃsaka-sūtra(박사논문, 불어판), Peter Lang, Berne, 2013.

- Psychologie Bouddhique, Editions You-Feng, Paris, 2020.

윤회의 세계와 해탈

발행일 2023년 4월 13일 인쇄
발행일 2023년 4월 20일 발행

엮은이 · 김 형 희
펴낸이 · 김 동 금
펴낸곳 · 우리출판사

등록: 제-139호
서울특별시 서대문구 경기대로길 62
전화 : 02) 313-5047
팩스 : 02) 393-9696

E-mail : wooriboos@hanmail.net
홈페이지 : wooriboos.com
ISBN 978-89-7561-356-2

정가 18,000원